Georg Eichholz
Das Rätsel des historischen Jesus und die Gegenwart Jesu Christi

THEOLOGISCHE BÜCHEREI
Neudrucke und Berichte aus dem 20. Jahrhundert
Begründet von Ernst Wolf. Herausgegeben von Gerhard Sauter

Band 72
Neues Testament

Bisher erschienene Bände (Neues Testament):

7 E. C. Hoskyns/F. N. Davey, Das Rätsel des Neuen Testaments
26 A. Seeberg, Der Katechismus der Urchristenheit
29 G. Eichholz, Tradition und Interpretation
31 Ph. Vielhauer, Aufsätze zum Neuen Testament
41 A. Schlatter, Zur Theologie des Neuen Testaments und zur Dogmatik
53 W. G. Kümmel, Römer 7 und das Bild des Menschen im Neuen Testament
58 M. Dibelius, Geschichte der urchristlichen Literatur
63 K. Aland, Neutestamentliche Entwürfe
65 Ph. Vielhauer, Oikodome. Aufsätze zum Neuen Testament, Band 2
69 K. L. Schmidt, Neues Testament – Judentum – Kirche
72 G. Eichholz, Das Rätsel des historischen Jesus und die Gegenwart Jesu Christi

Georg Eichholz

GEORG EICHHOLZ

Das Rätsel des historischen Jesus und die Gegenwart Jesu Christi

Herausgegeben zu seinem
75. Geburtstag am 6. April 1984
von Gerhard Sauter

CHR. KAISER VERLAG MÜNCHEN
1984

CIP-Kurztitelaufnahme der Deutschen Bibliothek

Eichholz, Georg:

Das Rätsel des historischen Jesus und die
Gegenwart Jesu Christi / Georg Eichholz.
Hrsg. zu seinem 75. Geburtstag am
6. April 1984 von Gerhard Sauter
München: Kaiser, 1984.
(Theol. Bücherei; Bd. 72: Neues Testament)

ISBN 3-459-01537-3
NE: GT

Printed in Germany.
Umschlag: Christa Manner.
Gesamtherstellung: Buch- u. Offsetdruckerei Sommer, Feuchtwangen

Inhalt

Abkürzungen im allgemeinen nach dem Verzeichnis der »Theologischen Realenzyklopädie«, zusammengestellt von *Siegfried Schwertner*, Berlin / New York 1976

Vorwort

Dieser Band enthält zwei Vorlesungen aus dem Nachlaß von Georg Eichholz. »Christus und der Bruder« war das Thema des ersten Kollegs, das er als Dozent für Systematische Theologie an der Kirchlichen Hochschule Wuppertal nach ihrer Wiedereröffnung im Winter-Semester 1945/46 gehalten hat und das vielen seiner Hörer unvergeßlich geblieben ist. Eichholz trug die Vorlesung 1948 in einer etwas erweiterten Form nochmals vor. Einige spätere Zusätze stammen aus einem Vortrag zum gleichen Thema. Der Veröffentlichung liegt im wesentlichen die erste Fassung zugrunde. – Die Vorlesung »Das Problem des historischen Jesus« ist eine der letzten, die Eichholz ausarbeitete; er hielt sie im Sommer-Semester 1966 in Wuppertal und wiederholte sie zwei Jahre später. Abgedruckt wird der 1968 vorgetragene Text.

Beide Vorlesungen wollen – dem Hörerkreis einer Kirchlichen Hochschule entsprechend – kein Spezialwissen vermitteln, sondern sind als Einführung in das Studium der Theologie konzipiert. Georg Eichholz hat die speziellen Möglichkeiten einer Kirchlichen Hochschule für die Hinführung zur Theologie in der Bejahung ihres kirchlichen Auftrages intensiv genutzt, besonders die Chancen des Gespräches an einem Studienort, wo Lehrende und Lernende zusammenleben. Vielen hat er dadurch einen Weg zur Theologie geebnet, der durch Vorbehalte gegenüber wissenschaftlich-theologischer Arbeit versperrt war oder durch die Spannungen zwischen den Arbeitsweisen der einzelnen theologischen Fächer erschwert wurde. Die Konzentration und Weite, mit der Georg Eichholz Theologie (nicht Exegese, Dogmatik oder Ethik für sich) trieb, gaben Impulse nicht nur für Studium und kirchlichen Beruf, sondern auch für die theologische Forschung. Das bringt etwa Hans-Georg Link, der die Vorlesung »Die Frage nach dem historischen Jesus« 1966 gehört hatte, im Vorwort zu seiner Untersuchung über die Entwicklung der Christologie Martin Kählers (Geschichte Jesu und Bild Christi, Neukirchen 1975, S. VIII) zum Ausdruck.

Georg Eichholz gehörte zu einer Generation theologischer Lehrer, welche die »Einheit der Theologie« nicht als Parole im Munde führten und auch nicht von der Sorge um ausuferndes akademisches Spezialistentum virtuos zu reden wußten, sondern die in verschiedenen Bereichen der Theologie zu Hause waren und gleichsam ihren Arbeitsplatz zu wechseln verstanden. Sein Werdegang zeigt, warum und wie ihm dies möglich war.

Georg Eichholz wurde am 6. April 1909 in Essen-Kupferdreh als jüngster Sohn des Superintendenten Hermann Georg Eichholz und seiner Frau Clara, geb. Schulz geboren. Sein Theologiestudium begann er im Sommer 1928 in Tübingen, wo er während zweier Semester Paul Volz, Gerhard Kittel, Adolf Schlatter und Karl Heim hörte. Danach wechselte er nach Bonn über, wo er bis zum Frühjahr 1932 blieb; seine Lehrer waren vor allem Karl Ludwig Schmidt, Wilhelm Gustav Goeters, Fritz Lieb, Karl Barth, Hans Emil Weber und – gegen Ende seines Studiums – Ernst Wolf. Ein Jahr nach seinem Ersten Theologischen Examen (Herbst 1932) erwarb er den Grad eines Lizenziaten der Theologie mit einer Arbeit über »Die Geschichte als theologisches Problem bei Lessing«, deren Berichterstatter Karl Barth war. Auf das Vikariat in Bad Honnef und Barmen-Gemarke folgte das Zweite Examen bei der Bekennenden Kirche im Hause der Rheinischen Mission Wuppertal, an deren Seminar er im Anschluß an das Examen als theologischer Lehrer berufen wurde. Er schreibt in seinem Lebenslauf: »Hier fiel mir eine sehr vielfältige Aufgabe zu, die mich zwang, mich vielerlei Bereichen der Theologie zuzuwenden, auch der Missionstheologie. Damit ist für mich nicht so sehr ein zusätzliches Fach bezeichnet als eine die ganze Theologie begleitende Ausrichtung.« Bis 1961 blieb er am Missionsseminar tätig, dessen Leiter er geworden war und das nach dem Kriege neu aufgebaut werden mußte. Außerdem arbeitete er ab 1945 an der Kirchlichen Hochschule Wuppertal mit, zunächst als Dozent für Systematische Theologie, seit 1946/47 für das Neue Testament. Vom Frühjahr 1961 an hat er sich dann hauptamtlich der Arbeit am Neuen Testament an der Kirchlichen Hochschule zugewandt und als Schwerpunkte für seine Lehrtätigkeit die Gleichnisforschung und die Theologie des Paulus gewählt.

Schon im Studium und dann nach einer schweren Erkrankung im Vikariat hatte er mit gesundheitlichen Schwierigkeiten zu kämpfen, die er durch Selbstdisziplin meistern konnte, wie sie auch seine wissenschaftliche Arbeit spürbar bestimmt hat. In den Kriegsjahren hat er mit einem frühen Tod rechnen müssen. Damals hat er die Signatur des Menschen, »der sich selbst nicht helfen kann«, die er dann als Lazarus-Gestalt in seiner Vorlesung »Christus und der Bruder« zeichnet, an sich selbst entdeckt. Im Frühjahr 1970 mußte er sich aus Gesundheitsgründen vorzeitig pensionieren lassen, hat aber seine Vorlesung »Theologie des Paulus« bis zum Frühjahr 1972 weitergeführt und sie auch (1972) noch veröffentlichen können. Daß er zuletzt fast erblindete, war für ihn, den nicht nur scharfen Beobachter, sondern von umfassender Wahrnehmungskraft Geprägten, besonders schmerzlich. Am 22. Dezember 1973 ist er in Wuppertal gestorben.

Karl Barth und Karl Ludwig Schmidt haben Georg Eichholz nach seinem Examen im Herbst 1932 zur wissenschaftlichen Weiterarbeit nicht nur geraten, sondern ihn dazu gedrängt. Karl Barth stellte ihm das Zeugnis aus, er sei »unter allen Studenten, die mir bis jetzt begegnet sind, der erste, dem ich mit unbedingter Zuversicht die Fähigkeit zutraue und den Rat gebe, sich der akademischen Laufbahn zuzuwenden«. Daß der Kandidat der Theologie sich nach dem Lizenziaten-Examen trotzdem für den kirchlichen Dienst ausbilden und nach dem Abschluß des Vikariats sich für einen kirchlichen Ausbildungsdienst gewinnen ließ, ist sicherlich nicht nur in seiner hochentwickelten kritischen Selbsteinschätzung und in seiner Zurückhaltung begründet, sondern auch den kirchlichen Verhältnissen und Zeitumständen zuzuschreiben, in denen er seine theologische Existenz bewährte. Es könnte aber auch das Motiv mitspielen, sich nicht zu früh auf ein wissenschaftliches Fachgebiet einengen zu lassen. Am Missionsseminar hat er mit seinen Studenten nicht nur in allen theologischen Fächern, sondern auch literarisch und kunstgeschichtlich gearbeitet – zuletzt mit einer Gruppe von fünf Holländern, die als einzige während der Kriegszeit dort verbleiben konnten. Einige seiner ersten Veröffentlichungen gelten Bildern Rembrandts. Später wurde er auch ein hervorragender Landschafts- und Porträtfotograf. In seinen Vorlesungen, Gesprächen und nicht zuletzt in seinen Veröffentlichungen ist ebenfalls spürbar, wie sehr ihn der »Sehakt« bestimmte, den Adolf Schlatter dem theologischen »Denkakt« vorordnet. Als Schüler Schlatters hat er sich übrigens später verstanden, wenn dieser auch erst literarisch sein Lehrer geworden ist. Wissenschaftlich verdankte er Martin Dibelius viel, während er in seiner theologischen Grundeinstellung Julius Schniewind besonders nahestand. Von 1935 bis zum Kriegsende hat er in einem Kreis der Bekennenden Kirche vor allem mit Peter Brunner und Heinrich Schlier zusammengearbeitet.

Die Spannweite der theologischen Arbeit von Georg Eichholz hat Bertold Klappert in seiner Gedenkrede »Hören und Fragen« umrissen (veröffentlicht in: Evangelische Theologie 36, 1976, S. 101–121). Mit »hören und fragen« ist nicht nur eine Reihe von Meditationsbänden überschrieben, die Georg Eichholz zusammen mit Arnold Falkenroth 1967 herauszugeben begann (und die seit 1974 an seiner Stelle durch Heinz Joachim Held weitergeführt wurde; sie ist vor kurzem abgeschlossen worden). Diese Stichworte bezeichnen – wie der Titel der ersten von Eichholz

1941–1969 herausgegebenen Predigthilfe »Herr, tue meine Lippen auf« – sein theologisches Lebenswerk, das aus Meditationen erwuchs und in meditative Hilfe einmündete. Eichholz wollte seine Hörer und Leser wahrnehmen lehren, sie auf diesem Wege begleiten und sich von ihnen zeigen lassen, was ihm selbst unbemerkt geblieben war. Darum hat er nur selten (auch literarisch) den Disput mit Fachkollegen angestrebt, sondern lieber das Gespräch mit Studenten, Mitarbeitern und in gleicher Weise mit der theologischen wie »außertheologischen« Literatur gesucht. Als Hörender, Fragender und Lernender hat er sich immer verstanden, als »Schüler« im engen Sinne nie, – vielleicht auch deshalb, weil er schon früh über das »Problem des theologischen Schülers« nachgedacht (und in der Barth-Festschrift 1936 darüber geschrieben) hatte.

In seinen Vorlesungen blieb er Gesprächspartner und war nicht sklavisch an das Manuskript gebunden, das er in mehreren Arbeitsgängen ausgearbeitet hatte. Er pflegte seine Vorlesungen vor Semesterbeginn zu konzipieren und von einem handschriftlichen Entwurf auf Band zu sprechen. Vor der jeweiligen Kollegstunde wurde der abgeschriebene Text überarbeitet und, falls erforderlich, mit Zusätzen versehen. Dieser Text bildete etwa zwei Drittel des Kollegs, in dem – wie Hörer berichten – der außergewöhnlich lebendige Vortrag aus dem Augenblick des Sprechens heraus gestaltet wurde. »Die Sprache war für ihn schöpferisch und immer plastisch«, schreibt ein Hörer aus den ersten Nachkriegs-Semestern, Frederick Herzog (jetzt Professor für Systematische Theologie an der Duke University Durham, USA). Dabei hielt Eichholz nicht viel von rhetorischen Finessen, auch war kaum festzustellen, wo er von seinem Manuskript abwich. Gelegentlich schien er der Sprache freien Lauf zu lassen, jedoch kommen sprachliche Assoziationen und Passagen, die einen Sachverhalt gleichsam umkreisen, bereits in den Manuskripten vor. Herzog erinnert sich weiter an den »Eindruck einer Persönlichkeit, die völlig vom Wort geformt war. Unter den ›engeren‹ Barth-Schülern traf ich keinen, der so jeden Gedanken im ›Gehorsam des Glaubens‹ gefangennehmen ließ. Er war mir in seinem Denken die Verkörperung eines ›Gefangenen Christi Jesu‹ (Eph 3,1).« In späteren Jahren hat Eichholz langsamer, mit Betonungen und meditativen Pausen gesprochen, die teilweise auch im Manuskript erkennbar sind. Bis zum Schluß seiner Lehrtätigkeit »lebte er regelrecht in seinen Vorlesungen«, wie Kurt Gerhard Feisel berichtet, der 1966–1968 sein Assistent war.

Die beiden Kolleg-Manuskripte wurden nach längeren Überlegungen für eine Veröffentlichung nicht nur deshalb ausgewählt, weil sie für das theologische Denken und die Arbeitsweise von Georg Eichholz besonders charakteristisch sind. Sie eignen sich auch nach wie vor als Studientexte zur Einführung, zur begleitenden Lektüre, als Repetitorium und als Vorbereitung für Predigt und Unterricht. In »Christus und der Bruder« führt Eichholz in die theologische Ethik anhand ausgewählter neutestamentlicher Texte ein. Der Überblick »Das Problem des historischen Jesus« behandelt die Forschungsgeschichte von Albert Schweitzer über die formgeschichtliche Fragestellung und Rudolf Bultmanns radikale Position bis zur Diskussion zu Beginn der sechziger Jahre. Auch wenn die »Frage nach dem historischen Jesus« inzwischen an Aktualität eingebüßt zu haben scheint, dürfte dies u. a. aus dem Diskussionsstand zu erklären sein, der damals erreicht und inzwischen nicht überholt worden ist. Georg Eichholz sah in Ernst Käsemanns Beitrag die seinerzeit adäquate Antwort auf die theologischen Fragen, die mit dem »Problem des historischen Jesus« gar nicht immer klar und unmißverständlich genug genannt werden. Eichholz hat diese Fragen aus der Debatte herausgeschält und so verdeutlicht, daß sie denk-würdig bleiben, also nicht vom theologischen Tagesgespräch abhängig sind. Er war davon überzeugt, daß theologische Grundfragen insofern geschichtlich sind, als sie von jeder Generation neu aufgespürt werden müssen – jedoch nicht (oder jedenfalls nicht nur) aus Gründen ihrer Zeitgebundenheit, sondern entscheidend von der Geschichtlichkeit Jesu her, die allein jedem wahrhaft geschichtlichen theologischen Denken zugrunde liegt. Wenn es in den letzten zwanzig Jahren um das Problem des historischen Jesus stiller geworden ist, so könnte dies – so würde vermutlich auch Georg Eichholz urteilen – nicht zuletzt daran liegen, daß die mit dem Rätsel des historischen Jesus aufgegebenen theologischen Fragen in den Hintergrund gedrängt wurden. Neuerdings wird, scheinbar weit unbefangener und unbekümmerter als zwischen der Dialektischen Theologie und Ernst Käsemann, eine Vergegenwärtigung Jesu in verschiedenen Variationen erprobt, die jedoch fast ausnahmslos die soziale, verhaltenstypische oder sozialpsychologisch erfaßbare Außenseite seines Erscheinungsbildes hervorkehren und dadurch eine Unmittelbarkeit zu erreichen suchen, welche die Befremdlichkeit des Rufes Jesu zu verdecken droht. Auch die vor zwanzig Jahren so genannte »Neue Frage nach dem historischen Jesus«, die mit einem gewandelten Verständnis möglicher geschichtlicher Zugänge zur Person Jesu antrat, hat sich inzwischen als gar nicht so neu, wenn nicht gar als antiquiert erwiesen. Schließlich sind die dogmatischen oder dogmatisierenden Vorurteile, denen gegenüber Georg Eichholz gerade wegen seiner eigenen systematisch-theologischen Denkerfahrungen überaus wachsam war, durchaus nicht ausgeräumt, sondern melden sich in neuem – wenn auch nicht immer mehr im theologisch-dogmatischen – Gewande wieder. In dieser Situation könnte Georg Eichholz' konzentrierte Darstellung Fragen wachrufen, die auch heute an der Zeit sind.

Die beiden Manuskripte waren nicht für den Druck vorbereitet, sondern sind, wie gesagt, Vorbereitungen für das Kolleg. Für die Veröffentlichung mußten sie redigiert werden. Besonders der erste Text wies zahlreiche Redundanzen, aber auch Überschneidungen und Brüche auf, die sich aus der Arbeitsweise des Verfassers erklären. Gelegentlich wurde der thematische Duktus durch Seitenthemen überlagert. Hier waren Straffungen unumgänglich. Das zweite Kolleg hatte Eichholz, besonders in den referierenden Teilen, naturgemäß zügiger konzipiert, so daß ich mich mit stilistischen Glättungen begnügen konnte. Alle diese redaktionellen Arbeiten, die im Einvernehmen mit Frau Ehrentraut Bohren, verw. Eichholz geschahen, greifen selbstverständlich in die Substanz des Textes nicht ein und enthalten auch keine Zusätze, ausgenommen diejenigen Anmerkungen, die ergänzt oder neu hinzugefügt werden mußten. Lateinische Zitate und griechische Wörter, deren Bedeutung nicht aus ihrem Kontext zu ersehen ist, wurden übersetzt. Die Kürzungen, Korrekturen und Umformulierungen halten sich jedoch in dem Rahmen, den Georg Eichholz zur Drucklegung für erforderlich gehalten hätte. Deshalb meinen Frau Bohren und ich, auf die üblichen Markierungen redaktioneller Änderungen durch eckige Klammern verzichten zu können, da sonst das Druckbild zu unruhig geworden wäre. Beibehalten wurde Georg Eichholz' Gewohnheit, mit Vorbehalt gebrauchte Wendungen oder solche, die zum Nachdenken und zur Prüfung empfohlen werden, mit › ‹ zu kennzeichnen. Meditative Pausen hat Eichholz durch ... kenntlich gemacht. Die Manuskripte enthalten außerdem eine Fülle von Unterstreichungen, die aber meistens Vortragszeichen sind; sie wurden auf ein Maß beschränkt, das die Disposition verdeutlichen hilft.

Frau Bohren danke ich für das Vertrauen, das sie mir erwiesen hat, indem sie mich mit der Redaktion und Herausgabe der Manuskripte betraute. Sie hat auch die Transkription der Handschriften besorgt, die Bibliographie zusammengestellt und mir bei vielen Einzelheiten mit Rat und Tat zur Seite gestanden. Dankbar bin ich Frau Ingrid Ueberschär vom Chr. Kaiser Verlag für die Zusammenarbeit in allen Stadien der Bearbeitung und Drucklegung. Die Edition ist durch Druckkostenzuschüsse der Kirchen ermöglicht worden, die mit der Kirchlichen Hochschule Wuppertal verbunden sind; dafür gebührt ihnen Dank: der Evangelischen Kirche im Rheinland, von Westfalen, in Hessen und Nassau, von Kurhessen-Waldeck, der Pfalz, der Lippischen Landeskirche und der Evangelisch-Reformierten Kirchengemeinde Hannover.

St. Augustin bei Bonn, am 22. Dezember 1983, dem 10. Todestag von Georg Eichholz

Gerhard Sauter

CHRISTUS UND DER BRUDER

I. Einleitung

1. Das Problem

Zu Beginn sei eine kurze Verständigung über Ansatz und Sinn einer »Einführung in die theologische Ethik« versucht. Wir möchten zur *Mitte des Problems der theologischen Ethik* vorstoßen, und zwar, indem wir nach Christus und dem Bruder fragen. Wir möchten sozusagen eine Regel wissen und verstehen lernen, an der unser Tun und Lassen gemessen wird, wir möchten eine Antwort erhalten auf die Frage: »Was sollen wir tun?« – eine Antwort auf die Frage, welche eine Urfrage und Urverlegenheit unserer Existenz ist. Was kann der Sinn dieser Frage sein, und was können wir antworten?

Zu Beginn unserer Überlegungen stoßen wir auf eine Überraschung, die zugleich die Aufgabe unserer Einführung erhellt. Wir verdeutlichen sie uns an Lk 10,25–28, dem Rahmengespräch zum Gleichnis vom barmherzigen Samariter. Da erscheint die Frage: »Was soll ich tun . . .?« – unsere Frage – im Mund des Schriftgelehrten. Und wir erfahren die Antwort Jesu in jäher Überraschung als die Krisis auch unseres Fragens, was wir tun sollen: als die Krisis aller unserer Ansätze, Überlegungen, Einfälle, Versuche – denn wir antworten ja alle Tage selbst auf unsere eigene ausgesprochene oder unausgesprochene Frage, was wir tun sollen, antworten, indem wir selbst in unserem Tun, in unserer täglichen Existenz, die Antwort geben und sind. Das aber ist die Überraschung: daß da in den Alltag unserer selbstverständlichen Existenz, unserer vorsichtig oder ohne viel Überlegung gegebenen Antworten die Antwort des Herrn hereinbricht: »Im Gesetz: wie steht da geschrieben? Wie liesest du?« (Lk 10,26). Schneidet die Antwort Jesu Christi die Frage nicht beinahe ab, eben indem sie sie beantwortet, indem sie antwortet: »Solche Frage und Urfrage menschlicher Existenz ist schon beantwortet in der Schrift, in der Summe der Gebote? Das . . . sollst du tun!«

Daran wollen wir ablesen, was es um den Sinn einer Einführung in die theologische Ethik ist. Dürfen wir nicht fragen: »Was sollen wir tun?« Wir dürfen es, wir müssen es! Diese Frage bricht in der Schrift immer wieder auf als die Frage der Erschütterten, der vor dem Wunder der Gnade Stehenden. Es ist beispielsweise die Frage der zur Buße Gerufenen in Lk 3 – die Frage der Hörer der Verkündigung Johannes des Täufers, eindrücklich in dreifacher Wiederholung: »Was sollen wir denn tun?« (3,10.12.14), als Frage des Volkes, der Zöllner, der Soldaten. Oder die Frage des jäh überraschten Paulus, dem Christus begegnet ist – herausgeworfen aus seinem Geleise spricht er »mit Zittern und Zagen: Herr, was willst du, daß ich tun soll?« (Apg 9,6 in einem Vulgata-Druck). Echt ist die Frage immer als Frage der vom Wort Gottes Getroffenen, als Frage der sich vor seinem Ruf Verantwortenden. So können wir sagen: Die Frage müßte Verantwortung der Gefragten, der von Gott Gefragten sein. Die Frage ist also Antwort der vor dem Ruf sich Verantwortenden.

Davon wird noch zu sprechen sein. Aber wir dürfen nicht fragen, als ob wir selber uns antworten müßten und könnten, als ob wir mit unserem Fragen und Problematisieren zur Antwort vorstoßen könnten. »Einführung« kann auch nicht bedeuten, daß wir von irgendwoher gleichsam die Leiter ansetzten, um zur theologischen Ethik zu gelangen, um zu ihr gleichsam hinaufzuklettern. Wir können hier keine Ethik entwerfen, keine Imperative oder Prinzipien formulieren. Unser Stil kann auch nicht der einer alles offenlassenden Diskussion sein. In großer Strenge begegnet auch uns die Antwort des Herrn: »Im Gesetz: wie steht da geschrieben? Wie liesest du?« Das ist die Überraschung: Wir sind von vornherein nicht zum Entwerfen einer Ethik da, sondern zum Hinnehmen, ja »Ablesen« einer Ethik. Wir können nicht gleichsam kurslos auf dem Meer der ethischen Problematik kreuzen – wir bekommen einen Kurs befohlen. ». . . verbum Dei condat articulos fidei et praeterea nemo, ne angelus quidem«, sagt Martin Luther in den »Schmalkaldischen Artikeln«.[1] So ist auch zu sagen: Nur das Wort Gottes gründet die Artikel der Ethik. Insofern ist theologische Ethik Besinnung auf die gegebene Antwort Gottes, so wird sie zur Besinnung auf die Krisis aller selbst gegebenen Antwort.

1. Die Bekenntnisschriften der evangelisch-lutherischen Kirche, Göttingen 1956[3], S. 421. – »[Wir haben eine andere Regel:] Gottes Wort begründet die Artikel des Glaubens und sonst niemand, auch kein Engel.«

Anders dürfen wir also nicht fragen: »Was sollen wir tun?« Wir dürfen nicht an der Schrift, an der gegebenen Antwort Gottes, vorbeifragen. Wir würden dann letztlich mit unserer Frage allein bleiben, wir würden fragen als solche, die sich selbst fragen und sich selbst antworten wollen. Und so würden wir nicht ernstlich fragen, nicht in echter Verlegenheit um die Antwort. Wir könnten mit unserer Frage gerade auf der Flucht vor der Antwort Gottes, auf der Flucht vor dem konkreten Gehorsam sein. Daran hängt es, ob die Frage des Schriftgelehrten von Lk 10, ob unsere Frage die Frage des Gehorsams ist. In echter Verlegenheit und Betroffenheit, im Wissen darum, daß wir selbst nicht antworten können, im Angewiesensein auf die Antwort Gottes werden wir fragen, fragen dürfen! Deshalb nennt Ps 119,19 die Bitte: »Ich bin ein Gast auf Erden; verbirg deine Gebote nicht vor mir« – wobei wir an Ps 27,9 denken werden: »Verbirg dein Antlitz nicht vor mir und verstoße nicht im Zorn deinen Knecht, denn du bist meine Hilfe. Laß mich nicht und tue nicht von mir die Hand ab, Gott, mein Heil!«

In solcher Frage und Bitte wird gerade unsere echte ethische Verantwortung sichtbar: als Verantwortung nicht vor uns selbst, in der Einsamkeit eines selbst antwortenden Individuums, sondern als Verantwortung vor dem Gebot des Herrn. Immer geht es um das Gegenüber: um die Verantwortung unserer Existenz vor dem Herrn. In der Erkenntnis des Gegenübers wird unsere Verantwortung erkannt. Es ist die Bitte um die Gegenwart des Wortes dieses Herrn, als die Gegenwart seiner Gnade. Es ist die Bitte um die Gegenwart seines Antlitzes, seiner selbst, ». . . denn du bist meine Hilfe« (Ps 27,9). Denn das Gebot ist nicht eine allgemeine Anweisung, sozusagen ein Kompaß, den wir in die Tasche stecken und selbst handhaben könnten. Das Gebot ist er selbst in seinem Gebieten. Wir müssen unterstreichen: Es geht um einen ganz und gar konkreten Vorgang, um die konkrete Frage und die konkrete Antwort. Ein nur formales Gebot, eine formale Anweisung wie der »kategorische Imperativ« könnte hier nicht genügen, weil wir uns so doch wieder selbst überantwortet blieben und selbst die Formel anwenden müßten. Die entscheidende Regel lautet: Wir sind gebunden, gebunden an den Herrn des Gebotes, an den Gebieter selbst. Deshalb müssen wir fragen: »Was sollen wir tun?« – und mit solcher Frage nach ihm selber fragen. Deshalb kann die Antwort nicht in unserer Hand sein, weil wir in seiner Hand sind. Sie nimmt teil an seiner Majestät: in ihr begegnet er uns in seiner Majestät. Und in ihr wendet er sich uns zu. Solche Zuwendung ist das Wunder seiner Güte, in der er uns nicht uns selbst überläßt – der Ratlosigkeit und Verlegenheit aller unserer

Ratschläge und Antworten –, sondern die Bitte von Ps 119,19 und Ps 27,9 hört.

Wo, wie und wann geschieht die Antwort Gottes in seinem Gebot? Geschieht sie oder geschieht sie nicht? Es ist solche Antwort das Wunder der Güte Gottes, sagten wir. Auf dieses Wunder seiner Güte sind wir angewiesen. Dieses Wunder aber beschreibt Dtn 30,11–14 als Nähe seines Wortes: »Denn das Gebot, das ich dir heute gebiete, ist dir nicht zu hoch und nicht zu fern. Es ist nicht im Himmel, daß du sagen müßtest: Wer will für uns in den Himmel fahren und es uns holen, daß wir's hören und tun? Es ist auch nicht jenseits des Meeres, daß du sagen müßtest: Wer will für uns über das Meer fahren und es uns holen, daß wir's hören und tun? Denn es ist das Wort ganz nahe bei dir, in deinem Munde und in deinem Herzen, daß du es tust.«

»Was sollen wir tun?« Wir müssen diese Frage in ihrer vierfachen, dringlichen Hinsicht beantworten. *Was* eigentlich? Wir dürfen nicht in allgemeinen Regeln hängen bleiben, die uns nicht helfen, wenn wir vor der konkreten Aufgabe stehen. Wie sollten wir in der Stunde, in der Not der jeweiligen Gegenwart, in der wir handeln müssen, weiter wissen, wenn wir keine konkrete Weisung haben: »Das sollst du tun!« Wir kennen alle die Klemme, in die wir immer wieder geraten, in der wir fragen: »Soll ich dies oder das oder keines von beiden tun?« Konflikt über Konflikt entsteht: der sogenannte ethische Konflikt, die Pflichtenkollision. Zwischen dem Anspruch von hier und dem Anspruch von dort sind wir in Verlegenheit: Wem bin ich mehr verpflichtet? Dringlich ist die Frage: »Was soll ich tun?« Immanuel Kant mit seinem kategorischen Imperativ sagt es auch nicht. Kant sagt nur: »Handle so, daß die Maxime deines Willens jederzeit zugleich als Prinzip einer allgemeinen Gesetzgebung gelten könne!«[2] So prinzipiell soll ich handeln! Aber: Was soll ich tun? Bleibt es mir nicht noch zugeschoben, muß ich nicht nach wie vor fragen, wenn die prinzipielle Überlegung nun auf mich zukommt? Ich frage: »Was soll ich tun?« – aber soll ich nun nicht aufgrund meiner prinzipiellen Überlegung selbst antworten? Was aber, wenn ich eben in Verlegenheit um die Antwort gefragt habe und frage, fragen muß: »Was soll ich tun?« – Wir sprechen hier von der Dringlichkeit der *Konkretheit*.

Und wenn ich frage: »*Soll* ich dies oder das tun?«, so frage ich zugleich nach dem echten Sollen. Wüßte ich wirklich, was ich tun müßte, so würde

2. *I. Kant*, Kritik der praktischen Vernunft (1788), A 54 (I. Teil, 1. Buch, 1. Hauptstück, § 7: Grundgesetz der reinen praktischen Vernunft).

ich auch wissen, was ich unbedingt tun sollte. Daß es heißt »Was soll ich tun?«, hebt ja gerade die Vordringlichkeit dieses einen mir nun gebotenen Tuns hervor, die zwingende Strenge des Gebotes, das als Autorität zu mir spricht. Ein anderes – sehr anderes! – Problem ist, was wir tun möchten. Vielleicht tun wir nur, was wir tun möchten, wozu uns Anlage und Neigung rufen. Wir spüren bereits: diese Frage verpflichtet, schon ehe die Antwort gegeben ist. Sie ist nicht auf unverbindliche Vorschläge aus, auf eine Wahl unsererseits, bei der wir zwischen Möglichkeiten selbst wählen und die uns zunächst liegende ergreifen. Wir können nicht mehrere Kostenanschläge und Entwürfe anfordern und obendrein zu guter Letzt alles Ausführen sein lassen. Wieder wären wir das Zünglein an der Waage. Und das Gegenüber eines Gebieters gäbe es nicht. Wir dürften dann nicht fragen: »Was sollen wir tun?« Ehrlicherweise vielmehr nur: »Was könnten wir tun?« Wenn nicht vielmehr die Frage verschwiegen würde und das, was wir möchten, über alles Fragen im voraus entschiede, und wir, ohne viel zu fragen, einfach täten, was wir möchten. – Wir sprechen von der Dringlichkeit der *Verbindlichkeit*.

Und noch einmal könnten wir uns aller Dringlichkeit entziehen, wenn wir nur fragten (aber dann auch nicht echt fragten!): »Was soll man tun?« Das heißt, wenn wir als Zuschauer fragen würden und nicht als Beteiligte, als Betroffene: »Was sollen *wir* tun?« Es liegt uns von Hause aus, solche Zuschauer zu sein, immer wieder appellieren wir beharrlich an die anderen! Der soll endlich einmal das tun und jener dies! – Die Frage aber kann, wenn sie echt ist, sich nicht hinter dem anderen verstecken bzw. den anderen vorschicken. Sie kann sich auch nicht hinter dem Wir verstecken – sie ist (als Frage, was wir tun sollen) die Frage jedes einzelnen.[3] Was soll ich tun: das ist gemeint, das fragen alle und müssen alle fragen, wenn wir fragen: »Was sollen wir tun?« Wir sind ja auch nicht nur Ich und Ich – beziehungslose Ichpunkte gleichsam –, wir sind alle miteinander in einer Verle-

3. Zur Kategorie »Einzelner« vgl. *M. Luthers* Invokavitpredigten (1522), z. B. den Beginn der ersten: »WIr seindt allsampt zu dem tod gefodert und wirt keyner für den andern sterben, Sonder ein yglicher in eygner person für sich mit dem todt kempffen. In die oren künden wir woll schreyen, Aber ein yeglicher muß für sich selber geschickt sein in der zeyt des todts: ich würd denn nit bey dir sein noch du bey mir« (WA 10/III,1,7–10.2,1). – *S. Kierkegaard*, z. B. in »Furcht und Zittern« (1843): »Der Glaube ist nämlich jenes Paradoxon, daß der Einzelne höher ist als das Allgemeine, jedoch wohlgemerkt solchermaßen, daß die Bewegung sich wiederholt, daß er also, nachdem er im Allgemeinen gewesen ist, sich jetzt als der Einzelne als höher als die Allgemeinheit isoliert.« Aus: *ders.*, Philosophisch-Theologische Schriften: Die Krankheit zum Tode und anderes, hg. von H. Diem/W. Rest, Köln/Olten 1956, S. 238.

genheit und Verantwortung: Was sollen wir tun, und das heißt: jeder von uns. Dabei spricht dieses Wir aus, daß wir nicht nur für uns selber da sind, sondern daß wir in einem Miteinander und Füreinander leben. Die Frage könnte zu privat sein: »Was soll ich tun?« Zu abstrakt, zu sehr abstrahierend von der Wirklichkeit des Miteinanders, zu wenig offen für das Füreinander: die Frage könnte nicht weit genug sein. Die Frage geht mich an, daran ist nicht zu rütteln. Aber sie geht zugleich meinen Nächsten an, sie geht uns alle an, sie ist *unsere* Frage. – Wir sprechen von der Dringlichkeit der *Verantwortlichkeit*.

Und ein viertes Mal könnten wir trotz allem doch noch sehr blaß und unverbindlich fragen, wenn wir bei allem Fragen nicht geradewegs aufs Tun aussein wollten: »Was sollen wir *tun*?« Hier sollen und dürfen keine Probleme aufgeworfen werden um ihrer selbst willen, um einer »theoria« willen – es soll vielmehr nur gefragt werden, damit es zum Tun kommt. Das heißt: die Frage bindet uns, insofern sie uns gleichsam keine Pause läßt zwischen Wissen und Tun; sie läßt uns eben nach dem Tun fragen. Das Wissen, auf das die Frage aus ist, bleibt nicht Wissen, sondern will zum Tun, zur Tat werden. Das ist die dringliche Frage an uns: Fragen wir als solche, die handeln möchten, sofort, auf der Stelle – oder liegt uns zwischen Wissen und Tun an einem Rückzug, an der Möglichkeit zu ihm? Wollen wir im entscheidenden Augenblick den Gehorsam verweigern? Fragen wir als solche, die doch auf der Flucht vor dem Anspruch sind, der an uns ergeht, wenn unser Tun und wir in unserem Tun selbst gefordert sind? – Wir sprechen von der Dringlichkeit der *Bereitschaft*.

2. *Der Zugang*

So gehört es zur Sache, daß wir *exegetisch* fragen, daß wir in der Bemühung um die theologische Ethik die Schrift aufschlagen. Es soll um einen Begriff der theologischen Ethik gehen: um den Begriff des Bruders. Denn in der Summe der Gebote erscheint auch die Anweisung: »Liebe deinen Nächsten wie dich selbst!«, damit erscheint auch der Bruder. Der Bruder: das ist sozusagen eine Paßkontrolle, die unser ethisches Denken, unser Tun zu durchlaufen hat. Unsere Existenz geschieht so, daß wir an ihn gebunden sind, vor ihm uns zu verantworten haben. Wir entwerfen damit keine Ethik vom Bruder her, sozusagen eine allgemeine Anweisung zum brüderlichen Handeln, weil es uns so sinnvoll erscheint. Wir meinen die Wirklichkeit des Bruders und Nächsten, an die wir in unserer Existenz je und je gebunden sind: als von Jesus Christus her gültige Wirklichkeit, als von ihm her gegebene Grenze und Bestimmung unserer Existenz. Wir wollen auch hier »ablesen«, nicht von uns aus einen Begriff einführen – denn so könnten wir nicht in die theologische Ethik einführen. Wir können auch damit nur eine Linie nachzeichnen, die uns in der Antwort des Wortes vorgezeichnet ist. Wir können nur den Bruder meinen, wie ihn das Wort selbst zu sehen anweist. Davon wird gleich zu reden sein.

Schon damit ist zugleich die Begrenzung unserer Aufgabe vollzogen. Wir haben nur von einer *Einführung*, aber auch nur von *einer* Einführung gesprochen. Das heißt: es sind auch andere Zugänge zum Problem der theologischen Ethik denkbar und möglich. Wir werden ihnen bei unserem Versuch begegnen. Wir greifen hier ein Kapitel heraus, ein Kapitel freilich, bei dem wir nicht am Rand der theologischen Ethik bleiben, sondern versuchen, ihrer Mitte ansichtig zu werden.

Das hat zwar für alle Zugänge zur theologischen Ethik zu gelten: daß keiner die eben aufgezeigte Voraussetzung durchbrechen kann, nur »abzulesen«, nur von der vorausgegebenen Antwort herzukommen, nur im Hören und Hinnehmen Zugang sein zu können, nicht aber Zugang auf eigene Faust zu sein. Und alle Zugänge haben ihre Einheit in der Mitte, auf die sie zulaufen: im Geheimnis des gnädigen Handelns Gottes. Damit ist die echte Voraussetzung aller theologischen Ethik und aller Zugänge zu ihr genannt, die Vorrede zu aller Ethik. Wir können es vorwegnehmend so formulieren: Auch der Zugang zum Problem des Bruders selber wird über die Weihnachtsgeschichte gehen als der Voraussetzung unserer ganzen Existenz, unseres Lebens. Das Wunder der Weihnacht und die ganze historia Jesu Christi von der Krippe bis zum Kreuz ist die Mitte, auf die wir zugehen müssen – zugehen, weil wir in der theologischen Ethik nur von ihr herkommen können. So beschreiten wir einen Weg, in dem unsere Existenz gnadenhaft begriffen werden kann. Wie könnten wir in der Theologie davon abstrahieren: »Da ich noch nicht geboren war, da bist du mir geboren und hast mich dir zu eigen gar, eh ich dich kannt, erkoren« (EKG 28,2)?

Wie könnten wir vom Menschen, von uns, noch reden, ohne der gnadenhaften Entscheidung Gottes über uns im Evangelium zu gedenken, ohne unser Leben von da umklammert sein zu lassen. Es ist ja Christi »humanitas . . . illa sancta scala . . . nostra, per quam ascendimus ad Deum cognoscendum . . . Igitur qui vult salubriter ascendere ad amorem et cognitionem Dei, dimittat regulas humanas et methaphisicas de divinitate cognoscenda et in Christi humanitate se ipsum primum exerceat«.[4]

4. *M. Luther*, Scholion zu Hebr. 1,2 (1517), in: *Emanuel Hirsch/Hanns Rückert*, Luthers

Wir haben gesagt: Wir können nicht von irgendwoher eine Leiter zum Problem der theologischen Ethik ansetzen. Eben darum nicht, weil es nur die eine »scala sancta« gibt, die wir nicht ansetzen, sondern die Gott uns schenkt. So wenig wir zum Geheimnis der Weihnacht anders denn als Hörer der Weihnachtsgeschichte, so wenig können wir auch zur theologischen Ethik anders denn nur als solche Hörer kommen. Werden aber die Artikel des Credo zur Voraussetzung der Ethik, wird die gnadenhafte Geschichte des 2. Artikels zur Voraussetzung der Frage: »Was sollen wir tun?«, so ist die Ethik selbst ein Stück der Dogmatik, so haben wir das Evangelium und das Gebot, nach dem wir handeln sollen, miteinander zu bedenken. So haben wir auch hier den Ring, die feste Klammer, zu bewähren, in der wir uns allenthalben in der Theologie vorfinden und vorfinden dürfen.

Auch andere Zugänge zu unserer Frage sind möglich, die ich hier – im Blick auf grundlegende Literatur – wenigstens kurz skizzieren will: Der 1. Teil der Ethik Alfred de Quervains (Zürich 1942) trägt den Titel »Die Heiligung«. Das ist eine durchaus mögliche Umschreibung aller theologischen Ethik: Heiligung als Sinn unserer Existenz als Christen, auch als Sinn unserer an den Bruder und Nächsten gebundenen Existenz. Gerade wenn wir exegetisch ansetzen – etwa im Zuge einer Auslegung von Röm 12–14 (der »Ethik« des Römerbriefes) – werden wir dem Bruder und Nächsten begegnen, nämlich auf dem Wege der Heiligung.

Ethik kann aber auch – den Katechismen entsprechend – als »Auslegung der Gebote« überschrieben sein, oder in Gestalt einer Auslegung der Bergpredigt, etwa als »Ethik der Liebe«, wie Wilhelm Lütgert seine 1938 erschienene Ethik betitelt hatte, oder als »Nachfolge«, wie Dietrich Bonhoeffer seinen umfassenden Zugang kennzeichnete (München 1937 [1982[13]]).

Wir unterstreichen mit solchen Hinweisen noch einmal den Fragmentcharakter unserer Bemühung. Wir werden selbst dieser anderen Zugänge, Titel und Möglichkeiten ansichtig werden. Beispielsweise werden wir dem Begriff der Liebe begegnen, wenn wir vom Bruder reden, und den Begriff der Liebe vom Bruder her klären müssen, so wie der Bruder von

Vorlesung über den Hebräerbrief nach der vatikanischen Handschrift, Berlin/Leipzig 1929, S. 102f (hier abgedruckt nach WA 57,99,3–8). – »Die Menschheit ist nämlich für uns jene heilige Leiter, auf der wir zur Erkenntnis Gottes aufsteigen. . . Wer also heilsam zur Liebe und Erkenntnis Gottes emporsteigen will, lasse alle menschlichen und metaphysischen Anweisungen darüber, wie die Gottheit zu erkennen sei, hinter sich und übe sich zuallererst in der Menschheit Christi.«

der Haltung der Liebe her definiert wird. Der Begriff des Bruders und Nächsten wird uns – wir werden uns dabei von Søren Kierkegaard belehren lassen – helfen, die Abgrenzung von Eros und Agape zu vollziehen: die Gestalt des Bruders wird zur Frage an den Eros (im umfassenden Sinn), zur Krisis aller eroshaften Liebe werden.

II. Das menschliche Miteinander und der Bruder

1. Das Ende der Privatheit

Wir suchen eine Antwort auf die Frage: Was sollen wir tun? Wir suchen die schon gegebene Antwort Gottes, nicht eine Antwort, die wir selbst geben. Wir möchten wissen, wie unser Handeln beschaffen sein muß, wenn es dem Willen Gottes entsprechen soll. Wir greifen dazu noch einmal die Frage des Schriftgelehrten aus Lk 10 und die Antwort des Herrn auf. Die Antwort besteht im Hinweis auf das Gesetz. Die Frage bzw. der, der sie stellt, wird gleich zu Anfang zur Schrift zurückgerufen, der Schriftgelehrte wird zur Schrift gerufen. Er muß selbst antworten, und Christus bestätigt seine Antwort als Antwort nach der Schrift: »Du sollst Gott, deinen Herrn, lieben von ganzem Herzen, von ganzer Seele, von allen Kräften und von ganzem Gemüte.« In dieser Hingabe zeichnet sich ab, daß Gott der Herr ist, daß wir in unserer ganzen Existenz nicht uns selbst, sondern ihm, dem Herrn, gehören. »Unser keiner lebt sich selber und stirbt sich selber« – Erik Peterson übersetzt: »Keiner von uns lebt ja ein privates Leben, und keiner von uns stirbt einen privaten Tod«[5] – »Leben wir, so leben wir dem Herrn; sterben wir, so sterben wir dem Herrn. Darum: wir leben oder sterben, so sind wir des Herrn« (Röm 14,7f). Unser Handeln kann nur ein Handeln von solchen sein, die diesem Herrn gehören. Dieses Wort erlaubt keine Reserven, wir sind ganz gefordert. Wir mögen uns das deutlich machen an einem Text wie Lk 17,7–10, der auch nur das gänzliche Gefordertsein kennt, der die Rolle des Jüngers als die des »Knechtes« (δοῦλος) beschreibt, der seine schuldige Pflicht tut (17,10). Deutlich wird

5. G. Eichholz zitiert vermutlich aus seiner Nachschrift des Bonner Römerbrief-Kollegs von *E. Peterson*.

beim »Knecht« das Ende der »privaten« Existenz. – Aber nun geht die Antwort des Schriftgelehrten in Lk 10 noch weiter: ». . . und deinen Nächsten wie dich selbst«. Und hier setzt das Gespräch nachher wieder ein: Wer ist denn mein Nächster? Unsere Bemühung gilt der auch in Lk 10 mit der Frage nach dem Nächsten herausgegriffenen zweiten Hälfte. Nicht, als ob sie für sich stehen sollte. Wir unterstreichen noch einmal, daß wir uns damit nur eins unter vielen Kapiteln der theologischen Ethik vornehmen.

In Mk 12 fragt auch ein Schriftgelehrter nach dem »vornehmsten Gebot vor allen« (12,28) und bekommt von Christus die gleiche Antwort, die der Schriftgelehrte in Lk 10 gibt. Und zwar so, daß das in Lk 10 in einem Satz gegebene Doppelgebot als ein »erstes« und »zweites« Gebot erscheint. Und in Mt 22 sagt Christus von dem »zweiten« Gebot, es sei dem »ersten« gleich (δευτέρα ὁμοία 22,39) und fügt hinzu: »In diesen zwei Geboten hängt das ganze Gesetz und die Propheten« (wie eine Tür in den Angeln[6]).

Wir fragen vor diesen Texten und möchten verstehen: Was ist es um das Gewicht dieses zweiten Gebotes, um die Anweisung, den Nächsten zu lieben? Auf das Doppelgebot als solches können wir hier noch nicht eingehen: auf die Frage, wie ein solches doppeltes Gefordertsein zu verstehen ist. Schon die erste Forderung ist eine gänzlich umfassende, schon sie ist, wie wir sahen, das Ende der Privatheit. Ehe wir fragen, wie dieses Gewicht zu begreifen ist, wie es mit dem ersten Gebot zusammen die Summe der Gebote, ihre Zusammenfassung (Röm 13,9) und die Summe der Schrift sein kann, und ehe wir fragen, was es heißt, daß es so ist, wollen wir das Gewicht dieser Anweisung als solches uns einzuschärfen suchen. So wie es uns eingeschärft ist in der Antwort des Herrn, unüberhörbar, und wie es der Jakobusbrief einschärft als »königliches Gesetz« (νόμος βασιλικός), als »König unter den Geboten« (Jak 2,8).[7]

2. *Die Kontur des Bruders*

Wir lassen es uns darüber hinaus einschärfen durch eine lukanische Perikope, die zwar die Vokabel »Nächster« bzw. »Bruder« nicht enthält, uns aber die hier gemeinte Sache verstehen hilft: Lk 14,12–14. Wir befinden

6. *Walter Bauer*, Wörterbuch zum Neuen Testament, Berlin 1971[6], Sp. 890; vgl. *Julius Schniewind*, Das Evangelium nach Matthäus (NTD I/1), Göttingen 1937, S. 417 (separat: S. 217; 1956[8], S. 224).

7. *Gerhard Kittel*, Der geschichtliche Ort des Jakobusbriefes, in: ZNW 41, 1942, S. 71–105, hier: S. 86.

uns in Lk 14 im Zusammenhang der Gespräche beim Gastmahl und hören (Lk 14,12–14) die gezielte Anrede an den Gastgeber, wie vorher die Gäste alle miteinander (im Gleichnis von 14,7–11) und nachher ein einzelner Gast – aber mit ihm doch auch wieder alle (ὑμῖν V. 24) – im Gleichnis vom großen Abendmahl (14,16–24) angeredet sind.

Wird hier nicht umfassend das Problem der menschlichen Gemeinschaft aufgerollt? Deutlich ist zunächst die Krisis, in die hier unsere Lebensregeln, unser Lebensstil und -zuschnitt im Miteinandersein hineinkommen – wieder als unvermutete Überraschung, wie bei der Frage: »Was sollen wir tun?«

Wir sehen die Tischgesellschaft beim Gastmahl – wenn sie aus V. 7–11 und aus V. 12 abgelesen werden kann – gleichsam vor uns, in konkreter Anschaulichkeit: lauter ehrenwerte Leute, nicht zufällig zusammengeführt, sondern sorgsam gewählte Gäste, die zueinander gehören. Geht es nicht zu, wie es immer in der Welt zuging und zugeht? Übersehen wir die Gäste: da kommen – sie sind zuerst genannt in 14,12 – die Freunde; dann die näheren und ferneren Verwandten, und schließlich gar noch die Nachbarn, freilich sofern sie etwas zu bedeuten haben, sofern sie – Geld haben. Man mag bei Strack-Billerbeck[8] nachlesen, nach welch strengem Zeremoniell solche Einladung geschah.

Wir fragen: Weshalb dieser Kreis? Nun, es wird der Kreis sein, mit dem wir im Alltag des Lebens immer wieder zu tun haben, der Kreis der Leute, denen wir verpflichtet zu sein meinen und die wir uns wieder verpflichten möchten. Macht dieser Kreis nicht deutlich, daß keiner nur für sich allein ist, keiner von uns, daß jeder in ein ganzes Gefüge von Verpflichtungen und Bindungen einbezogen ist, daß das Leben in einer Fülle von Verpflichtungen und Bindungen verläuft? Daß keiner sich dem Problem der Gemeinschaft entziehen kann? Wir mögen hinzufügen, daß der Kreis der Gäste in Lk 14 auch »innerlich« zueinander gehören mag, wenn der in V. 15 redende Gast für den Kreis typisch sein sollte, wofür aber der Gastgeber, der ihn und alle einlud, in seiner Zugehörigkeit zu den Ernstesten der Ernsten von damals (V. 1) auch sprechen würde.

Und weshalb sollte es nicht zu solchem Miteinander beim Gastmahl kommen, weshalb sollte das festliche Mahl nicht im Zeichen eines solchen Miteinanders zu begreifen sein? Ist Einladung und gedeckter Tisch nicht

8. *(Hermann Lebrecht Strack/)Paul Billerbeck*, Kommentar zum Neuen Testament aus Talmud und Midrasch, Bd. IV/2, München 1928, S. 611–639: »Exkurs: Ein altjüdisches Gastmahl«.

wie ein Ja zu solchem Miteinander, und auch wieder wie ein Ruf nach ihm? Darf das nicht sein – muß das nicht sein? Sind wir nicht aufeinander angewiesen? Wäre das Leben zu ertragen, wenn es anders wäre – wenn es das Miteinander nicht gäbe, wenn jeder mit sich selbst allein wäre? Suchen wir nicht immer wieder Gefährten und Gesellen, Kameraden und Freunde: eben weil wir einander brauchen, weil wir die Begegnung und das Gespräch brauchen? So laden wir Gäste ein, um die Not des Alleinseins, die wir spüren, zu überbrücken: im Wissen um die Hilfe, die in der Gefährtenschaft liegt. So wird auch hier ein Ja zur Gemeinschaft gesprochen, in der Einsicht in die Verflochtenheit unserer Existenz.

Da bricht, rätselhaft zunächst, die Krisis über die Welt unseres Miteinanders herein: »Wenn du ein Mahl machst, so lade die Armen« (14,13). Was heißt das? Doch offenbar: das alles – Freundschaft, Verwandtschaft, Nachbarschaft – ist es noch nicht, und das alles hilft dir noch nicht. Es löst nicht die Not deines einsamen Lebens. Es hilft dir deshalb nicht, weil einer fehlt, der, auf den es ankäme. Aber den hast du nicht geladen. Du bist nicht mit ihm befreundet. Er gehört nicht zu deinem Kreis, er, der arme Lazarus nämlich, er, dein Nächster und Bruder.

Wir verstehen: der Nächste und Bruder kommt in unserem Kreis nicht ohne weiteres vor. Er ist nicht einfach mit dem leiblichen Bruder, mit Freund und Nachbar, mit Gefährte und Kamerad identisch. Mit ihm setzt sozusagen eine neue und eigene Kategorie ein. Seine Gegenwart in unserem Leben ist für uns entscheidend. Der reiche Mann im Gleichnis von Lk 16 und Zachäus in Lk 19 – um nur zwei Beispiele zu nennen – übersehen offenbar Lazarus, den Nächsten, obwohl Lazarus vor der Tür des reichen Mannes liegt.

Wie verhält es sich mit dem Nächsten und Bruder? Es verträgt sich nicht mit dem Rang, den der Nächste und Bruder hat, daß er nur am Rand unseres Lebens vorkommt. Die Anweisung in Lk 14,12–14 lautet: Lade die Armen an deinen Tisch. Der Nächste soll den Rang des geschätzten, geehrten, gern gesehenen Gastes haben, dessen Nähe wir allezeit wünschen. Entweder kommt er so in unserem Leben vor – oder er begegnet nicht als der Nächste. Søren Kierkegaard hat in seinen Meditationen über das »Leben und Walten der Liebe« diesen Zug in unserer Perikope unterstrichen.[9]

Dabei wird die Signatur der Welt unseres Miteinanders deutlich: Ge-

9. Siehe *S. Kierkegaard*, Leben und Walten der Liebe. Einige christliche Erwägungen in Form von Reden, in: *ders.*, Erbauliche Reden, Bd. III, übers. von A. Dorner/Chr. Schrempf, Jena 1924, S. 87–89.

horcht unser Miteinander nicht einer geheimen, vielleicht unbewußten Regel, die hier in Lk 14,12–14 so sichtbar wird: Wir laden solche Gäste als Gefährten unseres Lebens, die uns wieder einladen? Das Ja, das wir zu unserer Verpflichtung zur Gemeinschaft sprechen, kennt eine greifbare Grenze. Wir suchen und laden *den* anderen, mit dem uns dies oder das verbindet: etwa die Nähe des Blutes, die gemeinsam durchlebte und vielleicht durchlittene Wegstrecke des Lebens. Wir kennen die Kameradschaft unter der gleichen Fahne. Oder es ist die Verbundenheit zweier, die einander so verstehen, daß der eine das alter ego des anderen heißen kann, zwischen denen nicht ein Drittes das Verbindende ist wie etwa in der Kameradschaft. Das verbindet uns in der Freundschaft, diese Begegnung zweier im Einandergeben- und Voneinandernehmen-Dürfen, bei dem der eine sich im anderen wiederfindet.

Was aber verbindet uns mit dem Bruder und Nächsten? »Lade die Armen . . ., denn sie haben's nicht, dir zu vergelten« (V. 13f). Er fällt also nicht unter die Regel, der unser Miteinander sonst gehorcht und nach der wir wissen, weshalb wir einander zugewandt sind: nicht jedem, sondern diesem und jenem, dem Gefährten und Partner, den wir wählen, weil er uns wert ist, so wert sein kann, daß er unser alter ego, unser anderes Ich wird. Wir wissen, was wir tun in solcher Wahl und Zuwendung. Luther hat in These 28 der Heidelberger Disputation (1518) so definiert: »Amor Dei non invenit sed creat suum diligibile, Amor hominis fit a suo diligibili«.[10] Amor hominis fit a suo diligibili: da ist die Grenze unseres Miteinanders. So spitzt sich zugleich alles auf die kritische Frage zu nach dem amor hominis, nach dem, was hier Liebe heißt. Wird der Bruder nicht die Krisis des amor hominis sein?

Fassen wir vorläufig zusammen! Wir verstehen, wie umfassend letztlich in Lk 14,12–14 die kritische Frage an unser Miteinander im alltäglichen Leben aufbricht, wie sehr uns hier kritisch zugesehen wird. Ob wir den einen Nächsten und Bruder, ob wir den armen Lazarus kennen, das wird entscheidend. Solange unsere Zuwendung zum anderen nach Luthers Definition des amor hominis »fit a suo diligibili«, solange wir auf das diligibile des anderen aus sind, sofern wir ihn suchen in dem, worin er uns wert ist – solange bleibt die Frage, ob hier der andere geliebt wird oder nicht vielmehr an ihm vorbei das diligibile an ihm. Alles wird miteinander problematisch: Ob es uns in solchem amor hominis um den anderen geht

10. WA 1,365,1f. – »Gottes Liebe findet nicht, sondern erschafft den Gegenstand ihrer Liebe – die Liebe des Menschen entsteht aus ihrem Gegenstand.«

(oder in einer vielleicht verborgenen Weise um uns selbst), und ob unsere Zuwendung zu ihm in echter Weise Liebe heißen kann. »Fit a suo diligibili« heißt doch: unsere Liebe geht nicht zu ihm, sondern kommt von ihm her, hängt an dem Liebenswerten an ihm. Wartet hier eine geheime Politik des Ich, ist solche Liebe Ausdruck dafür, daß wir in aller Suche nach dem anderen auf der Suche nach uns selbst bleiben?

Der Nächste und Bruder würde den engen Kreis sprengen müssen, in dem wir dem anderen begegnen: begegnen bis zur Grenze, jenseits deren der Bruder wartet. Der Nächste und Bruder allein wäre das Ende der Einsamkeit unseres amor hominis. Trotz der Fülle der Gefährten und Freunde ist von der Einsamkeit des reichen Mannes im Gleichnis, des reichen Jünglings, des reichen Zachäus zu sprechen, um an ein paar Lukasgestalten zu erinnern. Freunde und Bekannte hat auch der Gastgeber von Lk 14,12–14; Gefährtenschaft kennen wir alle. Es geht aber nach Lk 14,12–14 um sie alle nicht, weil es – jenseits ihrer aller oder in ihnen allen – um den Nächsten und Bruder geht. Der Geliebte heißt der Nächste in der Anweisung von Lk 10, von der wir ausgingen.

Damit ist uns noch einmal das Gewicht begegnet, das der Nächste und Bruder nach der Schrift für uns hat. Wie müßten wir nun nicht auch, wie der Schriftgelehrte in Lk 10, weiterfragen: Wer ist denn mein Nächster? Wir müßten fragen im Sinn der Bitte um ihn, daß uns der Nächste gezeigt werden möchte, daß wir nicht an ihm vorübergehen möchten: »Herr, neige deine Ohren und erhöre mich!« (Ps 86,1). »Verbirg deine Gebote nicht vor mir« (Ps 119,19). »Wer ist denn mein Nächster?« wird uns zur umfassenden Frage nach dem Sinn der Nächstenschaft und Bruderschaft werden müssen. Weshalb fällt es dem Nächsten und Bruder zu, zur kritischen Frage an unsere ganze Existenz zu werden, zur Paßkontrolle für unser ethisches Denken und Handeln?

Wir folgen einem Hinweis, den wir noch einmal Lk 14 entnehmen. Der Arme, der von uns nicht geladene Gast – an dem aber für uns alles hängt! – kommt in Lk 14 noch einmal vor: im Gleichnis vom großen Abendmahl (V. 16–24) als der von Gott an seinen Tisch Gerufene, als Gottes geladener Gast (V. 21). Was für ein Vorgang: Da erscheint vor den Gästen bei Tisch im Gleichnis noch einmal ein Tisch. Die zuerst geladenen Gäste kommen nicht (wer ist es, der dazu gehört?) – dafür kommen die in dieser Welt nicht Geladenen, die armen Lazarusse. Kann gezielter geredet werden? Kann das Gleichnis bedrängender in die Wirklichkeit, in den Alltag des Hörers hineinreden? Man könnte erinnert werden an Leonardo da Vincis »Abendmahl« und den Raum, in dem und für den es gemalt ist: die

Stirnwand des Speisesaals des Dominikanerklosters Santa Maria della Gratia in Mailand. – Der Tisch kommt außer auf der Bildwand, genauso gedeckt, noch dreimal im Saal selbst vor – Sinnbild einer ständigen Bezogenheit (vgl. Lk 14,13.21).

Luthers Definition dürfte hier gelten: »Amor Dei non invenit sed creat suum diligibile.« Was für ein diligibile sollte für den Menschen im Gleichnis der Armen (und dessen, der auf der Landstraße zu finden ist: 14,23) in Betracht kommen? Zu nahe herangerückt ist der Mensch an die Gleichnisgestalt des »Verlorenen Sohnes«[11] als Spiegel seiner Existenz. Wir müssen, um den Nächsten und Bruder zu verstehen, bei dem Amor Dei, bei seiner Zuwendung zu Lazarus, einsetzen. Wir stoßen auf das Wunder der Güte Gottes, auf das Geheimnis des Evangeliums, auf die historia Jesu Christi als die Mitte des barmherzigen Handelns Gottes. Was bedeutet »Christus und der Bruder«?

III. Christus und der Bruder

In Hebr 2,11f spricht Jesus Christus zu den »Brüdern« (ἀδελφοί). Jesus Christus weiß um »Brüder«, er spricht mit den Worten von Ps 22,23, der hier zitiert wird: »Ich will deinen Namen verkündigen meinen Brüdern. Mitten in der Gemeinde will ich dir lobsingen.« Wir werden sehen: Der Sinn und die Möglichkeit, die Nähe und die Hilfe der Bruderschaft gründet darin, daß Jesus Christus Brüder kennt, sie als solche anredet, ja zuallererst sie zu Brüdern macht. Ohne ihn, ohne Jesus Christus, kommt es nicht zur Bruderschaft. So verbirgt sich im Geheimnis der Bruderschaft nichts Geringeres als das Geheimnis Jesu Christi selber, und das heißt: das Geheimnis, daß er unser Bruder geworden ist, daß er, wieder nach Hebr 2 (17), »in allen Stücken den Brüdern gleich werden mußte« (κατὰ πάντα). Weshalb? Weil er sich ihrer annimmt, wie es 2,16 heißt. In dem Bruder-Nennen verbirgt sich das Geheimnis des Zum-Bruder-Gewordenseins.

11. Vgl. *Adolf Schlatter*, Das Evangelium des Lukas aus seinen Quellen erklärt, Stuttgart 1931, S. 340: »Dasselbe Urteil über das Elend, das durch gottlose Kultur entsteht, gibt die Darstellung des Sohns, der vom Vater wegzog und bis zum Verhungern hungern muß. Wenn der Mensch nichts hat als seinen natürlichen Besitz, den er seinem eigenen eigensüchtigen Begehren dienstbar macht, ist der nach dem Urteil Jesu arm.«

Wir können sagen: das Geheimnis des Evangeliums schlechthin, das Geheimnis seiner benedicta incarnatio, tritt hier zutage, sammelt sich hier in der Anrede »Bruder« im Mund Jesu Christi, in der er sich uns zuwendet und in der sein Uns-zugewandt-Sein begriffen werden darf.

Das ist der Ursprung: das Wunder der Weihnacht, ja die ganze historia Jesu Christi, die Fülle seiner Barmherzigkeit, seiner ewigen Güte.

So können wir vom Bruder nicht reden, ohne von Christus geredet zu haben, so ist in der Christologie die Voraussetzung, das eigentliche Prolegomenon, zu finden. Davon können wir nicht absehen. Wir werden dieser Voraussetzung zunächst noch nachzugehen haben, handelt es sich doch um die sozusagen immer gegenwärtige, um die nicht zu verlierende Voraussetzung. Verlieren wir sie, so verlieren wir die Sache selbst. Es gibt keinen kürzeren Zugang zum Bruder, keinen Zugang an Christus vorbei. Wir würden an Christus vorbei nicht auf ihn stoßen, nicht auf den Bruder als Begriff der theologischen Ethik.

Das bedeutet doch offenbar, daß der Bruder nicht ohne Christus zu finden ist. Das Doppelgebot ist unteilbar. Søren Kierkegaard veranschaulicht dies so: »Es steht mit der Liebe zu Gott und mit der Liebe zum Nächsten wie mit zwei Türen, die zugleich aufgehen, so daß es unmöglich ist, die eine zu öffnen, ohne auch die andere zu öffnen, und unmöglich, die eine zu schließen, ohne zugleich die andere zu schließen.«[12] Der Bruder kann darum nicht einfach eine Gegebenheit des menschlichen Miteinanders sein, er ist keine soziologische Kategorie.

Der Begriff und die Wirklichkeit des Bruders sind nicht nur von der Christologie her allererst deutlich zu machen, sie können auch nur von ihr her deutlich bleiben; und solche Deutlichkeit gilt nicht nur für die Erkenntnis, sondern auch für die Wirklichkeit, nicht nur sozusagen in der Ordnung des Verstehens, sondern auch in der Ordnung des Seins. Alle Bruderschaft im Miteinander der Brüder, in der Nähe der Verbundenheit untereinander, weist ständig zurück auf das Wunder, daß er unser Bruder geworden ist.

Damit sind Begriff und Wirklichkeit des Bruders nicht ohne die Christologie zu gewinnen. Sie bleiben allein von ihr her zugänglich und sind von ihr gehalten; alles hängt an dem Wunder der Güte, in der er Brüder kennt und als solche anredet: in der er sie zu solchen macht, ja bereits gemacht hat, indem er ihnen zum Bruder wurde.

12. *S. Kierkegaard*, Die Tagebücher, Bd. IV, übers. von H. Gerdes, Düsseldorf/Köln 1970, S. 279.

So müssen wir fragen: Was heißt es und was liegt darin verborgen, daß er Brüder kennt und als solche anredet, daß er *der* Bruder geworden ist? Dazu ist Hebr 2,11f und 2,17 im Zusammenhang der beiden ersten Kapitel des Hebräerbriefes zu lesen und zu verstehen. Hebr 1 und 2 beantworten die Frage, die Anselm von Canterbury später so formuliert hat: »Warum wurde Gott Mensch (Cur Deus homo)?«[13] Hier wird von Christus gesprochen als Deus und als homo, als Träger des verliehenen Titels »Sohn« (υἱός) und als »Mensch« (ἄνθρωπος), als Herr der Glorie und als Christus der Passion, als König und Bruder. Eins ist nicht vom anderen zu lösen, schon in Hebr 1 nicht. Der Titel »Sohn« (υἱός) fällt dem zu, der am Kreuz hing, dem Christus der Passion. Die »Sohnschaft wird eschatologisch und protologisch durch die Umspannung von Ende und Anfang (diese Reihenfolge!) näher bestimmt.«[14] »Er ist der Erbe des Alls und der, durch den Gott die Welt geschaffen hat« (1,2), in seinen Händen liegen das Ende der Geschichte und ihr Anfang. Er ist der Erste und der Letzte. Aber dazwischen liegt die Spanne, die in 1,3 nur erst angedeutet und in 2,5–18 beschrieben, in 2,5–18 dann zur Mitte wird: die Spanne zwischen Krippe und Kreuz, die Spanne der Passion.

Was heißt es, daß er uns als »Mensch« (ἄνθρωπος) nahekommt, daß er unser Bruder wird? Und wie können wir das wirklich verstehen, wenn wir nicht ihn als den Herrn der Glorie erkennen? Wenn wir nicht die Paradoxie erfassen, das tröstliche Wunder und Geheimnis: daß er der König und der Bruder ist? Eben um das Geheimnis des Christus als Bruder zu begreifen und um dann den Nächsten und Bruder als Begriff und Wirklichkeit der theologischen Ethik recht zu verstehen, müssen wir die königlichen Titel Jesu kennen. Alles hängt daran, daß er unser Bruder geworden ist. Nach Hebr 2 wird Christus »Schritt für Schritt . . . dem Menschen gleich«[14a]; teilhaftig sein, Anteil haben, gleichwerden (κοινωνεῖν, μετέχειν, ὁμοιωθῆναι) »drücken die völlige Menschwerdung des Sohnes Gottes aus. ʻΟμοιωθῆναι denkt also nicht an eine ›Ähnlichkeit‹, sondern an eine Gleichheit. Und doch trägt jedes Zeitwort noch ein Moment in sich, das die Besonderheit des Sohnes Gottes ausdrückt: Er bleibt der Sohn. . .«[15]

Im Zusammenhang von Hebr 2,11f und 2,17 sind deutlich markierte Punkte einer Bewegung zu erkennen. Es sind Punkte, in denen das ganze

13. Vgl. *Hans Windisch*, Der Hebräerbrief (HNT 14), Tübingen 1931², S. 23. – *Otto Michel*, Der Brief an die Hebräer (KEK 13), Göttingen 1936⁷, S. 35 (1960¹¹, S. 77).
14. O. Michel, a.a.O., S. 22 (1960¹¹, S. 35).
14a. Michel, a.a.O., S. 38 (vgl. 1960¹¹, S. 87).
15. Michel, a.a.O., 1936⁷, S. 38.

Geheimnis sich ausspricht: die Bewegung der Barmherzigkeit Gottes hin zu uns. Es ist das Geschehen des zweiten Artikels, auf das wir hier stoßen, das sich (δι' ἡμᾶς τοὺς ἀνθρώπους καὶ δία τὴν ἡμετέραν σωτηρίαν) (propter nos homines et propter nostram salutem) ereignet, wie das Symbolum Nicaeno-Constantinopolitanum im zweiten Artikel betont.[16] Bruder und Nächster werden (als Begriffe der theologischen Existenz) von Krippe und Kreuz her bestimmt, von der Bewegung der Barmherzigkeit her, bei der Krippe und Kreuz sich ereignen. Unsere Existenz wird von dieser Bewegung erreicht, sie wird in dieses Geschehen hineinverflochten.

Dies alles wird in Hebr 1 summarisch umschrieben. »Der Sohn – das ist das Thema von Hebr 1. Mit diesem Titel ward Christus ausdrücklich von Gott selbst belehnt.«[17] Wir haben in Hebr 1,5ff offenbar die »*Wiedergabe eines Inthronisationsaktes«*[17a] vor uns, wie etwa auch im Schluß von Mt 28. Das λέγειν in Hebr 1,5ff, das Sprechen Gottes in Form von Schriftzitaten meint eine feierliche Proklamation.[18] Eine solche Proklamation ist auch in Phil 2,5–11 und in Offb 5 zu erkennen. Sie geschieht in einer himmlischen Öffentlichkeit vor den Engeln. In Offb 5 ist allein das »Lamm, das geschlachtet ist«, würdig, das verschlossene Buch aus der Hand Gottes zu nehmen und seine Siegel zu lösen – zum Zeichen, daß es der Herr der Geschichte ist. In Phil 2,5–11 fällt dem, der am Kreuz hing, der Name zu, der über alle Namen ist, der Name des Kyrios. In Hebr 1 wird er der Träger des Sohnestitels. Die Artikellosigkeit von υἱός in 1,2 »bezeichnet die Stellung und Würde der Sohnschaft«[19]. Wie die Benennung mit der Himmelfahrt, so ist die himmlische Proklamation mit einer »Einführung« verbunden, mit der »zum Inthronisationsakt gehörige[n] Repräsentation des Sohnes vor den Engeln«[20]. Das ist die Einführung, auf die die Wendung πάλιν εἰσάγειν (erneute Einführung) zurückweist. Dieses zweite εἰσάγειν steht noch aus (vgl. 2,8). Dann, in der Parusie, wird der Erstgeborene – wie Christus 1,6 genannt wird – nicht mehr allein den Engeln, sondern der ganzen οἰκουμένη, der Welt, präsentiert. Vor den Engeln aber ist das Geheimnis des Sohnes, seiner verborgenen Glorie, schon entschleiert. Für sie ist er bereits der Sohn. Wenn er so vor der Welt

16. Die Bekenntnisschriften der evangelisch-lutherischen Kirche, S. 26.

17. *Ernst Käsemann*, Das wandernde Gottesvolk. Eine Untersuchung zum Hebräerbrief (FRLANT 55), Göttingen 1939.1961[4], S. 58.

17a. E. Käsemann, a.a.O., S. 59.

18. Ebd.

19. Michel, a.a.O., S. 22 (1960[11], S. 35).

20. Käsemann, a.a.O., S. 60.

offenbar wird, wird die Proskynese, die königliche Huldigung des ganzen Kosmos, erfolgen.

Indem die Gemeinde Offb 5, Phil 2 und Hebr 1 als Verkündigung hört, vernimmt sie bereits (nicht erst in der Parusie!) die königlichen Titel Jesu Christi: Kyrios und υἱός. Sie »empfängt . . . damit eine göttliche Offenbarung und wird gleichsam in die himmlische Proklamation mithineingerissen«.[21]

So ist Christus in Hebr 1 der himmlische Kyrios, der Sohn als der über alles und alle erhabene Herr. Als Sohn steht er in einer nicht wiederholbaren Beziehung zu Gott: er ist der Abglanz der Herrlichkeit und der Abdruck des Seins Gottes. Er sitzt zur Rechten Gottes in der Höhe (1,3). Er regiert in alle Ewigkeit. Die Vergänglichkeit der Dinge berührt ihn nicht (1,10ff; Zitat von Ps 102,26–28 nach LXX).

Dieser himmlische Kyrios aber, der Ende und Anfang der Geschichte in Händen hält und das All mit seinem Wort trägt – er ist kein anderer als der Christus der Passion, als der Menschgewordene. Weshalb kommt es zur Passion? Wie verhält sich das Geheimnis, daß er unser Bruder wird, zum Geheimnis seiner Erhöhung?

So »ziemte es« Gott (ἔπρεπεν αὐτῷ), antwortet Hebr 2,10: so gefiel es dem, um dessentwillen alles ist und durch den alles ist – um dessentwillen das All ist und durch den das All ist. Die Barmherzigkeit des ἔπρεπεν Gottes steht über allem. Sie ist der Grund der Menschwerdung und Passion des Kyrios, der Grund auch der »Bruderschaft«. Deshalb ist 2,10 auch »nicht einfach von der Schöpfung her zu verstehen«[22]. Vielmehr entsteht die Nähe des Christus zu den »Brüdern« im Handeln des barmherzigen Gottes. Es ist nicht selbstverständlich, daß Christus Brüder hat und als solche anredet, daß er zum Bruder wird und in solcher Nähe als Bruder – näher als der leibliche Bruder, näher als der räumlich Nächste (diesen Superlativ also überbietend!) – der Gefährte aller unserer Not und Schuld und unseres Sterbens wird in seiner Passion. Das ἔπρεπεν, das als Grund der Passion Jesu Christi angegeben wird, macht die Passion nicht zum rational erklärten und rational begründeten Geschehen. Es spricht das Wunder und Geheimnis nur aus, das die Mitte des Evangeliums ausmacht.

»Ergo non alia melior causa investiganda est, quam ita placuisse Deo«, schreibt Calvin.[23] Das ist die Antwort auf das »Warum« in der Frage »Cur

21. Käsemann, a.a.O., S. 67.
22. Käsemann, a.a.O., S. 91.
23. *Johannes Calvin*, In omnes Novi Testamenti epistolas Commentarii, Bd. II, hg. von A.

Deus homo?«: Wir stehen vor Gottes Barmherzigkeit, vor dem überlegenen Rat seiner Güte. Wir können nicht mehr weiterfragen, sondern müssen uns dieser Überlegenheit beugen: nicht um zu schweigen, sondern um solche Güte zu loben, für sie zu danken, für die überschwengliche Fülle seiner Gnade, mit der es ihm »gefällt«, uns zu überschütten.

Aus dem gleichen Grunde heißt es: Christus »schämt sich nicht, sie Brüder zu nennen« (2,11). Daß er sich nicht schämt, unterstreicht noch einmal, wie wenig selbstverständlich es ist. Was gewinnt er, wenn er uns Brüder nennt? »Proprie autem et significanter dicit eum non erubescere. Quantum enim inter nos et ipsum interest? Multum ergo se demittit, quum nos dignatur fratrum nomine.«[24]

So wird das »Cur Deus homo?« allein beantwortet mit dem Hinweis auf den Rat der Barmherzigkeit Gottes. »Multum ergo se demittit«, sagt Calvin, »amor Dei« Luther. Es überrascht nicht, daß wir, wo wir dem Ursprung des Bruders nachspüren, auf das Geheimnis des amor Dei stoßen. Der amor hominis geht, sahen wir, an dem Bruder vorüber, nimmt ihn nicht in seinen »Kreis« auf. Nennt Christus Menschen »Brüder«, dann ist etwas anderes als der amor hominis auf dem Plan. Dann geschieht das Wunder der Zuwendung. Wieder wird die Beziehung von amor Dei und Bruder deutlich, die uns in Lk 14,12–14 bereits begegnete: nämlich in der Krisis, in die unser amor hominis vor dem Anspruch Jesu gerät, den Armen, Lazarus, zu laden und zu lieben. Lk 14,12–14 wird zur Illustration des amor hominis, der »fit a suo diligibili«. »Die Liebe Gottes findet nicht, sondern erschafft den Gegenstand ihrer Liebe – die Liebe des Menschen entsteht aus ihrem Gegenstand.« Und wir fügen Luthers Kommentar hinzu: »Solcher Art (scil. der Art des amor Dei) ist die Liebe des Kreuzes, die aus dem Kreuz geboren ist, daß sie sich nicht dorthin wendet, wo sie das Gute findet, um es zu genießen, sondern wo sie es dem Armen und Dürftigen zuteilen kann.« – »Et iste est amor crucis ex cruce natus, qui illuc sese transfert, non ubi invenit bonum quo fruatur, sed ubi bonum conferat malo et egeno.«[25] Um sich des Menschen anzunehmen, mußte Gott

Tholuck, Halle 1834², S. 397 = CR 83,27. – »Deshalb ist kein anderer besserer Grund ausfindig zu machen als der, daß es Gott so gefiehl.«

24. J. Calvin, a.a.O., S. 398 = CR 83,29. – »Im eigentlichen Sinne und eindringlich sagt er, daß er [Christus] sich nicht schäme. Wie groß ist doch der Unterschied zwischen uns und ihm? Weit läßt er sich also herab, wenn er uns würdigt, seine Brüder zu heißen.«

25. *M. Luther*, Heidelberger Disputation (1518), zu These 28, WA 1,365,13–15. Übersetzung: *M. Luther*, Ausgewählte Werke, hg. von H. H. Borcherdt/G. Merz, Bd. I, München 1951³, S. 137.

Mensch werden. Solch unergründliche Barmherzigkeit schließt sein Gleichwerden (ὁμοιωθῆναι) ein, weil sie dem Menschen zugewandt ist. Daß er sich unser annimmt, das geschieht nicht aus der Ferne – das geschieht in einem Teilhaftigwerden (μετέχειν) an unserem Menschsein in Fleisch und Blut, an unserem Versuchtwerden (vgl. Hebr 4,15). So kennt er unsere Schwäche und Hinfälligkeit, unsere Gefährdung und Verführbarkeit. Er nimmt sich unser an, indem er unser Menschsein annimmt: im Zeichen seines Kreuzes und Todes, »um . . . den zu vernichten, der die Macht über den Tod hat, nämlich den Teufel« (Hebr 2,14). Der Tod ist die »*Verlängerung und [der] Abschluß der Inkarnation*, welche dieses Ende gleichsam mit logischer Konsequenz erwarten läßt. Diesen Sinn hat es, wenn Jesu Sterben in V. 14 als παραπλησίως μετέχειν und in V. 17 als κατὰ πάντα ὁμοιωθῆναι gekennzeichnet wird: Die Absicht der Inkarnation findet hier ihre totale Erfüllung.«[26]

Das heißt zugleich: die Menschwerdung Jesu Christi bringt unsere Existenz an den Tag. Im Spiegel seines Bruderseins, im Spiegel der Last, die er trägt, haben wir uns zu erkennen. Was für eine Perspektive, daß unser Leben so auf den Tod bezogen wird, daß es ständig von ihm her zu sehen ist! Alles wird von ihm überschattet, und dieser Schatten überfällt uns in der Todesfurcht (διὰ παντὸς τοῦ ζῆν). »*Die menschliche Existenz steht . . . unter dem* φόβος θανάτου *und erkennt sich in dieser Todesfurcht als* ἔνοχος δουλείας. Schafft doch die Todesfurcht nicht erst die Knechtschaft; sie enthüllt sie nur als διὰ παντὸς τοῦ ζῆν bestehend. Zwischen beidem herrscht also ein Korrelatverhältnis, in dem beides ursprünglich verbunden ist und sich gegenseitig erhellt.«[27] Wie sollten wir um uns wissen, ohne den Spiegel der Geschichte der Barmherzigkeit zwischen Krippe und Kreuz? »Aller *philosophische* Widerspruch und das ganze *historische* Rätzel unserer Existenz, die undurchdringliche Nacht ihres Termini a quo und Termini ad quem [ihres Woher und Wohin] sind durch die *Urkunde* des *Fleisch gewordnen Worts* aufgelöset.«[28] ›Anthropologie‹ ist deshalb nicht von der Christologie zu trennen.

26. Käsemann, a.a.O., S. 98.

27. Käsemann, a.a.O., S. 99.

28. *Johann Georg Hamann*, Zweifel und Einfälle über eine vermischte Nachricht der allgemeinen deutschen Bibliothek (1776), in: *ders.*, Sämtliche Werke, Bd. III, hg. von J. Nadler, Schriften über Sprache/Mysterien/Vernunft 1772–1788, Wien 1951, S. 192. Der Satz lautet vollständig: »Das im *Herzen* und *Munde* aller Religionen verborgene Senfkorn der *Anthropomorphose* und *Apotheose* erscheint hier in der Größe eines *Baums* des *Erkenntnißes* und des *Lebens* mitten im Garten – aller. . .«

So verstehen wir, wie Jesu Anrede »Bruder« die Summe des Evangeliums, die Fülle der Hilfe ist. Hören wir diese Anrede, so dürfen wir in ihr das Evangelium hören. So ist es uns in der Anrede zugesagt, so ist es Wirklichkeit und Gegenwart in ihr. Diese Anrede gilt nicht einem einzelnen. Jesus Christus hat Brüder. »Ich will verkündigen deinen Namen meinen Brüdern, mitten in der Gemeinde will ich dir lobsingen«, so lautet das Psalmzitat in Hebr 2,12 aus Ps 22,23. Christus hat nach Hebr 2,9 »für jedermann« den Tod geschmeckt. So läßt er uns auf der Suche nach den Brüdern sein, deren er viele hat. Ähnlich ist der Sachverhalt in Hebr 2,10f ausgedrückt: Christus hat sich den »Kindern Gottes« zugewandt, die so seine »Brüder« werden. Sohn ist er auch als der Erstgeborene (Hebr 1,6).

So wird das Gewicht begriffen, das der Bruder für uns hat. Er ist gar nicht für sich selbst da, er lebt nicht beziehungslos. Er ist auch nicht nur da in dem, was ihn »ausmacht«: in seinem diligibile oder dem Gegenteil davon. Ob er uns gefällt oder nicht gefällt, darum geht es hier nicht. Jesus Christus ist für ihn da, Jesus Christus ist mit ihm da. Jesus Christus hat Brüder. Dieser Satz sagt das Geheimnis und Wunder des Evangeliums aus. Und er wird zur Frage an uns, ob wir Christus als den Bruder seiner Brüder kennen. Dieser Satz beantwortet aber auch die Not unserer Einsamkeit: Kennen wir den Bruder? In dieser Frage ist die andere verborgen: Kennen wir Christus? Die Frage nach dem Bruder wird zur Frage an uns selbst: Was sollen wir tun? Unser Tun muß sich daran messen lassen, ob wir den Bruder kennen und sehen und ihm zugewandt sind. Unsere Existenz ist an den Bruder gebunden.

IV. Der Bruder als Gleichnis

Wir haben gesehen: Wenn es heißt »Er schämt sich nicht, sie Brüder zu nennen«, so ist daran abzulesen, wie wenig selbstverständlich das ist, wie wenig es ›auf der Hand liegt‹ – wie sehr es das tiefe Geheimnis der grundlosen Güte Gottes, wie sehr es der Abgrund seiner Barmherzigkeit ist: Ausdruck des unvergleichlichen amor Dei. Das Evangelium faßt die Bewegung dieser Liebe in ein Gleichnis, um mit ihm die Nähe Jesu Christi zu uns auszusagen. Es schildert die Nähe von Bruder zu Bruder in der Familie, um zu zeigen, wie Gott im Wunder seiner Barmherzigkeit eine Distanz überbrückt – eine unendliche Distanz!

Diese Gleichnishaftigkeit suchen wir zu begreifen, indem wir uns der Perikope Mk 3,31–35 zuwenden. Die Szene selbst ist unerhört sprechend: Jesus steht in der Mitte. Um ihn herum die Menge, die ihm zuhört. »Ausführlicher, als es sonst wohl geschieht, wird die Situation geschildert.«[29] Sie wird selbst gleichnishaft, wenn sie einen Kreis erkennen läßt, in dessen Mitte Jesus steht, mehr noch: dessen Mitte er selber ist. Dieser Kreis der Zuhörer erscheint so geschlossen, daß niemand sonst mehr zu ihm gelangen kann, auch Jesu Mutter und Brüder nicht. »Der Erzähler kommt gleichsam mit Jesu Mutter und Brüdern an«[30] und stößt so auf die Peripherie des Kreises. Und nun läuft die Frage und Bitte der Mutter und der Brüder bis zur Mitte dieses Kreises durch, sie wird bis zur Mitte weitergegeben. Während Mutter und Brüder warten, wird es zur tieferen Frage, wer wirklich »Mutter« heißen kann und wer die »Brüder« sind. Indem Jesus überraschend so fragt, antwortet er bereits, und »seine erste Antwort ist noch wie zögernd, so daß die Spannung steigt und . . . zugleich die Wende« vorbereitet[31]. Muß nicht ein neuer Sinn in dem Wort »Mutter« und in dem Wort »Bruder« liegen? Die Frage wird durch die Szene unterstrichen: Die, die von draußen kommen, müssen draußen bleiben. Doch nun fällt eine Entscheidung, vorbereitet durch die überraschende Frage ebenso wie durch die betonte Geste Jesu, mit der er auf die sieht, die rings um ihn herum als Hörer versammelt sind: »Wer den Willen Gottes tut, der ist mir Bruder und Schwester und Mutter.«

Es ist eine *Frage*, wer sein Bruder ist. Aber es ist zugleich eine *Aussage*: Jeder, der den Willen Gottes tut, der ist mir Bruder und Schwester und Mutter. Und vorher umfaßt er den Kreis um sich herum mit seinem Blick und sagt: »Seht meine Mutter und meine Brüder« (3,34).

Indem Jesus so vom Bruder redet, nimmt er die Nähe der Verbundenheit von Bruder zu Bruder auf – aber solches Brudersein ist nur Gleichnis. Und doch sagt dieses Gleichnis nicht weniger an Verbundenheit aus, als es in der sozialen Wirklichkeit, die es aufgreift, möglich ist. Zugleich läßt es alle nur ›soziologischen‹ Kategorien hinter sich, schon weil es Gleichnis ist. Was gilt von der Verbundenheit der als Brüder Angeredeten untereinander? »Sie sind zufällig zusammengekommen, vielleicht kennen sie einander nicht einmal bei Namen. Sie haben keine gemeinsamen Erinnerungen, wie sie durch Verwandtschaft, Haus und Erziehung geschaffen wer-

29. *Ernst Lohmeyer*, Das Evangelium nach Markus (KEK I/2), Göttingen 1967[17], S. 80.
30. Ebd.
31. Ebd.

den«, und doch sind sie »zusammengeschlossen« und »zusammengebunden« zu einer »unzerreißbaren Gemeinschaft«, schreibt Günther Dehn.[32] Oder wie Ernst Lohmeyer formuliert: Gesagt ist von dieser Verbundenheit, »daß sie so unverbrüchlich ist wie die des Herkommens aus einer Mutter Schoß«[33]. Quer durch alle sonstige Verbundenheit hindurch geht diese Bindung. Wir sahen schon von Lk 14,12–14 her, wie sozusagen am Rand des gewohnten menschlichen Miteinanders – mit Kameradschaft, Freundschaft, Verwandtschaft, Nachbarschaft nicht zusammenfallend – die Gestalt des armen Lazarus, des Nächsten und Bruders erscheint.

In Mk 3,31–35 sehen wir wieder – indem »Bruder« zum Gleichnis wird –, wie die soziologischen Kategorien eines sind und der Begriff des Bruders im Evangelium ein anderes. Es muß uns deutlich sein, daß wir die Gestalt des Bruders damit nicht gleichsam in die Luft hinein zeichnen. Ist er keine soziologisch greifbare Kategorie, so ist er deshalb nicht weniger wirklich – denn seine Wirklichkeit ist von der Wirklichkeit Jesu Christi her zu begreifen, von der Wirklichkeit der Zuwendung Jesu Christi zu uns, von der Konkretion seiner Menschwerdung. Seine Menschlichkeit (φιλανθρωπία heißt es Tit 3,4) ist seine Brüderlichkeit, seine Nähe zu uns. Sie wird darin konkret, daß er Brüder hat.

Und dieser Christus fragt weiter: »Meint ihr, daß ich kam, um Frieden auf die Erde zu bringen? Nein, sage ich euch, sondern Entzweiung. Denn von jetzt an werden fünf im selben Haus entzweit sein; drei werden gegen zwei und zwei gegen drei entzweit sein, der Vater gegen den Sohn und der Sohn gegen den Vater, die Mutter gegen die Tochter und die Tochter gegen die Mutter, die Schwiegermutter gegen die Schwiegertochter und die Schwiegertochter gegen die Schwiegermutter« (Lk 12,51–53). Die Bruderschaft, die in der Bindung an Christus entsteht, wird zur Krisis aller sonstigen Bruderschaft. Dietrich Bonhoeffer beschreibt dies so: »Der Ruf Jesu in die Nachfolge macht den Jünger zum Einzelnen. Ob er will oder nicht, er muß sich entscheiden, er muß sich allein entscheiden. Es ist nicht eigene Wahl, Einzelner sein zu wollen, sondern Christus macht den Gerufenen zum Einzelnen. Jeder ist allein gerufen. Er muß allein folgen. In der Furcht vor diesem Alleinsein sucht der Mensch Schutz bei den Menschen und Dingen um ihn herum. Er entdeckt auf einmal alle seine Verantwortlichkeiten und klammert sich an sie. In ihrer Deckung will er seine

32. *G. Dehn*, Der Gottessohn. Eine Einführung in das Evangelium des Markus, Hamburg 1953⁶, S. 84.

33. E. Lohmeyer, a.a.O., S. 81.

Entscheidung fällen, aber er will Jesus nicht allein gegenüberstehen, mit dem Blick auf ihn allein sich entscheiden müssen. Aber nicht Vater und Mutter, nicht Weib und Kind, nicht Volk und Geschichte decken den Gerufenen in dieser Stunde. Christus will den Menschen einsam machen, er soll nichts sehen als den, der ihn rief. In dem Ruf Jesu ist der Bruch mit den natürlichen Gegebenheiten, in denen der Mensch lebt, bereits vollzogen. Nicht der Nachfolgende vollzieht ihn, sondern Christus selbst hat ihn schon vollzogen, wenn er ruft. Christus hat den Menschen aus seiner Unmittelbarkeit zur Welt gelöst und in die Unmittelbarkeit zu sich selbst gestellt.«[34] Das heißt: Der von Jesus Gerufene weiß, »daß er selbst in den engsten Bindungen seines Lebens, in der Bindung des Blutes an Vater und Mutter, an Kinder, Brüder und Schwestern, in der ehelichen Liebe, in den geschichtlichen Verantwortlichkeiten keine Unmittelbarkeit haben kann. . . Es gibt für uns keinen Weg zum Anderen mehr, als den Weg über Christus, über sein Wort, und unsere Nachfolge. . . Die liebevollste Einfühlung, die durchdachteste Psychologie, die natürlichste Offenheit dringt nicht zum anderen Menschen vor. . . Christus steht dazwischen. . . Es führt kein eigener Weg von Mensch zu Mensch«[35].

Deutlich wird in aller solcher Krisis, daß es um Christus selbst geht und um sein Brudersein. Seine große Barmherzigkeit steht hinter allem, sie will als das Erste und Letzte, das Ein und Alles in unserem Leben ernst genommen sein. Bonhoeffer betont: Er selbst ist es, der uns in die Entscheidung hineinruft. Und wir sollen wissen, was das heißt. Ruft er uns in ein Wagnis hinein, bei dem alle Brücken abgebrochen werden müssen, wenn er uns zu sich ruft? Ruft er uns in gänzliche Ungesichertheit hinein? »Petrus begann, zu ihm zu sagen: Siehe, wir haben alles verlassen und sind dir nachgefolgt« (Mk 10,28). Bedeutet solches Verlassen nun die gänzliche Verlassenheit, eine Einsamkeit ohnegleichen, in der wir in keinem Sinn mehr ›zu Hause‹ sind? Meint Bruderschaft schlechthin Wagnis, die Ungesichertheit und Verlassenheit des Alleinseins, geht alles auf in der Krisis des Wortes von der Entzweiung der Familie um Christi willen (Lk 12,51–53)? Bedeutet es Belastung über Belastung: solche Krisis? Wenn das Evangelium sich in der Wirklichkeit des Bruders spiegelt, wie wir sagten, dann muß das Evangelium selbst solche Krisis herbeiführen, dann wird der Bruder und alles Reden von ihm zur kritischen Frage an uns.

Schon begreiflich, wenn uns in Lk 14,28–33 gesagt wird: »Wer unter euch

34. *D. Bonhoeffer*, Nachfolge, München 1937, S. 47 (1981[12], S. 70).
35. D. Bonhoeffer, a.a.O., S. 49f (1981[12], S. 72ff).

setzt sich nicht zuerst hin, wenn er einen Turm bauen will, und berechnet die Kosten, ob er genug zu seiner Vollendung habe, damit nicht etwa, wenn er die Grundmauern hingestellt hat und zur Vollendung das Vermögen nicht hat, alle, die es sehen, anfangen, ihn zu verspotten und zu sagen: Dieser Mensch begann zu bauen und vermochte nicht, es zu Ende zu führen? Oder welcher König, der auszieht, sich mit einem anderen König zum Kampf zu treffen, wird sich nicht zuerst hinsetzen und beraten, ob er imstande sei, mit zehntausend Mann dem entgegenzutreten, der mit zwanzigtausend gegen ihn vorrückt? Sonst muß er, solange jener noch weit entfernt ist, eine Gesandtschaft zu ihm schicken und um Friedensverhandlungen bitten. Ebenso kann nur der von euch, der sich von allem, was er hat, lossagt, mein Jünger sein.« So bedarf es letzter Entschlossenheit. »Keiner, der die Hand an den Pflug legt und sieht zurück, ist für die Herrschaft Gottes brauchbar« (Lk 9,62).

Welche Antwort erhalten wir auf die Frage, ob es das Wagnis der Ungesichertheit und der Verlassenheit ist, das wir auf uns nehmen? Das darf der Petrus von Mk 10,28, den wir vorhin sagen hörten: »Siehe, wir haben alles verlassen und sind dir nachgefolgt« als Antwort hören: »Es gibt niemand, der ein Haus oder Brüder oder Schwestern oder die Mutter oder den Vater oder Kinder oder Äcker um meinetwillen und um des Evangeliums willen verlassen hat – ohne daß er hundertfach jetzt in dieser Zeit Häuser und Brüder und Schwestern und Mutter und Kinder und Äcker erhalte unter Verfolgungen und in der kommenden Welt ewiges Leben« (Mk 10,29f). Was für eine königliche Antwort! Hundertfach, jetzt in dieser Zeit, Brüder – und in der kommenden Welt ewiges Leben. So ist es alles andere als der Sprung ins Nichts – es ist die Geborgenheit bei ihm, die uns zufällt: Geborgenheit ohnegleichen. Auch der Glaube ist ja nicht der Sprung von einem Hundert-Meter-Brett ins Nichts, Verlassen des eben noch tragenden Sprungbrettes zugunsten eines Nichts, in der Überkühnheit eines Wagnisses. Glaube ist: Gehorsam, das unpathetische, schlichte, selbstverständliche, einfältige Ja-Sagen zu den vorgesagten Worten. Glaube ist Nachsprechen und darin Nachfolge Christi.

Wir denken noch einmal an Lk 5,1–11: Christus erscheint als der Fordernde, Petrus muß dies und das tun, den Kahn vom Ufer fahren, das Netz auswerfen – und Christus ist doch der überreich Schenkende! So sehr, daß Petrus wissen darf und soll: Dieser Herr kann für mich aufkommen. Das »Verlassen« von Lk 5,11 ist nur Ausdruck dafür, daß Petrus seine Existenz nicht mehr selbst in der Hand hat, sondern daß seine Existenz bei Christus aufgehoben ist! Zwar »unter Verfolgungen« – gleichsam mitten im Sturm auf dem Meer (Mt 8,23–27) – ist Geborgenheit. Wir zitieren noch einmal Bonhoeffer, von dem wir uns die Krisis unterstreichen ließen – und wir sehen sie in dem Zusatz »unter Verfolgungen« – : »Jeder tritt allein in die Nachfolge, aber keiner bleibt allein in der Nachfolge.« Wer es wagt, Einzelner zu werden auf das Wort hin, »findet sich wieder in einer sichtbaren Bruderschaft, die ihm hundertfältig ersetzt, was er verlor. Hundertfältig? eben darin, daß er jetzt alles nur durch Jesus hat . . .«[36] Ruft Jesus uns zu sich, so kommt er für uns auf. »Verlassen« wir den Bruder um seinetwillen, so finden wir den Bruder hundertfach. Es ist der Ruf seiner Güte, der uns trifft: Wir dürfen unsere Existenz bei ihm aufgehoben finden. Mit Luther gesagt: »Suche dich nur in Christo und nit yn dir, ßo wirstu dich ewiglich yn yhm finden.«[37]

Wir kehren zu der Szene von Mk 3,31–35 noch einmal zurück und hören ihre Summe in der Aussage Jesu Christi: »Wer den Willen Gottes tut, der ist mir Bruder und Schwester und Mutter« (V. 35). Seine Barmherzigkeit und Güte spricht hier. Daß er so spricht, ist – wir sahen es schon von Hebr 1 und 2 her – der Ausdruck seiner Zuwendung zu uns, Ausdruck dafür, daß es ihm in seiner gnadenhaften Zuwendung zu uns gefiel, unser Bruder zu werden. So ist es das Wort unbegreiflicher Nähe und Hilfe. Er »schämt sich nicht, sie Brüder zu nennen«. Und es ist das Wort umfassender Weite: Wer den Willen Gottes tut . . . So ist es Einladung und Ruf. Eben der, der uns so nahekommt, in solche brüderliche Nähe zu uns kommt, ruft uns in seine Nähe, ruft uns zum Wort und Willen Gottes. Sein Ruf ist: »Kommt her zu mir alle, die ihr euch müht und beladen seid: Ich will euch erquicken. Nehmt mein Joch auf euch und lernt von mir. Denn mein Joch ist gütig und meine Last ist leicht« (Mt 11,28–30).[38] Ruft Christus so nicht jedermann? Aber ob jedermann hört? »Christus steht am Wege, da Jedermann vorübergehen muß« (Luther).[39] Damit gerät unsere Existenz in die Krisis. Spricht er vom Bruder, so wird dies zur Frage an uns: Tun wir Gottes Willen? Lassen wir seine Zuwendung zu uns das Erste und Letzte und alles in unserem Leben sein? Sehen wir in seinem Ruf

36. Bonhoeffer, a.a.O., S. 53 (1981[12], S. 78).

37. *M. Luther*, Eyn Sermon von der bereytung zum Sterben (1519), WA 2,690,24f.

38. Übersetzung nach *A. Schlatter*, Der Evangelist Matthäus. Seine Sprache, sein Ziel, seine Selbständigkeit, Stuttgart 1929, S. 389.

39. WA.B 10, Nr. 3956 (An eine hohe und namhaftige Person in Niedersachsen, 1543?), 490,76f: »So solt jr doch den sun, der an dem wege stehet, do ein yederman für vber gehn muß, vernemen vnd sehen . . .« Vgl. auch *M. Luther*, Predigt über Mt 22,34–46 (1526), WA 20,514,27f; 516,35.517,11.

letzte und gänzliche Bindung an ihn, Bindung, die uns keine Reserve läßt? Die Einladung und die Frage, die Weite und die Krisis: sie weisen auf den zurück, der seinen Bruder nennt, wer Gottes Willen tut.

V. Die verborgene Gegenwart Jesu Christi und die Verborgenheit des Bruders

Wir begegnen den Linien, die sich schon abzeichneten, noch einmal, wenn wir uns nun Mt 25,31–46 zuwenden. Und es wird hilfreich sein, wenn wir unsere bisherige Exegese durch diese Matthäusperikope kontrollieren lassen. Eben weil wir theologische Ethik treiben wollen und weil wir uns dabei von der Schrift her sagen lassen möchten, was wir tun sollen, müssen wir unsere Sätze immer wieder eine solche Kontrolle durchlaufen lassen, um zu prüfen, ob wir auch wirklich gehört haben.

Wieder wird uns die Anrede »Bruder« im Mund Jesu Christi begegnen als das Geheimnis seiner Barmherzigkeit. Wieder werden wir in unserer Existenz an den Bruder gebunden werden. Aber es wird mehr als nur eine Wiederholung sein, was wir hören sollen. Wir werden auf die Akzente zu achten haben, mit denen uns hier das Evangelium gesagt wird. Die Nähe des Bruders zu Christus wird in einer neuen, unbegreiflichen Aussage erscheinen.

Wir haben schon gesehen: Was wir sonst an Formen des menschlichen Miteinanders kennen, beispielsweise Freundschaft oder Verwandtschaft, fällt nicht mit dem Problem und der Gestalt des Bruders zusammen. Man könnte auch sagen: Darin besteht die Verborgenheit des Bruders. Er ist soziologisch nicht erfaßbar. – Aber diese Verborgenheit ist keine unaufhebbare Verborgenheit. Denn Jesus Christus macht ja in seinem Brudersein den Bruder offenbar; in Jesu Freudenbotschaft tritt er zutage. Diesem Verborgensein und seinem Offenbarwerden in Jesus Christus haben wir uns zuzuwenden.

Wir lesen Mt 25,31–46. Es ist, als ob das Buch der Geschichte gleich auf der letzten Seite aufgeschlagen würde und alle Seiten dazwischen übersprungen würden, mehr noch, als ob die Geschichte schon hinter uns läge: der jüngste Tag als der Tag Jesu Christi ist das Ende aller Geschichte. Mit dem Tag Jesu Christi bricht der Tag an, der keinen Abend hat, der abendlose Tag. Aber an diesem Tag geschieht es, daß gleichsam die Tage der Geschichte präsent werden, vergleichbar der Szene der Apokalypse: »Und ich sah die Toten, die Großen und die Kleinen, vor dem Thron stehen, und es wurden Bücher geöffnet, und ein anderes Buch wurde geöffnet, das des Lebens, und die Toten wurden nach ihren Werken gerichtet, nach dem, was in den Büchern geschrieben war« (Offb 20,12). In den Büchern steht das Leben geschrieben, unser Leben kommt an den Tag. So steht unser Leben mit seinem Tun und Lassen in Beziehung zum jüngsten Tag, so läuft es auf ihn zu.

Unser Leben kommt in seiner Verborgenheit an den Tag, auch wie es uns selbst heute und hier immer wieder verborgen ist. Es tritt zutage, wie es von der Barmherzigkeit Gottes in Jesus Christus betroffen ist. Die »Bücher« sind nicht so etwas wie ein lückenloser Film unseres Lebens, eine Chronik, wie sie auch ein Historiker bzw. wie wir selbst sie schreiben könnten: als ein Beobachter unserer selbst, wie es im Titel eines Buches von Johann Caspar Lavater heißt: »Geheimes Tagebuch von einem Beobachter seiner selbst« (1772/73). Unser wirkliches Leben ist vor Christus offenbar – dies gilt bereits von Christus zwischen Krippe und Kreuz: »Er kannte sie alle ... Er wußte wohl, was im Menschen war« (Joh 2,24b.25b).

Unsere Perikope hat eine lange Geschichte der Auslegung hinter sich.[40] In dieser Geschichte ist manches von den Exegeten der Alten Kirche bis zu Adolf Schlatter und Julius Schniewind verschieden verstanden worden. Aber eins kann nicht strittig sein: Am jüngsten Tage fragt Christus uns nach dem Bruder. Theologische Ethik muß offenbar auch von diesem jüngsten Tag her und auf diesen jüngsten Tag hin verstanden werden. Unser Leben und alle Geschichte haben gleichsam ein nicht aufzuhaltendes Gefälle, mit dem sie diesem Tag zueilen. Unser Leben wird auf die Waage gelegt, und dabei kommt unser Verhältnis zum Bruder zur Sprache. Dieses Verhältnis ist bereits Antwort auf eine verborgene Frage. Denn macht die Frage Jesu Christi am jüngsten Tag nicht offenbar, daß wir ständig nach dem Bruder gefragt sind, daß Jesus Christus uns selbst allezeit fragt? Und müssen wir nicht antworten – zeigt nicht das Geschehen des jüngsten Tages, daß wir antworten, so oder so? ›Fragt‹ uns die Bitte und Not des Bruders, so sind wir von Christus her gefragt. Der Bruder ist nach Mt 25 eine Wirklichkeit, an der wir nicht vorüberkönnen.

40. Vgl. *Wilhelm Brandt*, Die geringsten Brüder. Aus dem Gespräch der Kirche mit Mt 25,31–46, in: Jahrbuch der Theologischen Schule Bethel, Bd. VIII, Bethel 1937, S. 1–28.

Es ist, als ob Szene um Szene unserer Begegnung mit dem Bruder aufstünde. Wenn wir schon sahen, daß der Bruder ein sehr betontes, ja entscheidendes Gewicht für uns hat, so sehen wir nun: Dieses Gewicht zeigt sich am jüngsten Tag. Wir können ihm nicht ausweichen. Christus wird uns nach dem Bruder fragen. Er ist eine Wirklichkeit, mit der Christus da ist, ob wir uns ihm geöffnet haben oder nicht, von der wir in unserem Leben angegangen sind. Daß da eine Gestalt der Not ist – vielfältig: einer, der Hunger, einer, der Durst leidet; einer, der kein Dach über dem Kopf, einer, der nichts anzuziehen hat; einer, der krank, einer, der gefangen ist, das wird nicht bestritten und kann auch nicht geleugnet werden, weder in der überraschten Frage der einen noch der andern. Daß so etwas in der Welt nicht vorkommt, wird nicht gesagt. Gefragt ist nach unserer Bereitschaft für den Belasteten und Beladenen, für den »geringsten Bruder« (ἐλάχιστος). 'Ελάχιστος sagt von ihm aus, daß er »sehr unbedeutend« ist.[41] Was sollte er in der Weltgeschichte für eine Rolle spielen und viel zu sagen haben: dieser Lazarus?

Was hat die Weltgeschichte mit Lazarus zu tun? Wir erinnern uns an die Reihe der Armen in Lk 14,12–14. 16–24, an Mt 11,5: an die Armen, denen das Evangelium gepredigt wird, – von ihnen ist innerhalb der Antwort Jesu Christi an den zweifelnden Johannes den Täufer die Rede: »Bist du, der da kommen soll, oder sollen wir eines anderen warten?« (Mt 11,3). Dies ist die Frage der Anfechtung. Sie wird beantwortet in dem Hinweis auf die Blinden und Lahmen, wie sie vorkommen als Bettler auf dem Weg (Lk 18,35–43). Wir denken an Mt 5,3–12, an die Makarismen der Bergpredigt, an das Magnificat Lk 1,46–55, an das »respexit« (»er hat angesehen«), das der ›armen‹ Maria gilt, an die Barmherzigkeit, die sich den Geringsten zuwendet. Was spielen sie alle in der Weltgeschichte für eine Rolle? Wir sehen die Leute auf Rembrandts Hundertguldenblatt. Aber mögen sie auch in der Weltgeschichte keine Rolle spielen – wir werden nach ihnen gefragt.

Und weiter ist zu sehen: Bei unserer Bereitschaft für diesen Lazarus geht es nicht um unmögliche Dinge. Wir folgen Chrysostomus: »Beherzige, wie leicht des Herrn Forderungen sind. Er sprach nicht: Ich war gefangen und ihr habt mich befreit; ich war krank und ihr habt mich geheilt, sondern: ›Ihr habt mich gepflegt, ihr habt mich besucht.‹«[42] Er verlangt

41. W. Bauer, Wörterbuch zum Neuen Testament, Sp. 493.

42. *Johannes Chrysostomus*, Matthäus-Kommentar, 79. Homilie 1, in: Des heiligen Kirchenlehrers Johannes Chrysostomus . . . Kommentar zum Evangelium des Hl. Matthäus, übers. von J. Chr. Baur, BKV 27, München 1916, S. 97.

keinen reich besetzten Tisch, sondern nur die notwendige Nahrung. Lazarus, der am Torweg des reichen Mannes lag, begehrte auch nicht, an seinem Tisch zu sitzen: »Er wünschte, sich zu sättigen mit dem, was vom Tisch des Reichen fiel. Allein auch die Hunde kamen und beleckten seine Wunden« (Lk 16,21). »Und wofür empfangen sie so großen Lohn? Für ein Obdach, ein Kleid, ein Brot, einen Schluck frischen Wassers, für ein wenig Pflege, für einen Gang ins Gefängnis. Überall handelt es sich nur um das Notwendige, ja gelegentlich nicht einmal um so viel. . . In seiner Milde fordert . . . der Herr nur, was in unseren Kräften steht, ja sogar noch weniger und überläßt es unserem Eifer, mehr zu leisten.«[43] Ähnlich betont Schlatter die »nüchterne Fassung« des Liebesgebotes in Lk 10,30–35.[44] Von uns werden keine ›heroischen‹ Leistungen verlangt.

So kommt offenbar alles auf die Zuwendung und Nähe zum Bruder an, auf das Zeichen der Verbundenheit mit seiner Not. Im Sinne des Chrysostomus wäre zu sagen, daß unser Helfenkönnen begrenzt ist. Unsere Hilfe kann und braucht die Welt nicht zu ›verwandeln‹. Wie kann sie auch tun, was allein er selbst im Geheimnis seiner ewigen Hilfe tun kann, in dem er »abwischen wird alle Tränen von ihren Augen . . . – denn das Erste ist vergangen« (Offb 21,4)? Entscheidend ist die Verbundenheit mit dem Bruder, die Zuwendung zu ihm und zu seiner Not. Immer wieder wird die Konkretheit und gleichsam die Leibhaftigkeit betont, in der sie Wirklichkeit werden will: im gereichten Brot und im gereichten Becher Wasser. So spitzt sich alles zu auf die Konkretheit und die Leibhaftigkeit der Hilfe. Darum ist die Antwort auf die Frage »Was sollen wir tun?« alles andere als blaß und ungreifbar. Und solche Konkretheit und Leibhaftigkeit der Hilfe, der Zuwendung, wird ›gerufen‹ von der Konkretheit und Leibhaftigkeit der Not. Wir haben es hier nicht mit Begriffen des Elends zu tun, sondern mit realer Not. Die Schrift geht daran nicht vorüber, und sie will auch uns bei der Realität der Dinge festhalten. Sie läßt es nicht zu, daß wir ins Unwirkliche flüchten, daß wir die konkrete Not des Bruders überspringen. Sie stellt ihn uns in den Weg, in den Weg unseres Lebens, in unseren Alltag. Theologische Ethik verhaftet uns solcher Konkretheit.

Wir mögen an das Gleichnis vom barmherzigen Samariter denken und uns auf die Konkretheit der Szene Lk 10,33–35 hinweisen lassen: »Aber ein Samariter, der auf der Reise war, kam zu ihm, sah ihn und erbarmte sich, trat herzu, goß Öl und Wein auf seine Wunden und verband sie,

43. Johannes Chrysostomus, a.a.O., Abschnitt 2, S. 100.
44. A. Schlatter, Das Evangelium des Lukas, S. 287.

setzte ihn auf sein Reittier und führte ihn zur Herberge und sorgte für ihn. Und am Morgen nahm er zwei Denare heraus, gab sie dem Wirt und sagte: Sorge für ihn, und was du außerdem noch aufwendest, werde ich dir ersetzen, wenn ich zurückkomme.« Das entspricht der Realität der vorher gezeichneten Not, der Not dessen, der auf der Straße liegt. Diese Szene im Gleichnis ist überraschend breit und anschaulich geschildert, überraschend im Verhältnis der Knappheit der Erzählung sonst. In einer solchen Zug um Zug berichtenden Erzählung wird deutlich, wie diese Zuwendung zu dem Mann auf der Straße akzentuiert ist: wie in dieser Stunde eine Bereitschaft Wirklichkeit wird, die ganze Bereitschaft für den anderen, und wie die Hilfe, Zug um Zug berichtet, alles ›ausfüllt‹. Sie drängt offenbar alles andere zur Seite; nur die Begegnung der Hilfe wird beschrieben. Vermag sie nicht auch die mögliche Furcht des Helfers vor gleicher Gefährdung des Lebens zur Seite zu drängen? Wir bekommen die echte Sorglichkeit zu sehen, in der hier gehandelt wird, in der der eigene Kurs zugunsten des Nächsten unterbrochen und geändert wird. So konkret greift der Nächste in unser Leben ein, so konkret sollen wir uns für ihn öffnen. Wie sollten auch *wir* hier verstehen, wenn wir uns solcher Konkretheit nicht öffnen wollten?

Bevor wir sie wieder in der Schilderung von Mt 25,35ff auf uns wirken lassen, sei noch eine andere mögliche Parallele ins Auge gefaßt. »Ähnliches wurde [Mt] 10,40–42 beschrieben«[45]: »Wer euch aufnimmt, nimmt mich auf, und wer mich aufnimmt, nimmt den auf, der mich gesandt hat. Wer einen Propheten aufnimmt seines Namens wegen, weil er ein Prophet ist, wird den Lohn eines Propheten erhalten, und wer einen Gerechten aufnimmt seines Namens wegen, weil er ein Gerechter ist, wird den Lohn eines Gerechten erhalten. Und wer einen dieser Geringsten[46] auch bloß mit einem Becher kalten Wassers tränkt seines Namens wegen, weil er ein Jünger ist, wahrlich ich sage euch: Er wird seinen Lohn nicht verlieren.« Sind wir bei diesem Spruch in der Nähe von Mt 25 und umgekehrt? »Der Gedanke, daß das, was seinen Boten getan werde, ihn selbst erreiche, war somit das Eigentum Jesu, und seine Bereitschaft, jede, auch die kleinste, mühelos zu gewährende Hilfe und Erquickung, die den Seinen gewährt wird, überreichlich zu vergelten, steht fest.«[47] Schlatter aber fährt fort –

45. *J. Schniewind*, Das Evangelium nach Matthäus, S. 446 (separat: S. 246; 1956^8, S. 254), vgl. S. 333 (separat: S. 133; 1956^8, S. 137).
46. Der Kodex D schreibt auch hier ἐλάχιστος.
47. *A. Schlatter*, Der Evangelist Matthäus, S. 726.

und ähnlich sieht Schniewind das Verhältnis von Mt 10 zu Mt 25 –: »Damit ist aber noch nicht gesichert, daß auch dieses letzte Wort [Mt 25,35–46] denselben Gedanken ausspricht.« Schlatter begründet das mit dem Hinweis: »Eine Parallele zu εἰς ὄνομα μαθητοῦ 10,42 fehlt hier ganz . . . Absichtlich ist hier das, was die Liebe tut, von allen besonderen Voraussetzungen befreit. . . Was hier aufgezählt wird, hat auch der Jude als Wohltätigkeit eifrig geübt, und ebenso durchsichtig ist, daß dieselbe Norm für ›alle Völker‹ verwendbar ist.«[48]

Man mag sich diese Sätze Schlatters über die Juden und die Völker verdeutlichen durch Belege, wie sie etwa von Erich Klostermann genannt werden.[49] Wir hören beispielsweise aus dem ägyptischen Totenbuch (125,10–11): »Ich habe getan, was die Menschen [loben] und womit die Götter zufrieden sind. Ich habe den Gott befriedigt mit dem, was er liebt: Ich habe den Hungernden Brot gegeben und den Dürstenden Wasser und den Nackenden Kleider und dem Schifflosen eine Fähre. . .« So spricht der, der sich in der Halle des Gottes der Toten, des Osiris, zu verantworten hat im Totengericht.[50] Schlatter geht nicht auf einen religionsgeschichtlichen Vergleich ein, aber auch wenn er solche Parallelen heranziehen würde, sähe er sie von Mt 25 dadurch unterschieden, daß es dort um das Geheimnis Jesu Christi geht, der sich offenbart »als der, der die Vergebung für alle erworben hat« und sich »deshalb, weil er der Christus ist, dem Gottes Gnade die Vollmacht gab, die Sünden zu vergeben,« ermächtigt sieht, »alle, die den Menschen wohltaten, in Gottes Reich hineinzuführen.«[51]

In Mt 10,40–42 dagegen ist die Rede vom Handeln »ausdrücklich auf den Namen Jesu hin. Eben dies fehlt hier [in Mt 25] gerade: daß die Leidenden um Christi willen litten und Christus in ihnen litt, das wissen die Täter eben nicht.«[52] In Mt 10 wird betont, weshalb der »Becher kalten Wassers« gereicht wird – vielleicht ist das übrigens »ein wirkliches Opfer aus dem spärlichen Wasservorrat, den man in porösen Krügen zum Trinken aufbewahrt«[53]. Wir verdeutlichen uns das noch durch die Sätze, mit denen Søren Kierkegaard Mt 10 ausgelegt hat. Er betont die Hilfe als Zeichen der Verbundenheit in Christus und hebt das ›Weil‹ hervor, um des-

48. Ebd.
49. *E. Klostermann*, Das Matthäusevangelium (HNT 4), Tübingen 1938³, S. 205f.
50. *H. Greßmann*, Altorientalische Texte zum Alten Testament, Berlin/Leipzig 1926², S. 12.
51. A. Schlatter, a.a.O., S. 726f.
52. J. Schniewind, a.a.O., S. 446 (separat: S. 246; 1956⁸, S. 254).
53. Schniewind, a.a.O., S. 333 (separat: S. 133; 1956⁸, S. 137).

sentwillen gehandelt wird und das teuer zu stehen kommen kann: »Wahrlich, eine mehr als königliche und kaiserliche Freigebigkeit. . . Worauf es ankommt, ist nur dies, *warum* man den Zeitgenossen anerkennt.« »Aber es ist nicht leicht, das einem Mitlebenden zu tun. . . Damit wurde ja jeder bestraft, der sich mit seinem Zeitgenossen Christus einließ.«[54] – Wir mögen uns übrigens dadurch an das Wort des Petrus erinnern lassen: »Siehe, wir haben alles verlassen und sind dir nachgefolgt« (Mk 10,28) und an die Antwort des Herrn: Hundertfach wird ihm der Bruder geschenkt werden »unter Verfolgungen« (10,29f). Dessen werden wir nach Kierkegaard auch in Mt 10 ansichtig. Würde das nicht auch durch Mt 25 einen Kommentar bekommen können, dann nämlich, wenn wir den geringsten Bruder in seiner Not als Glied der verfolgten Kirche zu verstehen hätten?

Edmund Schlink betont: »Sowohl im Alten wie im Neuen Testament [fehlt] ein . . . Bruderbegriff, der bereits den Mitmenschen als solchen als Bruder bezeichnet. . . In unserer Perikope sind als Brüder Jesu bezeichnet (vgl. Mt 10,40–42 par.), die in der Entscheidung des Glaubensgehorsams ihrem Herrn folgen (vgl. Mk 3,35).« Die geringsten Brüder sind die, die »in der Nachfolge Christi arm . . . werden gleich ihrem Herrn«. »Welches sind *die Taten* an den geringsten Brüdern? Hilfeleistungen derer, die das Evangelium gehört haben, an denen, die mit Christo leiden.«[55] Schon Chrysostomus hat die Taufe und die κοινωνία μυστηρίων als das bezeichnet, was den Bruder zum Bruder macht.[56]

Nach diesem Exkurs dürfte sich die Frage für die Exegese von Mt 25 verschärft haben: Worin besteht das Geheimnis des geringsten Bruders? Ist nicht dies das Geheimnis: daß Jesus Christus sich des Bruders angenommen hat? Unseres Bruders, und zuvor: seines Bruders, des ἐλάχιστος ἀδελφός. Also kann rechte Exegese dieser Perikope nur eine Exegese sein, in der Jesus Christus selbst das Geheimnis und die Mitte aller der hier geschilderten Vorgänge ist. Jeder bloß allgemeine Aufruf zur Hilfsbereitschaft wäre viel zu blaß, ginge an Jesus Christus vorbei und bliebe deshalb abstrakt. – Jesus Christus hat Brüder: Gilt das nicht auch hier in großer Tröstlichkeit? Er nennt die Hilfsbedürftigen ›seine‹ Brüder. Wieder spiegelt sich das Evangelium selbst in dem, was vom Bruder gesagt wird. Und

54. *S. Kierkegaard* in seiner Flugschriftenfolge »Der Augenblick« (Nr. 8 vom 11. September 1855), in: *ders.*, Werke, Bd. XII, übers. von Chr. Schrempf, Jena 1909², S. 123ff.
55. *Edmund Schlink*, Predigthilfe zu Mt 25,31–46, in: Herr tue meine Lippen auf, Bd. I, hg. von G. Eichholz, Wuppertal-Barmen 1954², S. 329–334, hier: S. 332.
56. Johannes Chrysostomus, a.a.O., S. 98.

wir werden noch sehen, wie weit seine Barmherzigkeit in der Zuwendung zu seinem Bruder reicht. So ist diese Perikope vom Geheimnis des Evangeliums erfüllt, so ist sie nur von daher zu verstehen.

Wir sind gefragt, ob wir uns brüderlich zu Christi Brüdern stellen. Jesus Christus selbst fragt uns danach am jüngsten Tag. Man kann auch sagen: Wir sind gefragt, ob wir seine brüderliche Zuwendung zum Bruder als den Inhalt des Evangeliums verstanden haben: seine Menschlichkeit als die seinem Bruder zugewandte Menschlichkeit, so daß Menschlichkeit für uns – im Spiegel der Menschlichkeit Christi – eben Zuwendung zum Bruder in seiner Not, in seiner Signatur als Lazarus, heißt. Wir werden gefragt nach unserer Zuwendung zu seinem Bruder in der Vielfältigkeit seiner Not – in der konkreten Begegnung mit ihm, alle Tage, im Alltag unserer Existenz, im gelebten Leben der jeweiligen Gegenwart, heute, morgen, übermorgen. Hier können wir nicht ausweichen. So kommt unser Leben am jüngsten Tag an den Tag, es wird in seinen Entscheidungen offenbar.

Jedermann ist gefragt. Das entspricht dem ἕκαστος von Offb 20,13: »Und das Meer gab die Toten, die in ihm sind, und der Tod und die Totenwelt gaben die Toten, die in ihnen sind, und alle wurden nach ihren Werken gerichtet: ἕκαστος κατὰ τὰ ἔργα αὐτῶν.« Es entspricht gleichfalls dem Ruf des Engels in Offb 14,6–7, des Engels mit dem ewigen Evangelium, der mitten durch den Himmel fliegt. Wem verkündigt er dies Evangelium? »Denen, die auf der Erde wohnen« schlechthin, »jedem Volk und Stamm und jeder Sprache und Nation«. So werden nach Mt 25,32 alle Völker vor Christus versammelt werden. Dies wiederum darf nicht getrennt werden von Mt 24,14: »Es wird das Evangelium vom Reich verkündigt werden . . . in der ganzen Welt (ἐν ὅλῃ τῇ οἰκουμένῃ), für alle Völker zum Zeugnis, und dann wird das Ende kommen.« Diesem »Dann« entspricht die Mk-Parallele 13,10: Das Evangelium muß zuvor verkündigt werden εἰς πάντα τὰ ἔθνη. Ist es nicht immer jedermann, den das Evangelium ruft, jedermann, auf den es zugeht? Und hat Gott es nicht so in seinem Evangelium mit seiner Kreatur zu tun? Wir denken an Mk 16,15: »Gehet hin in alle Welt und verkündigt das Evangelium aller Kreatur.« Das Evangelium ist ja Gottes Evangelium (Röm 1,1), die Freudenbotschaft, die er verkündigen läßt, mit der er jedermann angeht, begegnet, anspricht und beansprucht. Das macht das Buch der Offenbarung immer wieder deutlich: die apokalyptischen Reiter gehen jedermann an, sie reiten über diese unsere Erde, über den Acker Adams. Und wir befinden uns in Mt 24 und in Mk 13 in der synoptischen Apokalypse. Gott ruft mit seinem Ruf jedermann. Das ist auch in Mt 24,14 gesagt, wenn es heißt: »Es wird verkündigt werden!« Deshalb eilt der Knecht im Gleichnis vom großen Abendmahl (Mt 22,1–10; Lk 14,16–24), wenn der Weltentag sich neigt und der Abend der Welt heraufdämmert, mit dem Evangelium auf jedermann zu (in der Mt-Fassung 22,9: »Wen immer ihr trefft, den ladet ein!«). Vom Abend der Welt ist aber nur zu reden, weil sein Tag anbrechen wird, der Tag, der keinen Abend hat.

In Mt 25 wird aber noch mehr gesagt. Christus fragt, ob wir das Evangelium in der Konkretheit sehen, annehmen, bejahen, die durch die konkrete Zuwendung Jesu Christi zu seinem Bruder geschaffen wird. Geht es nicht darum, daß unser Ja zum Evangelium diese Konkretheit des Evangeliums, ja die Konkretion des Evangeliums bejaht? Das Evangelium bedeutet die wirkliche, reale Annahme des Bruders durch Christus. Wir können an dieser Konkretheit nicht vorübergehen.

Solche reale, wirkliche ›Annahme‹ reicht bis zu den Sätzen unbegreiflicher, überströmender, königlicher Barmherzigkeit: »Sooft ihr solches einem von diesen meinen geringsten Brüdern getan habt, habt ihr es mir getan. . . Ich war hungrig. . .« – »Ich war hungrig«: Ist in dieser Aussage nicht das Handeln Jesu Christi zwischen Krippe und Kreuz ausgesprochen? So sieht Matthäus (8,16f) in dem, was Jesus tut, Jes 53,4 erfüllt: »Alle Leidenden heilte er, damit erfüllt werde, was durch den Propheten Jesaja gesagt ist, der spricht: Er nahm unsere Gebrechen weg und trug die Krankheit fort.« Ist eigentlich nicht rätselhaft, daß angesichts solchen Geheimnisses gefragt wird: »Wann sahen wir dich hungrig . . .?« In solcher Konkretheit begegnet uns das Evangelium in der Welt, so konkret wird es in der Barmherzigkeit Jesu Christi. So weit geht seine Barmherzigkeit, daß er die Not seines Bruders auf sich nimmt und als seine Not bezeichnet. Was für eine unbegreiflich barmherzige Aussage, was für ein gnadenhaftes Geschehen! Werden wir dem Bruder konfrontiert, so werden wir dem Evangelium selbst konfrontiert, dem Evangelium im Geheimnis seiner Wirklichkeit – ja, seiner Wirklichkeit: denn das Evangelium ist mehr als Wahrheit, es ist Wirklichkeit, wirklich sich zutragende Geschichte.

Aber eben: wir begegnen dem Evangelium! Sind wir nicht gefragt, ob wir es gehört haben, in seiner ganzen Realität und wahren Tröstlichkeit? Können wir es etwa auch anders hören als so, wenn wir es echt hören? Von Jesus Christus selbst wird uns gesagt: Es ist zu *hören* in der realen Zuwendung Jesu Christi zum Bruder, nicht anders als in diesem unfaßlich barmherzigen Geschehen. Wie wäre diese Konkretheit zu verwischen, und warum könnte uns daran liegen, sie zu verwischen? Nur so ist ja das Evangelium auch für uns das tröstliche Evangelium, nur deshalb dürfen wir jubeln: Das tut Jesus Christus! Umgreift es so den Bruder, dürfen wir uns auch von ihm umgriffen wissen.

Immer deutlicher wird, wie sehr sich alles zuspitzt auf die Frage, ob wir das Evangelium hören. Gewiß, wir werden von Jesus Christus in seinem Gericht nach unseren Werken gefragt, und dieses Gericht ist durch nichts hinfällig geworden, wie auch Paulus (Röm 2,5–10; 2Kor 5,10), Jakobus (2,13) und Offb 20,12f bezeugen. Doch mit unserem Werk kommt unser Hören des Evangeliums ins Gericht. Nach ihm werden wir zuallererst gefragt. Es ist uns ja in seiner umfassenden, unerschöpflichen Hilfe und Tröstlichkeit begegnet, ganz real und konkret. Es wird uns ad oculos demonstriert in der vielfältigen Gestalt des Bruders, dessen Christus sich angenommen hat. Glaubst du das? Das ist die Frage. Hören, Glauben und Wirken klaffen keinesfalls auseinander. Im »Werk« zeigt sich, wie konkret wir gehört haben – das schärft der Jakobusbrief immer wieder ein. Wir werden nach keiner anderen Regel als der des Evangeliums gerichtet. Das Werk richtet sich auf unser Hören des Evangeliums und bezeugt, daß wir das Evangelium bei uns gelten lassen. Es gilt dem Bruder – und in ihm auch uns. Unser Verhältnis zu ihm darf und soll bestimmt sein durch die eine große Zuwendung Jesu Christi zu ihm. Darum sollen wir uns ihm zuwenden. Wie könnten wir anders – ›nach der Regel des Evangeliums‹? Nur wenn wir danach handeln, lassen wir das Evangelium wirklich gelten als das, was es ist. Seine Gültigkeit will von uns bejaht sein – wovon wollen wir leben, wenn es nicht gültig ist?

Wir können uns vom Bruder nicht trennen. Als Hörer des Evangeliums können wir es nicht. Das Geheimnis der barmherzigen Annahme durch Christus bindet uns aneinander. Nicht eine Not ›an sich‹ bekommen wir zu sehen, tausendfältig in der Welt. Sie ist nicht abstrakt da, wenn Jesus Christus sagt: Ich bin hungrig gewesen. . . Das Geheimnis dieses Satzes ist unerschöpflich. Es ist das Geheimnis seiner ewigen Barmherzigkeit. So fragt uns der Bruder – Christi Bruder! – nach Christus, fragt uns, wie wir zu Christus stehen. Christus selbst fragt uns im Bruder. Ob wir das Evangelium hören, ob wir Christus kennen, das will an der Konkretheit des Bruders erkannt werden. Weshalb? Wir sahen: weil das Evangelium so konkret ist, weil dies seine ›Konkretion‹ (seine uns angehende Zuspitzung) ist. Wir haben es mit dem Bruder zu tun, ohne Frage. Zugleich mit ihm bekommen wir es mit Christus zu tun, mit dem Geheimnis seiner barmherzigen Annahme des Bruders: Ich bin hungrig gewesen. . . Da ist Evangelium, Jesus Christus selber.

Im Geheimnis der Nähe Jesu Christi zu seinem Bruder haben wir das

Geheimnis seiner verborgenen Gegenwart in der Welt zu sehen, sofern es um dieses Ich geht: Ich bin hungrig gewesen. . . Wir können den Bruder nicht von Christus trennen, weil Christus sich nicht von ihm trennt. Und so können wir uns nicht von dem Bruder trennen, wenn wir uns nicht von Christus trennen wollen. In alledem bekommen wir das Evangelium zu hören. Weil Christus beim Bruder ist, deshalb haben wir es beim Bruder mit einem Geheimnis zu tun: das Geheimnis des Bruders besteht darin, daß Christus bei ihm ist. Und Christus begegnet uns da, wo der Bruder ist. Seine Gegenwart in der Welt ist eine verborgene, aber unendlich gnadenhafte Gegenwart. Wir sehen nun schärfer als zu Anfang: Die Frage »Was sollen wir tun?« stößt im Bruder auf eine Antwort. Ja, das Gebot bzw. die Antwort an uns ist konkret gegenwärtig mit der Gegenwart des Bruders. Wir bleiben nicht ohne Antwort, denn: Jesus Christus hat Brüder. Er hat sie – aber ob wir sie sehen? Jesus Christus selbst antwortet auf die Frage, was wir tun sollen, sofern er selbst uns mit der Not des Bruders konkret fragt. Er fragt uns, wie wir zu seiner Barmherzigkeit stehen. Dann erfahren wir seine Barmherzigkeit und sein unfehlbares Gericht. So geht es bei dem ethischen Problem in der Gestalt des Bruders um die Nähe Jesu Christi, um seine verborgene Gegenwart in der Welt, um seine gnadenhafte Gegenwart.

Daß indessen diese Gegenwart verborgen bleibt, unterstreicht die doppelte Frage: »Herr, wann sahen wir dich hungrig . . .?« Zu sehen war nichts weiter als der Bruder. Daß seine vielfältige Not zu sehen war, das wird von niemandem bestritten. Doch daß *er* hier zu sehen war, das ist die Überraschung: Wann sahen wir dich hungrig? Am jüngsten Tag steht er als der Herr, als der Kyrios, vor allen, und als Kyrios reden ihn alle an – die zur Rechten und die zur Linken. Er ist am jüngsten Tag als der Kyrios offenbar. Aber wie steht es vor dem jüngsten Tag? Sichtbar ist nur der Bruder in seiner Not. Ist nun die Frage, die Gegenfrage, im Mund derer zur Rechten und derer zur Linken dieselbe Frage? »Die Rückfrage . . . ist zwar ein und dieselbe, und doch bedeutet sie . . . gänzlich Verschiedenes. . . Im ersten Fall ist die Rückfrage fast eine Selbstbeschuldigung: wir waren unnütze Knechte, – zum mindesten ein Nichtfassenkönnen, daß man Christo gedient habe. . . Im zweiten aber ist sie Selbstentschuldigung und Auflehnung.«[57]

Das Problem der Humanität ist im Lichte dieser Perikope nicht von der Menschwerdung und Menschlichkeit Jesu Christi zu trennen. Man wird

57. E. Schlink, a.a.O., S. 331.

von hier aus auch verstehen, wie Jesus Christus in den Evangelien immer so erscheint, daß er von der Not der Welt umgeben ist, daß sie an ihn herandrängt: weil er nämlich dieser Not nahe ist. Sie schreit ihm entgegen, und er nimmt sich ihrer an. Er geht nicht an ihr vorüber – offenbar eine zwingende Anweisung für die Kirche! Die Evangelien lassen sich jedenfalls nicht als Rechtfertigung eines Spiritualismus lesen, der an der leiblichen Not des Menschen vorüberginge oder sie auch nur nicht ernstnähme. Und vor einer vorschnellen Absage an den Materialismus ist deshalb zu warnen, weil es die Frage bleibt, ob wir den Menschen ernstgenommen haben in seiner Wirklichkeit.

Bedeutet das alles aber nicht auch: daß der Bruder, so sichtbar, so unbestreitbar und unbestritten greifbar seine Not ist, in seinem *Geheimnis*: daß er der Bruder ist, . . . *verborgen* ist? Das Geheimnis, um das es bei ihm geht, besteht doch darin: daß Jesus Christus für ihn da ist, und daß er für uns da ist, wo der Bruder – sein Bruder – ist. Ist dieses Geheimnis nicht verborgen, und haben wir deshalb nicht von der Verborgenheit des Bruders zu reden? Daß er den Rang, die Würde des Bruders – des Bruders Christi – hat, das ist in der Gestalt der Not verborgen. *Sein* Geheimnis ist verborgen! Und es ist zugleich das *Geheimnis des Evangeliums.* Denn dieses Geheimnis zeigt sich uns darin, daß Christus mit uns in unserer Not getauscht hat. Das Evangelium macht den Bruder *offenbar in seinem Geheimnis.* So bleiben wir vor dem Geheimnis des Evangeliums, vor seiner unendlich gnadenhaften Zuwendung zu uns, gerufen zum echten Hören. Wie könnten wir daran zweifeln? Jesus Christus hat Brüder? Wie müßten wir nicht auf der Suche nach dem Bruder sein, um Christus zu suchen in der Konkretheit des Evangeliums! Wie wollte er sich nicht von uns finden lassen, wenn es im Evangelium und im Bruder um nichts Geringeres als um seine eigene Zuwendung zu uns geht, wenn er uns in allem gnadenhaft zugewandt ist? Ja, er sucht uns im Bruder (er flieht nicht vor uns: er geht uns an!), in der großen Konkretheit seiner Zuwendung. Darum wird uns in Mk 10,29f verheißen, den Bruder in der Nachfolge hundertfach zu finden.

Wir fassen zusammen: Wiederum hat es sich abgezeichnet, in einer neuen Wendung, daß der Begriff des Bruders zur Voraussetzung das Evangelium hat, daß Christus selber unser Bruder geworden ist. Er wird der Gefährte aller unserer Not. Dies bezeugt er in eigener Person, der Herr der Glorie, der Kyrios und König: »Ich bin hungrig gewesen. . .« Das ist das Evangelium in seiner Konkretheit. Das ist das Geheimnis der Gegenwart

Jesu Christi unter uns. Weil er dem Bruder zugewandt ist, sollen wir dem Bruder zugewandt sein, und wir sind als dem Bruder Zugewandte auch ihm zugewandt: »Sooft ihr solches einem von diesen meinen geringsten Brüdern getan habt, habt ihr es mir getan.« Solche Realität ist verborgen: die Realität seiner Gegenwart und das Geheimnis, das den Bruder zum Bruder macht. Aber dazu sind wir Hörer des Evangeliums, daß uns das Evangelium sein Geheimnis als das Geheimnis seiner Zuwendung zum Bruder kundtut und wir davon leben dürfen. So ist unsere Existenz an den Bruder gebunden, weil sie an das Evangelium gebunden ist.

»Evangelium« bedeutet: der Christus der Glorie ist es, der sich des Bruders annahm – und der König der Glorie ist kein anderer als der, der sich mit aller Not und Last des Bruders belud. Die Regel des Evangeliums wird sichtbar in der Geschichte zwischen Krippe und Kreuz, in der er nicht hatte, wo er sein Haupt hinlegen konnte, während die Füchse Gruben und die Vögel unter dem Himmel Nester haben (Mt 8,20). Er, der Barmherzige, der Gefährte aller unserer Not: er ist der Richter des jüngsten Tages. Werden wir nicht nach der Regel des Evangeliums gerichtet, von dem Richter, dessen königliche Barmherzigkeit die Freudenbotschaft ausmacht? Wieder ist zu erkennen, wie sehr es bei dem Bruder um ihn geht: darum, daß er unser Bruder wurde, und wie wir mit dem Bruder vor die Mitte, die gnadenhafte Mitte des Evangeliums gestellt sind.

Der Christus zwischen Krippe und Kreuz, der Herr des Evangeliums, ist die Krisis der Welt. Er ist der Richter des jüngsten Tages. Am jüngsten Tag wird offenbar, wie sehr er uns angeht in seiner verborgenen Gegenwart, in seiner Nähe zum Bruder, dessen Not er zu seiner Not gemacht hat. Er ruft uns in Mt 25, die Frage, die er selbst uns mit der Gestalt des Bruders in seiner Not stellt, nicht unbeantwortet zu lassen. Wir werden nach unserem Hören des Evangeliums gefragt. Ja, wir sind schon heute gefragt von dem, der uns am jüngsten Tag fragen wird: nach dem Bruder, gefragt von ihm, der unser Bruder wurde – im Geheimnis des Evangeliums.

VI. Lazarus als Hilfe und Krisis unserer Existenz

Von Mt 25,31–46 her ist deutlich geworden, daß wir, wenn wir dem Bruder konfrontiert werden, dem Evangelium selbst konfrontiert sind: der Bruder weist als Bruder auf das Wunder der Güte Jesu Christi, auf seine Barmherzigkeit in seiner Nähe und Zuwendung zu uns. Unser Leben rückt unter die ›Regel‹ des Evangeliums, unter die Regel der Barmherzigkeit, Hilfe und Tröstlichkeit. Im Bruder geht uns das Evangelium an, läßt uns nicht los; es bedrängt uns, daß wir uns der tröstlichen Wahrheit des Evangeliums öffnen möchten.

Was ist der Sinn solcher Krisis unserer Existenz, die uns unausweichlich angeht? Das haben wir nun noch einmal und schärfer zu verstehen und versuchen es von Lk 16,19–31 her zu begreifen: von Lazarus her.

Die Gestalt des Lazarus ist eine Gestalt der Not. Sie ist eine Gleichnisgestalt: Gleichnis für vielfältige, tausendfache Not, in immer neuer Form. Im Gleichnis wird die leibhafte Not geschildert: Lazarus liegt am Torweg zum Palast des reichen Mannes (πυλών heißt das große Eingangstor der Tempel und Paläste[58]). Die Gassenhunde sind seine Gesellen, er kann sich ihrer in der Gebrechlichkeit seines Leibes nicht erwehren. »Hilflos auch gegen die Hunde der Gasse«[59] muß er sich gefallen lassen, wie sie seine Wunden belecken. Lazarus ist wie eine Illustration des Kleistschen Satzes von der »gebrechlichen Einrichtung der Welt«[60]. Was fehlt an dieser Gestalt, um Inbegriff für alle Not zu sein? Ist sie nicht zu Ende gezeichnet, diese Bettlerfigur, um die sich niemand kümmert? Aufs schärfste ist ihre Kontur gezeichnet, auch im harten Nebeneinander des Armen und des Reichen.

Die Lazarus-Geschichte will jedoch nichts anderes als Gleichnis sein und erschöpft sich deshalb nicht in der einmaligen, konkreten Not dieses Lazarus. Sie bleibt gültig für jeden Lazarus. Nicht zufällig ist der »arme Lazarus« sprichwörtlich geworden. Und wir werden gut tun, für Lazarus

58. W. Bauer, Wörterbuch zum Neuen Testament, Sp. 1446.
59. A. Schlatter, Das Evangelium des Lukas, S. 375.
60. Zum Beschluß seiner Novelle »Die Marquise von O . . .« schreibt *Heinrich von Kleist*: ». . . da sein Gefühl ihm sagte, daß ihm von allen Seiten, um der gebrechlichen Einrichtung der Welt willen, verziehen sei . . .« – Von Michael Kohlhaas heißt es: »Denn ein richtiges, mit der gebrechlichen Einrichtung der Welt schon bekanntes Gefühl machte ihn . . . geneigt«, ein Unrecht zu verschmerzen. – Zum Thema vgl. *Otto Bruder*, Die gebrechliche Einrichtung der Welt. Versuch einer Kleist-Deutung, in: ZZ 1/2, 1923/24, H. 7, S. 66–78.

in jeder Gestalt offen zu sein, auch in einer zunächst vielleicht verborgenen Gestalt. Seine Not ist nicht immer so offensichtlich wie bei dem Lazarus, der vor der Tür des reichen Mannes auf der Straße liegt, »voller Schwären«: Lazarus, der kein Dach über dem Kopf hat, bedeckt mit dem Staub der Landstraßen der Welt, müde und hungrig. Seine Not ist so offensichtlich, daß er darüber kein Wort zu verlieren braucht. Jeder sieht, daß ihm etwas fehlt. Vielleicht könnte es sich Lazarus oft sparen, viele Worte zu machen, wenn wir nur nicht am wortlosen Lazarus dann um so schneller vorübergingen. Ist es nicht eine Anklage gegen uns, daß er seine Not erst noch aussprechen muß, damit wir sie sehen, damit wir, immer mit uns selbst beschäftigt, ihn anhören? Wir möchten uns vielleicht entschuldigen: Hätte Lazarus doch etwas gesagt! Aber ob wir mit solcher Entschuldigung durchkommen, dürfte fraglich sein. Bleiben wir nicht belastet mit der Gegenfrage, weshalb wir für seine Not nicht offen waren, weshalb wir sie nicht sahen, ohne daß er viel Worte machte? Als ob seine Not – seine bittenden Augen – nicht beredt genug wäre! Wir müßten so oft nur willens sein, ihm ins Antlitz zu sehen und die ungesprochene Sprache seines Antlitzes voller Not zu verstehen.

Was Lazarus ausmacht, ist seine Not. Das ist, wovon er redet und was ihn so beredt macht – mit Worten oder ohne Worte –, immer wieder, heute, morgen und übermorgen, nicht abbrechend: seine Not. Was könnten wir deshalb in der Begegnung mit ihm gewinnen? Können wir hier nicht nur verlieren – vor allem und letzten Endes unsere Zeit? Wir haben keine Zeit, sagen wir, obwohl alle unsere Zeit, die Zeit unseres Lebens, wie das tägliche Brot das Geschenk Gottes an uns ist. Aber wir tun so, als ob wir die Zeit nur für uns hätten und keine Minute für Lazarus. Wir haben Zeit – aber Lazarus bekommt es zu spüren, daß wir keine Zeit für ihn haben. Wie aber, wenn Gott uns die Zeit schenkte, daß wir sie für Lazarus hätten: wenn unsere Zeit Lazarus gehörte? Und wie, wenn nur Lazarus uns von der Dämonie und Unruhe befreien könnte, in der wir zuletzt auch für uns selbst keine Zeit haben und doch alle Zeit für uns haben möchten? Wie, wenn wir nur zurechtkommen könnten, wenn wir das tägliche Brot und unsere Zeit mit Lazarus zu teilen vermöchten? Aber wir meinen, wir könnten nur verlieren, wenn wir Lazarus begegnen: unsere Zeit verlieren, dann auch unser Geld und manches andere. Vielleicht verstehen wir nun, daß es bei Lazarus in der Tat ›ums Ganze‹ geht: daß er, wenn er uns Minuten oder Stunden ›aufhält‹, wie wir sagen, mehr will als Minuten oder Stunden, einen Groschen oder hundert Mark, unseren gelegentlichen Einsatz für ihn. Er will nichts Geringeres als uns selbst. Dadurch wird das

Problem unserer Existenz mit dem Dasein des Lazarus verflochten. Wir werden zur Bruderschaft mit ihm gerufen, damit auch uns geholfen wird. Er belädt uns mit seiner Not, mit diesem und jenem, mehr noch: er belädt uns mit sich selbst, mit seiner Lazarusexistenz. Er ist nicht schnell abzufinden, ja er ist gar nicht abzufinden. Wir möchten immer wieder eine Abfindungssumme zahlen. Wir möchten nicht beladen sein: mit seiner Not und mit ihm selbst. Wir haben mit uns selbst übergenug zu tun. Ist das nicht die Signatur der Welt, in der wir leben? Lazarus ist heute überall – aber öffnen wir uns deshalb eher für ihn? Was wir gerade in unseren Tagen zu sehen bekommen, ist vielmehr allüberall eine rätselhafte und hilflose Selbstverschlossenheit. Wir halten Distanz von Lazarus, wir machen einen Bogen um ihn herum – und wenn wir ihm nicht ausweichen können, suchen wir ihn wieder loszuwerden. Er bringt uns in Verlegenheit. Wie könnten wir bei der Begegnung mit ihm etwas gewinnen? Können wir hier nicht nur verlieren? Wie sollte er uns eine Hilfe sein können, wenn die Summe seines Lebens, in einem Satz zusammengedrängt, diese ist: Ich kann mir selbst nicht helfen! Wie kann uns einer helfen, der sich selbst nicht helfen kann?

Doch dies ist – wir müssen es gleich noch einmal unterstreichen – für Lazarus die Summe und die Essenz seines Lebens, daß er sich selbst nicht helfen kann. Das ist seine Einsicht in sein Leben, eine letzte, gültige Einsicht. Das weiß er, und dazu bekennt er sich. Lazarus sieht seiner Not ins Antlitz. Er läuft nicht vor ihr fort, er stellt sich ihr. Über unsere Lippen wird seine Einsicht und sein Bekenntnis schwerlich kommen. Wir hüten und fürchten uns vor einer solchen Bilanz des Lebens, aber weshalb? Weil es in unserem Leben die Not des Lazarus – er ist mit seiner Not ja nur Gleichnis – nicht gibt? Oder sehen wir ihr nicht ins Antlitz wie er, wollen wir uns selbst über sie hinweg helfen und möchten so seiner, des Lazarus, Einsicht entgehen: »Ich kann mir selbst nicht helfen«? Sind wir deshalb auf der Flucht vor Lazarus, weil wir vor seinem Bekenntnis fliehen wollen?

Lazarus ist nicht auf der Flucht vor seiner Not. Von ihr ist er zu sehr bedrängt. Ihr kann er sich nicht verschließen. Begegnet er nicht einer überlegenen Hand, die ihn zu Lazarus macht? Lazarus (hebräisch: Elazar) heißt »der Hilfe Gottes bedürftig«. Er kann nur noch nach Gott ausschauen. Er kann alles nur von Gott hinnehmen. Er kann nicht protestieren und rebellieren. Er sieht der Not ins Antlitz, der Summe und Essenz seines Lebens – er klagt niemand an, die ganze Welt nicht und auch den reichen Mann nicht. Könnte er nicht im Blick auf den Tisch des reichen Mannes und das festliche Gelage verbittert werden? Aber Chrysostomus hat gemeint: »Non . . . desperavit nec blasphemavit, dicens: Hic dives in nequitia vivens gaudet et tribulationem non patitur; ego vero nec obtinere valeo necessariam escam.«[61]

Was kann Lazarus uns anderes bringen als seine Not in tausendfacher Variation? Lazarus fehlt heute dies, morgen jenes: dem einen Lazarus fehlt Brot, dem anderen der Freund – aber zuletzt fehlt allen Lazarussen viel mehr! Nicht dies und das! Alles ist nur Zeichen seiner großen Lebensverlegenheit: Ich kann mir selbst nicht helfen.

Dabei ist zu sehen, daß wir Lazarus auch dann nicht ›loswerden‹ können, wenn er nun doch ein Verzweifelter und Verbitterter wäre – wenn er selbst den Satz, der die Summe seines Lebens ›objektiv‹ ausspricht, noch nicht sprechen sollte, wenn auch er noch (›subjektiv‹) sich selbst helfen wollen sollte. Es geht im Verhältnis zwischen uns und ihm sozusagen um die objektive Funktion des Lazarus an uns: daß aus seiner Existenz ›objektiv‹ die Einsicht erwächst, daß wir uns selbst nicht helfen können.

Wir können uns alle selbst zurechthelfen, wir meinen es und versuchen es. Wir laborieren daran herum, die Bilanz unseres Lebens in Ordnung zu bringen. Wir sprechen nicht das Sprüchlein des Lazarus: »Ich kann mir selbst nicht helfen.« Und nun müssen wir noch ein Letztes sehen: Wenn Lazarus seinen Mund aufmacht – wovon redet er? Nun, wir wissen es, wissen es nur zu gut: von sich, von seiner Not. So sehr ist er von ihr angegangen und mit ihr beladen und beschäftigt, daß er gar nicht anders kann. Er ist nicht davon abzubringen. Vielleicht ist es unnötig, daß er breit und ausführlich wird. Vielleicht denken wir: Hörte er doch auf! Das kennen wir ja: es ist doch immer dasselbe – nur Variation des einen Satzes: Ich kann mir selbst nicht helfen! Weshalb so viele Worte! Es läuft doch alles auf dasselbe hinaus! Aber weshalb dann unsere Ungeduld?

Ist er wirklich nur mit sich selbst beschäftigt? Mit nichts sonst? Wenn das nur sicher wäre! Von ihm aus mag es sicher sein! Aber wenn er so erzählt, in Variationen immer dieselbe Geschichte seiner Not, wenn er Zug um Zug auspackt – ist das alles nicht voll heimlicher Frage an uns: »Kannst du dir denn selbst helfen?« Ist nicht, was Lazarus erzählt, eine Variante unserer Lebensgeschichte? Bloß daß wir dieser Summe und Essenz noch

61. Zitiert nach *Thomas von Aquino*, Catena aurea in quatuor Evangelia, Bd. II, Augustae Taurinorum 1902, S. 250. – »Er . . . verzweifelte nicht und lästerte nicht, indem er [etwa] sagte: ›Dieser Reiche freut sich seines nichtswürdigen Lebens und leidet keine Not; ich dagegen kann nicht einmal das Nötigste zu essen bekommen.‹«

nicht ansichtig geworden sind! Ich kann mir selbst nicht helfen? Dagegen wehren wir uns leidenschaftlich, und deshalb wehren wir uns gegen Lazarus. Er bedeutet einen Einbruch in unsere Existenz, in unseren Lebensversuch, uns selbst zu helfen. So kommt es heraus, weshalb wir Lazarus ausweichen, weshalb wir vor ihm auf der Hut sind: weil er der Spiegel unserer eigenen Existenz ist. Um seiner unerhörten Nähe zu uns willen halten wir ihn uns fern. Wir weigern uns, ihm seinen Spruch und seine Summe abzunehmen. Aber leugnen wir nicht und verleugnen wir nicht, was er uns als die Essenz auch unseres Lebens vorhält – was die Schrift uns in Lazarus vorhält? In Lazarus und auf jeder Seite! Daß wir uns nämlich zuletzt und eigentlich selbst nicht helfen können!

Und liegt das nicht daran, daß wir, die wir uns dem Spiegel unserer Existenz verweigern, die wir nicht sein wollen, was wir sind: ein armer Lazarus – daß wir uns vielmehr in der Rolle des reichen Mannes gefallen? Tragen wir nicht seine Signatur? Die Heilige Schrift zerschlägt uns diese Rolle freilich, aber wir suchen sie trotzdem zu spielen. Lazarus vollzöge dann die Demaskierung, der wir uns verweigern. Wir verweigern uns Lazarus, Lazarus als dem Spiegel unserer Existenz, und damit verweigern wir uns der wahren Wirklichkeit unserer selbst. Wir sind auf der Flucht vor uns selbst. Daher rührt beispielsweise die Steifheit unserer Haltung, in der wir bemüht sind, eine Rolle zu spielen – möglichst gewichtig. Das Verhältnis des Menschen zu seiner Maske ist nicht nur von physiognomischer oder sozialpsychologischer, sondern vor allem auch theologischer Bedeutung.

So müssen wir uns zuvor noch der Gestalt des reichen Mannes zuwenden, ehe wir Lazarus als die Krisis unserer Existenz weiter zu verstehen suchen. Dabei ist von vornherein zu beachten, daß es in unserem Gleichnis nicht um die Gestalt des reichen Mannes ›für sich‹ geht, sondern daß er als Gegenüber zu Lazarus gezeichnet ist. Der reiche Mann ist nicht ohne Lazarus zu verstehen. Er ist, so können wir auch sagen, der dem Lazarus konfrontierte reiche Mann – einerlei, was sich aus dieser Konfrontation ergibt. Aber er ist nicht ohne diesen seinen Begleiter, er ist nicht ohne die Frage, die ständig an ihn in der Gestalt des armen Lazarus gestellt wird.

Er existiert – zumindest objektiv – nicht ohne die Krisis seiner Existenz, seines Lebensversuches als eines typischen Reichen. Auch dieser Mann bleibt nicht sich selbst überlassen, weil ihm Lazarus vor die Tür gelegt ist, seine Existenz also zu der des Lazarus in Beziehung gesetzt wird. Es ist zwischen beiden gleichsam eine Brücke gespannt, und Lazarus am anderen Ende der Brücke wartet darauf, daß der reiche Mann zu ihm herüberkommt.

Deshalb also muß der reiche Mann im Gegenüber zu Lazarus verstanden werden. Jede Karikatur ist sorgfältig zu vermeiden. Schlatter hat mit Recht betont: »Kein anderer Vorwurf fällt auf den Reichen. Er wird nicht etwa als Wucherer oder Schinder seiner Arbeiter u. dgl. beschrieben. Jedes weitere Wort hätte die Schlagkraft des Gleichnisses nur geschwächt.«[62]

Die Anschaulichkeit könnte, wenn sie nicht die echte Anschaulichkeit des Gleichnisses selbst wäre, ein zweischneidiges Schwert sein. Jede Karikatur – bei der wir ihm etwas anzuhängen versuchen würden – könnte ja bedeuten, daß wir uns von ihm absetzen würden und uns in ihm nicht wiederzuerkennen brauchten. Wir brächen dem Gleichnis die Spitze ab, die Spitze des Pfeiles, der aus ihm heraus auf uns zielt und uns trifft. Wir brächen ihm die Spitze ab, wenn wir die Gleichnishaftigkeit auch der Gestalt des reichen Mannes übersehen würden. Seine Liebe zur bunten Farbigkeit kostbarer Stoffe, zum strahlend weißen Byssos[63] und zum dunkelroten Purpur, zum Prunk und zur Freude der festlichen Tafel, sind Gleichniszüge. Ebenso wie der arme Lazarus kommt der reiche Mann in tausend Gestalten vor.[64] Sein Reichtum braucht nicht in Geld zu bestehen. Es ist nicht sein Reichtum als solcher, der ihn zu der Gestalt macht, wie sie im Gleichnis erscheint.

Ein hartes Nebeneinander tritt uns vor Augen: Es war aber ein reicher Mann – es war aber ein Armer. Der reiche Mann ist in seiner Existenz von Lazarus angesprochen. Lazarus klopft gleichsam an die Tür seines Lebens: »Mach auf!« Aber springt sie für Lazarus auf? Lebt der reiche Mann, obwohl Lazarus vor seiner Tür liegt, nicht sein Leben hinter der Tür ›in sich selber‹ in monologhafter Einsamkeit – trotz aller denkbaren Freunde und Tischgenossen an seiner überreichen Tafel, an der Tafel seines Lebens? Er braucht Lazarus nicht – wie er sie alle nicht braucht, seine Freunde und Tischgesellen. Er kommt ohne sie aus. Lazarus braucht ihn, den reichen Mann; aber der reiche Mann, wen sollte er brauchen? Würde ihm einer sagen: »Du brauchst Lazarus!«, dann würde er den Kopf schütteln: Lazarus hat doch keinen Pfennig in der Tasche, was soll er mir? Kann ich nicht ohne ihn leben? Kann ich mir nicht selber helfen, habe ich nicht alles, was ich dazu brauche? Genau dies wäre der Gegensatz, die Gegen-

62. A. Schlatter, Das Evangelium des Lukas, S. 375.
63. (H. L. Strack/)P. Billerbeck, Kommentar zum Neuen Testament aus Talmud und Midrasch, Bd. II, S. 223: »In leinene Gewänder sich zu kleiden, hielt man für Luxus.«
64. *G. Eichholz*, Predigthilfe zu Lk 16,19–31, in: Herr tue meine Lippen auf, Bd. I, S. 203–209, hier: S. 205.

summme zu Satz und Summe des Lazarus: »Ich kann mir selber helfen, mir und Lazarus und vielen Lazarussen! Was brauche ich dann noch?« Sollte das nicht die einfache, gar nichts Besonderes enthaltende Summe des Lebens des reichen Mannes sein, daß er – weitab von der Einsicht des Lazarus, der sich selbst nicht helfen kann – sein Leben in sich selbst, ohne Lazarus, zu leben versucht, obwohl seine Existenz von Lazarus her gleichsam von der Flanke her aufgerollt ist? Gar nichts Besonderes – und so der offenen oder geheimen Praktik unserer Existenz so nahe: Brauchen denn etwa wir Lazarus? Können wir das ehrlich sagen? Atmen wir nicht auf, wenn wir wieder ohne ihn sind? Diese unwillkürliche Antwort wird zur bedrängenden Kontrollfrage an unsere Existenz, die ohne den Bruder und Nächsten, ohne die Nähe und Kraft des Evangeliums in sich bestehen und bei sich bleiben will.

Das Lukasevangelium betont immer wieder die Versuchlichkeit des Reichtums. Eine Parallele zum reichen Gegenüber des Lazarus ist die Gestalt des reichen Kornbauern Lk 12,16–21, nur daß das Leben des Reichen in Lk 16 »vornehmeren Zuschnitt zeigt«[65]. Der Reichtum verlockt den reichen Mann zu dem Lebensstil eines solchen Lebens ›in sich selber‹, bei dem er den Lazarus nicht braucht; er läßt ihn das Geheimnis seines Lebens, die wahre, brüchige Wirklichkeit verkennen: daß er nie ›in sich selber‹ leben kann, sondern immer nur als ›der Hilfe Gottes bedürftig‹. Es lauert eine Dämonie darin, daß der Reichtum, das Geld oder (wie beim reichen Kornbauern) die Scheunen voller Kornsäcke und der Keller voller Ölfässer uns immer wieder gefährden und uns nicht zur Erkenntnis der wahren Wirklichkeit unserer Existenz kommen lassen. Hier meldet sich die Dämonie der Sorge zu Wort. In der Sorge um unsere Existenz mühen wir uns um Kornsäcke und Ölfässer und meinen, unser Leben hinge daran, und darüber vergessen wir das Wunder der Güte Gottes, von der allein wir leben. In der Sorge meinen wir, für unser Leben selber aufkommen zu müssen und zu können, während es doch allein in Gottes Hand liegt, aus der wir Stunde für Stunde das Leben empfangen. Wer mit seiner Sorge allein sein will, trennt sich vom lebendigen Gott. Davon hat (Deutero-) Jesaja gesprochen, als er Israel daran erinnerte, daß Gott bei den Zerbrechenden, den Müden und Ohnmächtigen ist, um an ihnen zu zeigen, daß er als der Schöpfer handelt (Jes 40,27–31). Davon will die Lebenssorge nichts wissen, und so gibt sie sich der Dämonie anheim, einer Dämonie, die sich oft genug durch anscheinend selbstverständliche Parolen tarnt.

65. *Theodor Zahn*, Das Evangelium des Lucas, Leipzig 1913, S. 585.

Eine davon lautet: »Hilf dir selbst, so hilft dir Gott« – aber was heißt hier: »Gottes Hilfe«, was »Selbsthilfe«? Oder: Wollte der reiche Kornbauer nicht ganz vernünftig eine planerfüllte Vorratswirtschaft betreiben? Dagegen steht der überlegene Realismus der Bitte »Unser täglich Brot gibt uns heute« (Mt 6,11) – »denn der morgende Tag wird für das Seine sorgen« (Mt 6,34b) – »es ist genug, daß ein jeglicher Tag seine eigene Plage habe« (Mt 6,34c). Hier allein spricht echter Realismus, weil unsere wahre Existenz an den Tag kommt: unser tägliches, stündliches Angewiesensein auf die Güte Gottes.

In der Gebrechlichkeit seines Leibes richtet Lazarus das Zeichen des Todes auf, der alles vermeintliche Leben aufgrund von Selbsthilfe demaskieren wird, vor dem die Torheit und Narrheit eines Daseins zutage tritt, das das Angewiesensein auf die Hilfe Gottes, auf seine Gnade, übersah. Chrysostomus redet in seiner Auslegung den reichen Mann so an: »Infelicissime hominum, mortem corporis tui vides jacere ante januam et non misereris.«[66] In Lazarus begegnet dem reichen Mann die Krisis seiner Existenz und das Zeichen des Todes. Die Antwort darauf ist selbstverschlossene Blindheit, Selbstbespiegelung, allenfalls der Spott, der das Geheimnis der Gnade in der Hilflosigkeit Jesu am Kreuz begleitet: »Anderen hat er geholfen, sich selber kann er nicht helfen« (Mk 15,31). Gerade solche Hilflosigkeit stellt uns das Ende aller Dinge vor Augen, von der Paulus die christliche Existenz schon jetzt bestimmt sieht: »Die Zeit ist kurz; damit fortan die Weinenden [seien], als weinten sie nicht, und die Fröhlichen, als freuten sie sich nicht, und die Kaufenden, als behielten sie es nicht, und die, welche Dinge der Welt benutzen, als nutzten sie sie nicht aus; denn die Gestalt dieser Welt vergeht« (1 Kor 7,29a.30f).

Indem Lazarus rein durch sein Dasein die Summe menschlicher Existenz ausspricht, wird *er* zur Hilfe: zur Hilfe für den Reichen, die Dämonie zu erkennen, in die er verstrickt ist. Die Hilfe ist freilich schmerzhaft. Lazarus muß die Rolle und Maske der Selbsthilfe zerschlagen, um das unmögliche Spiel verwehren zu können, das der Reiche mit ihm und mit sich selber treibt. So scheint Lazarus zur ständigen Bedrohung zu werden. Aber ist diese Bedrohung nicht – Gnade? Bedroht, im letzten und tiefsten bedroht, bin ich doch gerade in meiner Rolle und Maske, und das heißt: bei meinem unmöglichen Versuch, mir selber zu helfen. Lazarus bedroht

66. Johannes Chrysostomus, zitiert nach Thomas von Aquino, a.a.O., S. 249. – »Du unglückseligster unter den Menschen, du siehst den Tod deines Leibes vor deiner Tür liegen und erbarmst dich nicht.«

diese Bedrohung. Darum ist er als Krisis meiner Rolle mein eigentlicher Helfer. Ich spüre wohl: Er ist gegen mich, wenn ich die Rolle des reichen Mannes zu spielen versuche. Doch ist er nicht ebenso für mich, zeigt er mir nicht, daß ich gegen mich bin? Wehre ich mich gegen Lazarus, so wehre ich mich gegen meinen Helfer. Wenn ich mich wirklich wehren wollte, dann müßte ich die verriegelten Tore meiner Existenz – gegen Lazarus und sein Andrängen versperrt – weit auftun. Ich müßte die Torheit meiner Verteidigung einsehen und aufgeben. Es ist eine Schlacht um meine Existenz, die hier geschlagen wird – aber wenn Lazarus nicht siegt, bin ich verloren. Freilich kann ich auch dann, wenn Lazarus mich überwindet, nichts gewinnen. Nur wenn ich der Geschlagene *bleibe*, kann mir geholfen sein.

Lazarus ist nicht mein Gegner, sondern mein Verbündeter, meine Hilfe. Müßte ich deshalb nicht zu ihm hin fliehen? Und sollte ich nicht gelten lassen, was er an mir tut und wie dies geschieht? ». . . sein hertz ist zu [so] gestanden, das er gern gedient hette, wenn er gemacht [vermocht] hette. So er nit kan mit ainer andern weyse, so schickt es got also, das er yetzunder mit seyner schweren, bloßhait, und hunger der gantzen welt dient. Das ist kunst und ain maister stuck von got Gewirckt, also ain mechtig ding ist es umb ainen menschen, Der jm glauben stet. Er hat uns mit seinem hunger gespeyset, mit seyner bloßhait beklaidet und mit seynem leiden uns allen ain Exempel geben Zu ainem trost jm nach zu folgen: also seind gots gericht haimlich und verborgen.«[67]

Liegt Lazarus vor meiner Tür, so liegt ein kostbarer, lebenswichtiger Schatz vor meiner Tür. Wie könnte ich ihn je hergeben? Muß ich ihn, wenn ich ihn entdeckt habe, nicht allezeit behalten wollen? Ohne Lazarus kann ich nicht leben, denn ohne ihn wäre mir das Geheimnis der Gnade für immer verschlossen. »Conclusum ergo«, sagt Luther, »ut fias Lazarus vel damnaberis. Neminem angeli ducent ad celos, nisi sit Lazarus.«[68]

Wir müssen selber zum Lazarus werden. Lazarus ruft uns, von dem Spiel abzulassen, in dem wir sein wollen, was wir nicht sein und bleiben können: ein Reicher, in welchen Gestalten auch immer. Lazarus ruft uns zugleich, zu sein, was wir nicht sein wollen, aber in Wirklichkeit sind: ein Armer wie er, ›der Hilfe Gottes bedürftig‹. Die zweite Szene des Gleich-

67. *M. Luther*, Sermon von dem reichen Mann und dem armen Lazarus (1522), WA 10/III, 185, 6–12.186,1f.

68. *M. Luther*, Predigt über Lk 16,19–31 (1528), WA 27,208,8f. – »Es ergibt sich also der Schluß, daß du ein Lazarus werden mußt, oder du wirst verdammt werden. Keinen werden die Engel in den Himmel führen, der nicht ein Lazarus ist.«

nisses bringt es ja an den Tag, wie wenig die Rolle des reichen Mannes von Dauer ist und Bestand hat. Von hier aus hört es sich wie ein Märchen an: Es war aber ein reicher Mann – nun ist er viel ärmer, als Lazarus es je war, jetzt ist die Brücke abgebrochen, die zwischen beiden zeit ihres Lebens geschlagen worden war. Lazarus hatte gewartet, gewartet . . ., und in diesem Warten des Lazarus wartete die Erkenntnis der Gnade. Der Reiche hatte alles, was er brauchte, auch und vor allem den Lazarus vor seiner Tür, doch gerade dies übersah er und begriff nicht, was er an ihm hatte: die wartende Hilfe, Bereitschaft über Bereitschaft, die Wahrheit des Lebens sehen zu lassen. »Conclusum ergo, ut fias Lazarus!«

War dies alles dem reichen Mann zu sehr verborgen, kommt er deshalb jetzt zu der Bitte, auf Erden möchte doch eine andere Sprache geredet werden? Abraham läßt sich nicht darauf ein. Wo der reiche Mann zu Hause war, ist die Heilige Schrift der geschriebene Wille Gottes, der Wille seiner Barmherzigkeit, die Regel unserer Existenz. Im Munde Jesu wird nun deutlich, daß das Geheimnis des Redens Gottes das Geheimnis seiner Herablassung zu uns ist. Die Verborgenheit seiner Anrede gehört zur Wirklichkeit seines barmherzigen Handelns. Das ewige Wort ist unser Bruder geworden. Darum ist Gottes Reden nie ein bloß formaler Vorgang, etwa als Übermittlung von Inhalten, die auch anders und vielleicht deutlicher erfolgen könnte. Gottes Wort *ist* Vergebung, ist gnädiges Handeln an uns. Darin bestand das Geheimnis des geringsten Bruders im Evangelium von Mt 25,31–46, und so redet Lazarus zu uns. Wie sollten wir uns dann entschuldigen können? Wie könnten wir leugnen, daß unsere Existenz durch Lazarus in ihre Lebenskrise gerät und daß in solcher Krisis die Hilfe Gottes wartet? »Ideo jacebat ad januam, ne dives diceret: Non vidi, nemo mihi nuntiavit. Videbat eum exiens et revertens.«[69]

Lazarus darf ebenso wenig wie der ›geringste Bruder‹ für sich betrachtet werden. Beide sind im Lichte der Schrift, von Christus her zu sehen. Darum sagt Abraham im Gleichnis: Die Schrift weist auf Lazarus hin. Als Hörer des Wortes Gottes sollen wir um Lazarus wissen.

In der Sprache des Jakobusbriefes heißt das so: »Ein Bruder aber, der niedrig ist, rühme sich seiner Höhe; der Reiche aber seiner Erniedrigung, weil er wie die Blume des Grases vergehen wird. Denn die Sonne ging auf samt dem Glutwind und machte das Gras dürr, und seine Blumen fielen

69. Johannes Chrysostomus, zitiert nach Thomas von Aquino, a.a.O., S. 249. – »Er lag deswegen an der Türe, damit der Reiche nicht sagen könnte: ›Ich habe ihn nicht gesehen, niemand hat mir etwas davon gesagt.‹ Er sah ihn, wenn er aus- und einging.«

ab, und die Schönheit seines Angesichtes verdarb. . .« (1,9–11). Auch mit diesen Worten wird die Krisis der menschlichen Existenz ausgerufen, und inmitten solcher Krisis wird der Ruf zum Lob Gottes laut, der Ruf zum Leben aus der Gnade und zur Erkenntnis des Wunders der Güte im Evangelium. Die uns schlechthin gebotene Existenz liegt in der Bruderschaft der Armen begründet. In diese Existenz will uns Lazarus hineinrufen. Der Reiche muß hören: »Juble, daß dein Übermut zerbrochen ist, weil deine Größe vergeht.«[70] Wir können uns dieser Strenge – der Strenge des Evangeliums! – nicht entziehen: »Höret zu, meine lieben Brüder! Hat Gott nicht erwählt die Armen auf dieser Welt, die reich am Glauben sind und Erben des Reiches, welches er verheißen hat denen, die ihn liebhaben?« (Jak 2,5).

VII. Christus als Brücke zum Bruder

Von Lazarus her – einem Punkt außerhalb unserer Existenz! – sind wir angegangen, wird unser Lebensversuch als der eines Reichen von der Flanke her zu unserer Hilfe und zu unserem Heile bedroht. So wird konkret, was Luther über die Begründung der Theologie »extra nos« gesagt hat.[71] Wir dürfen unser Menschsein nicht aus der Einsamkeit heraus begreifen, in die wir uns gebracht haben. Diese zerstörerische Selbstisolierung kann keine Selbsterkenntnis begründen, auch wenn eine Philosophie uns dies nahelegt, die uns auf uns selber zurückwirft. Muß »Existenz« nicht heißen: Existenz in der Nächstenschaft, zusammen mit dem Mitmenschen, nie im einsamen Horizont meiner selbst? Der Mensch ist schon im Ursprung nicht der Einsame: »Es ist nicht gut, daß der Mensch allein sei« (Gen 2,18). Wird diese Wahrheit uns durch die unübersehbare Existenz des Anderen nahegebracht, dann gehört dies zum Geheimnis der Gnade.

Davon erzählt auch die Zachäus-Geschichte Lk 19,1–10. Hier sehen wir, wie die Begegnung mit Christus zur Begegnung mit dem Nächsten

70. *A. Schlatter*, Der Brief des Jakobus, Stuttgart 1932, S. 119.

71. *M. Luther*, In epistolam S. Pauli ad Galatas Commentarius (1535), WA 40/I,589,25f: »Atque haec est ratio, cur nostra Theologia certa sit: Quia rapit nos a nobis et ponit nos extra nos . . .« – »Dies ist also der Grund, warum unsere Theologie voll Gewißheit ist: Sie reißt uns von uns selbst los und stellt uns außerhalb von uns.«

und Bruder wird. Ebenso führt die Verweigerung der Nachfolge zur Verweigerung dem Nächsten gegenüber, wie die Geschichte vom reichen Jüngling zeigt (Mk 10,17–31 par.). Beide Male wird deutlich, daß es nicht selbstverständlich ist, wirklich mit dem Bruder zusammen zu leben. Daran erinnert uns auch Lk 14,12–14: Jesus sprach zu dem, der ihn geladen hatte: »Wenn du ein Mittags- oder Abendmahl machst, so lade nicht deine Freunde noch deine Brüder noch deine Verwandten noch reiche Nachbarn, auf daß sie dich nicht etwa wieder laden und dir vergolten werde. Sondern wenn du ein Mahl machst, so lade die Armen, die Krüppel, die Lahmen, die Blinden, so bist du selig, denn sie haben's nicht, dir zu vergelten; es wird dir aber vergolten werden in der Auferstehung der Gerechten.«

Wirklich fehlen kann der Bruder nie! Es ist nur die Frage, wie wir mit ihm zu tun haben wollen und zu tun bekommen. Leben wir etwa mit ihm, indem wir auf seine Kosten leben? Spielt er so eine Rolle für uns? An Zachäus wird deutlich, daß der Bruder niemals fehlt – und sei es, daß nur das dem Bruder verschuldete Leben sichtbar wird. In der Zeichnung dieses Mannes wird nur eine Kontur angegeben, ein Schattenriß sozusagen. Wir erfahren weder seine Biographie, noch wird uns seine Physiognomie vorgeführt. Es heißt nur: »Er war reich« (19,2). Hinter dieser knappen Notiz steht das ausgedehnte Wissen des Lukas-Evangeliums um die Bedrohtheit und Gefährdung des Menschen durch das Geld und seine Dämonie. Reichtum in jeder Form ist nie nur ein unproblematischer Mehrwert eines Menschen, sondern immer auch Anlaß für Anfechtungen, Versuchungen und Nöte. Das Lebensproblem des Zachäus zeigt sich in der Begegnung mit Jesus. Jetzt fällt auch Licht auf sein bisheriges Leben, das er auf Kosten des Nächsten gelebt hat. Er lebte auf eine abgründige Weise »mit ihm«, indem er ihn aussaugte, um selber voranzukommen. Nun sagt er – und erkennt damit das, was er tat –: »Wenn ich etwas von jemandem erpreßt habe, gebe ich es ihm vierfältig wieder . . .« (19,8; συκοφαντέω heißt es auch von den Soldaten in Lk 3,14; dort bedeutet es: schikanieren, bedrücken). Zachäus schreibt seinen Erfolg nicht mehr dem ›freien Spiel der Kräfte‹ zu, sondern bekennt – nicht in breiter Beichte, aber doch in großer Offenheit –, daß er am Nächsten vorbei gelebt hat. Ihn hatte die Dämonie des Geldes gepackt. Ihrer wurde er nicht Herr, so sehr er wirtschaftlich aufzublühen schien. Wer ist hier Herr, wer ist Knecht? Ist das Geld der sprungbereite Diener oder vielmehr der sich Zachäus gegenüber aufspielende Herr? Warum eigentlich wollte Zachäus reich werden? Alle diese Fragen stellen sich erst, wenn man die Gefährdung durch das Geld nicht aus dem Menschen herausverlegt und etwa das Kapital als souveräne, unkontrollierbar regierende, überindividuelle und übermächtige Macht am Werke sieht.

Der Nächste spielt eine Rolle im Leben des Zachäus, im Leben Jedermanns – und sei es die Rolle des von uns in groben oder in feinen Formen ausgenutzten, vor unseren Karren gespannten Nächsten. Die Szenen, in denen dies geschah, bleiben haften mit schmerzhafter Deutlichkeit. Sie bleiben wach und werden immer wieder wach: die Szenen, in denen unser Nächster von uns übervorteilt wurde, in seinem Recht beiseitegeschoben worden ist. Das verwischt und vergeht so wenig wie der Fleck auf Lady Macbeths Hand[72], der Fleck, der Schuld verrät.

In der Dämonie der Sorge und mit dem Griff nach dem Geld, das sie diktiert, ist Zachäus einsam geworden. Ist es darum belanglos, daß niemand dem kleinen Mann Platz macht, damit auch er etwas sehen kann: gerade er, der so leidenschaftlich und um jeden Preis etwas sehen möchte? Er hat jahrelang jeden Nächsten ständig fortgestoßen und stößt damit sich selber in die Einsamkeit. Er wollte gewinnen, immer mehr gewinnen und verlor darüber den Nächsten, verlor sich selbst an die Dämonie des Geldes, verlor das Geheimnis, nach dem alles Leben Geschenk und Gabe ist.

Und nun begegnen sich Christus und Zachäus – aber wer ist auf den anderen zugegangen? Zachäus hat sich eilig aufgemacht, er klettert auf den Maulbeerbaum wie ein Schuljunge. Christus kommt vorüber, schaut auf und sieht Zachäus an. Zachäus wollte ihn sehen, aber zuvor hatte Christus sich aufgemacht, das Verlorene zu suchen und zu retten. Das Verlorene: nicht nur den in seine Einsamkeit verlorenen Zachäus, sondern auch alles, was dieser verloren hatte. Christus hilft ihm, seinen Nächsten wiederzufinden. Der Nächste schien ja ein für allemal verloren, von der Raffgier zerstört als der, mit dem Zachäus leben sollte. Aber dieser Nächste begegnet jetzt wieder, zunächst in Christus, der Zachäus bei sich aufnimmt, indem er ruft, *ihn* seinen Gast sein zu lassen. Daß diese Bitte um Gastfreundschaft ein Akt der Barmherzigkeit ist, begreifen die Umstehenden nicht. Ihnen bleibt das Wunder der Vergebung fremd. Die Leute von Jericho haben sicherlich auch von Gottes Gnade gewußt und davon geredet – aber was hieß »Gnade«, wenn sie selbst nicht gnädig sein konnten? – Diese Gnade schenkt Zachäus auch den Nächsten wieder, gewährt ihm die Möglichkeit, sich auf den Weg zu machen, um den Nächsten zu suchen. Alles wird revidierbar, verfahrene Dinge kommen zurecht. Wunderbares wird möglich, wo vom Wunder der Vergebung her gelebt wird.

72. *William Shakespeare*, Macbeth, V. Aufzug, 1. Szene.

Dazu steht Zachäus, dazu bekennt er sich, daß er nicht anders als von Vergebung leben kann. Da mag die ganze Welt protestieren und den Kopf schütteln. Sollte freilich nicht auch Zachäus seinerseits den Kopf schütteln können und die Gegenfrage aufwerfen: Wovon wollt ihr denn leben?

Was aber geschieht, wenn *wir* vergeben sollen, wenn der Bruder vor uns steht als Sünder gegen uns, als ἁμαρτωλός? Wäre dies das Ende der Gemeinschaft und Nähe, das Ende der Bruderschaft?

VIII. Bruderschaft unter der Vergebung

In der Tat: Wir stoßen zum Schluß unserer Bemühung um den Nächsten und Bruder darauf, daß die Brücke zu ihm hin immer wieder zerbricht. Sprächen wir von der Wirklichkeit unseres Miteinanders, wenn wir die Wirklichkeit der Schuld in ihr übersehen würden? Unserer Schuld, mit der wir uns unserem Nächsten und Bruder gegenüber immer wieder verschulden! Ja: Kennen wir menschliche Gemeinschaft je anders als so, daß sie immer wieder zerbrechende und zerbrochene Gemeinschaft ist?

Wir müssen der notvollen, der schuldvollen Wirklichkeit unseres Lebens ins Antlitz sehen. Wir dürfen dies entscheidende Problem nicht auslassen, damit nicht alles, was wir gesagt haben, in der Luft hängt. Würden wir nur sagen: Wir gefährden die Gemeinschaft und Verbundenheit, weil wir nicht von der Regel des Evangeliums her leben, weil wir immer wieder dem grenzenlosen, ichhaften Horizont unserer Welt verfallen, in dem unser Nächster nicht vorkommt – nein, allezeit vorkommt, aber vorkommt als der übersehene und übergangene Nächste, als einer, auf dessen Kosten wir leben . . ., wir sagten zu wenig. Unsere Schuld ist doch, daß wir für den Nächsten, der für uns da ist – wie Lazarus: in dem großen ›Für uns‹ der Barmherzigkeit Gottes –, immer wieder eben nicht da sind, weil wir nur für uns selbst da sein wollen. Das ist mehr als Gefährdung. Es ist unsere Schuld, die darin besteht, daß wir uns dem Bruder verschließen und auf der Flucht vor ihm in die Einsamkeit und Verschlossenheit eines Lebens im Stil des reichen Mannes, der sich selber helfen will, fliehen, fliehen in eine gnadenlose Existenz. Das heißt: Sprengen wir nicht von uns aus alle Brücken gleichsam grundsätzlich in einem Leben, in dem wir nicht von der Gnade leben, gnadenlos auch im Verhältnis zum Nächsten?

So zeigt der Nächste, für den wir nicht da sind, die Not unseres Lebens auf. Er zeigt sie an und zeigt sie auf, d. h. auch im Verhältnis zu ihm kommt sie an den Tag. Wie könnten wir, in solche Schuld unseres Lebens im Widerspruch gegen die Gnade verstrickt, von uns aus noch weiterkommen? Hier können wir uns in einem letzten Sinn nicht mehr selber helfen. Wenn die Tür noch einmal aufspringt, die wir zugeworfen haben, dann ist es das pure Wunder von Gott her, das pure Wunder der Vergebung, das voraussetzt: bei uns ist das letzte Wort ›Schuld‹ ganz groß geschrieben. Es ist Schuld, die wir nicht begleichen können, Schuld in nicht aufzuzählender Wiederholung, und so (als Schuld dem Nächsten gegenüber) Schuld als Zeichen schuldverhafteter, schuldhafter Existenz schlechthin. Solche Schuld ist letzten Endes nicht in diesem und jenem zu suchen – wir selbst sind schuldig in der Summe unserer Existenz. Hier bleibt nur das Wunder der Vergebung zu erfahren, in der wirkliche Schuld wirklich vergeben wird.

Was bedeutet das Wunder der Vergebung für unser Miteinander mit dem Bruder? Wir sahen: es läßt uns wieder nach dem Bruder fragen, den wir immer nur verlieren können. Unsere Schuld sprengt alle Brücken in die Luft, ja, unsere Schuld ist dieses Sprengen der Brücken zum Bruder hin. Aber das Wunder der Vergebung läßt uns auf der Suche sein nach dem Bruder und läßt uns ihn finden. So ist Zachäus auf der Suche – er muß es sein in der neuen Selbstverständlichkeit, Befreitheit, Freude und Dankbarkeit dieses ›Muß‹. Wir fragen weiter in dieser Richtung, weil wir der Konkretheit der Bruderschaft im täglichen Miteinander noch weiter ansichtig werden möchten.

Wir lesen dazu Mt 18,23–35, das »Gleichnis vom Schalksknecht«. Zwei Szenen folgen aufeinander: die Szene vor dem König und kurz darauf die Szene mit dem Mitknecht. Wahrhaft königlich ist der König, vor den der große Schuldner gebracht wird – möglich, daß mit dieser Wendung ausgesprochen werden soll, daß der Schuldner sich der Rechenschaft gern entzogen hätte und nicht erscheinen wollte: im Wissen um die Unmöglichkeit einer Rechtfertigung, und daß es doch nicht nach seinem Willen gehen, daß er der Verantwortung nicht entgehen konnte. So würde hier im Gleichnis die Unausweichlichkeit unserer Verantwortung vor der Majestät des Richters sichtbar und betont. Schuld kommt heraus, übergroße, unbegleichbare, Millionenschuld: über 40 Millionen. Der Schuldner ist haftbar mit seiner Existenz. Da fällt er hin zur Erde, der Knecht vor seinem Herrn, mit flehentlicher Bitte: Habe mit mir Geduld, und ich werde dir alles ersetzen. Unbegreifliche Worte – weiß er, was er sagt? Ist er beim Wort zu nehmen? »Aber hier bleibt die Erzählung nahe beim Leben: Der Geängstete verspricht alles.«[73] Da geschieht das Unfaßliche, Überschwängliche, Königliche: das Wunder der Barmherzigkeit. Es entspricht dem überlebensgroßen Format unserer Schuld vor Gott. Wollte der Schuldner die Schuld mit seiner Hände Arbeit verdienen, so wäre zu bedenken: der Tageslohn eines Arbeiters, den er zum Lebensunterhalt braucht, beträgt nach dem Gleichnis von den Arbeitern im Weinberg 1 Denar. Ein Denar ist 1/6000 eines Talentes! Runde Rechnung: für ein Talent müßte er etwa zwanzig Jahre lang arbeiten. Und das Gleichnis redet von 10000 Talenten!

Was für ein König! Und was für ein Schuldner? Ist er ein beliebig Herausgegriffener – oder ein Grenzfall? Er ist keiner von beiden, sondern eine Gleichnisgestalt für die Wirklichkeit unserer Existenz vor Gott. Und die Szene ist Gleichnis für das Geschehen des Evangeliums: daß Gott unsere unbestreitbar übergroße Schuld, für die wir haftbar sind, nicht ansieht, daß er vielmehr sie uns erläßt.

Und nun erwarten wir, daß es in der zweiten Szene zu einem Widerschein dieser königlichen Güte kommt. Was liegt näher? Es wiederholt sich, in anderen Maßen freilich, was geschah, bis hin zum Wortlaut der Bitte, die zuvor auf den Lippen des großen Schuldners war: »Habe Geduld mit mir, und ich werde es dir ersetzen! Geduld: laß mir Zeit und Raum. . .« Wie müßte der Knecht, nun der Mitknecht ihn bittet, sich nicht an sich selbst erinnern, an seine eigene verzweifelte, ausweglose Not und Verlegenheit kurz vorher?

Die Szenen folgen einander rasch, nicht durch Jahre, nicht einmal durch Tage getrennt. Die eben gesprochenen Worte der ersten Szene hängen gleichsam noch in der Luft. So nahe ist das Geheimnis der königlichen Barmherzigkeit Gottes. Und so zwingend ist die Verknüpfung, daß sie eine Regel enthält, ein ›Muß‹ (18,33): Müßtest du nicht auch gegen deinen Mitknecht barmherzig sein, wie ich gegen dich barmherzig war? Der Bruder als der Mitknecht! Dabei handelt es sich, gemessen an der Schuld in der ersten Szene, um eine Lappalie! Keine hundert Mark gegenüber den Millionen! ». . . es soll offenbar gesagt werden, daß unsere Verschuldung gegenüber Gott unendlich viel größer ist, als je die Verschuldung eines anderen Menschen gegen uns sein kann.«[74] Umso unverständlicher, daß es zu keiner Entsprechung in der zweiten Szene kommt, sondern ganz im

73. J. Schniewind, Das Evangelium nach Matthäus, S. 396 (separat: S. 196; 1956[8], S. 202).
74. Ebd.

Gegenteil zur Gegenszene. Doch die Verweigerung des Widerscheins der Güte der Vergebung bedeutet auch den Verlust der Vergebung.

Das Gleichnis ist Antwort an Petrus. Petrus, der Jünger des Herrn, der Hörer des Evangeliums, hatte gefragt: »Herr, wie oft darf mein Bruder an mir sündigen und ich habe ihm zu verzeihen? Bis zu siebenmal?« (18,21). Nicht als ob Petrus keine Bereitschaft zur Vergebung aufbrächte, als ob er unzugänglich und verschlossen wäre! Er weiß auch nicht, ob siebenfache Bereitschaft genügt. Er fragt nur. Aber er hat bei aller Bereitschaft Bedenken: Das alles muß doch seine Grenze haben! Ich kann nicht in einem fort vergeben. Siebenmal, ja. Aber öfter? Vielleicht meint er: Darf ich unbegrenzt vergeben – und was bedeutet dann noch »Vergebung«? Vielleicht denkt er auch pädagogisch. Er sieht wohl, wie es mit den Menschen steht, und wie sehr deshalb alle menschliche Gemeinschaft gefährdet ist. Er weiß, wie schnell wir einander verletzen können, wie wir immer wieder aneinander schuldig werden. Aber – hat das alles nicht seine Grenze?

»Nicht bis zu siebenmal, sondern bis siebenundsiebzigmal!« antwortet Jesus (18,22). Weshalb? Um alles Rechnen ad absurdum zu führen. Wo bleiben wir selbst in solchem Abwägen, Bedenken, Rechnen, Begrenzen: diesmal noch – aber nächstes Mal nicht mehr? Wovon wollen wir selbst das nächste Mal leben, wenn im Verhältnis zwischen uns das nächste Mal die Vergebung ihre Grenze erreichen könnte? Dringlich wendet sich die Frage an uns, wendet Christus sie an uns zurück. Wieder wird unsere Existenz selbst im Gegenüber zu unserem Bruder zum Problem! Wir meinten: Die Gemeinschaft könnte bereits bei siebenfacher Bereitschaft zerbrechen. Aber zerbricht sie wirklich am Bruder und an seiner zugestandenen Schuld? Nein: sie scheitert an unserer trotz allem begrenzten Bereitschaft. Wird nicht von daher alles problematisch – auch unser Vergeben, zu dem wir bereit sind, wenn wir von vornherein fragen: Wie oft?, wenn wir sagen: Diesmal noch!

So tritt zutage, daß wir das Evangelium noch immer nicht bis zum letzten begriffen haben, daß wir immer wieder schon zu fest im Sattel sitzen und daß die wahrhaft königliche Szene, von der wir herkommen dürfen, uns noch nicht in den Alltag unserer täglichen Existenz begleitet. Nun zeigt es sich, daß wir von Hause aus Rechner sind, daß wir über den Bruder ein Kontobuch führen und es bei nächster Gelegenheit aus der Tasche ziehen, wenn wir meinen: Nun ist die Schuldsumme zu groß, auch wenn es nie mehr als Mark- und Pfennigbeträge sind, gemessen an unserer Schuld. Wovon leben wir? Insgeheim von einem Konto, das in Ordnung ist? Wir leisten es uns, statt zu vergeben, den anderen bei seiner Schuld zu behaften. Wir rechnen sie ihm vor, und bis zum letzten Heller soll er bezahlen. Wir reißen die Rolle des Richters an uns, wir leben mit ihm auf Rechnung und Gegenrechnung. Doch dies heißt: Wir leben nicht mehr vom Evangelium und seiner Güte, sondern wir getrauen uns, aufgrund unserer besseren Rechnung unser Leben zu verlangen.

Doch das Gleichnis Mt 18,23–35 schiebt wieder die Verantwortung uns zu, wenn wir über der Schuld des anderen die Gemeinschaft zerbrechen lassen. Unsere Schuld als unbegleichbare Schuld vor Gott ist uns deutlich geworden wie dem großen Schuldner. Wir dürfen leben als Hörer und Empfänger des Evangeliums – aber nun zeigt sich unsere Vergeßlichkeit. Wir haben in den Spiegel gesehen, treten beiseite und vergessen sofort, wie wir waren (Jak 1,23). Wie könnten wir uns sonst so festfahren, so staatsanwaltsmäßig miteinander umgehen? Ist unser Vergeben nicht immer etwas Halbes, etwa so: ›Wir wollen nicht mehr davon sprechen‹, und dann machen wir vorsichtig einen Bogen um die gefährliche Ecke, gehen überbehutsam miteinander um. Wir flicken nicht einmal den Riß, sondern schweigen von ihm.

Diplomatie statt Vergebung! Wie könnten wir auch, wenn wir schon grundsätzlich in einer Welt des Rechnens leben, vergeben? Allenfalls bringen wir es zur Meisterschaft darin, einander zu ›nehmen‹ und zu ›ertragen‹. Daß es jenseits aller komplizierten Psychologie und Diplomatie, jenseits aller Technik des Sich-Ausweichens um etwas ganz Einfaches und Schlichtes geht: um Offenheit und Hilfe füreinander im Leben aus dem Evangelium – das wissen wir nicht.

Urplötzlich zieht sich der große Schuldner, der zum Richter seines Mitknechts wird, das Gericht zu: Er stößt den Grund seiner eigenen im Wunder der Vergebung über dem Abgrund der Schuld gehaltenen Existenz fort, wenn er wieder Schuld und nicht Vergebung das letzte Wort sein läßt. Ob wir nicht Hörer allein, sondern Täter des Wortes sind, das zeigt sich daran, ob wir von der Vergebung leben. Rechnen und rechten wir miteinander, halten wir uns vor: Du bist ein Sünder – in kürzester Formel –, so tun wir, was Gott in seiner Güte uns gegenüber unterließ. Wir sollten aber einander tragen, wie Christus uns getragen hat, in unserer ganzen Unerträglichkeit. Wieder will unser Nächster in der Begegnung, die wir mit ihm haben, hilfreich sein, indem er uns von dem unmöglichen Leben wegruft, das nicht auf der Gnade der Vergebung ruht – und deshalb nicht zur Vergebung fähig ist –, obwohl es ›objektiv‹ allein von ihr leben kann.

Wir möchten uns übereinander nichts vormachen? Wir möchten einer den anderen nicht idealisieren? Wir möchten Realisten sein? Weshalb nicht? Laßt uns zuvor uns selbst in der Realität der Konkretion als Sünder sehen, laßt uns so sehen vor dem Wunder der königlichen Güte, die dieses Gleichnis verkündigt. Laßt uns, wenn wir uns an unserem Nächsten in seiner Konkretion als Sünder stoßen, auf uns selbst in dieser Konkretion stoßen: aber laßt uns mit unserem Nächsten uns vorfinden vor der Güte Jesu Christi, der den Menschen in dieser Konkretion trug. Wie wollen wir selber bestehen, wenn wir nichts Besseres zu tun wissen, als uns gegenseitig zu verklagen, als miteinander zu rechten? Wird nicht unser Leben unerträglich, wenn wir einander nicht zu tragen vermögen? Laßt uns miteinander von dem einen Wunder leben, das uns allein trägt und hält. Laßt uns das Evangelium nicht alle Tage verraten – laßt uns, was wir dürfen, einander verkündigen.

Wir müssen also (erstens) *wissen, wovon wir leben*. Nicht voneinander: nicht davon, daß wir uns verstehen, haben wir gesagt. Und so brauchen wir nicht im Gestern und Vorgestern wie der Staatsanwalt in den Akten des Angeklagten nachzublättern, so brauchen wir einander nicht zu belasten mit vergangenen Dingen. Sie können freilich nur vom Geheimnis und Wunder der Vergebung her zu vergangenen Dingen werden. Wir haften sonst am Vergangenen, kommen nicht los von ihm, zerren es immer wieder hervor. Das Evangelium, das Wunder der Güte Gottes, will uns aber eine königliche Freiheit schenken, miteinander von vorn anzufangen. Wir müssen nur zusehen, was das heißt. Es heißt nicht, daß wir großzügig einen Strich durch das Schuldkonto des anderen ziehen – in eigener Großzügigkeit, in der wir uns selbst bewundern, so daß unser Nächster ›von unserer Gnade lebt‹ –, daß wir so tun, als ob alles in Ordnung wäre. Wir fangen von vorn an und probieren es noch einmal miteinander – vielleicht waren unsere Konflikte keine echten, vielleicht waren es nur Verkennungen. Vielleicht – und so versuchen wir das Experiment, miteinander auszukommen, noch einmal.

Schenkt uns das Evangelium, miteinander von vorn anzufangen, so ist etwas anderes gemeint. Unser Miteinander als solches ist auf einen anderen Grund gestellt. So wissen wir, daß wir, ein jeder von uns, alle Morgen neu Gottes übergroße Barmherzigkeit erfahren dürfen. Davon leben wir, nicht nur ein jeder für sich als einzelner. Und dieses große Miteinander: das Miteinanderlebendürfen aus der Güte Gottes, dies läßt auch uns miteinander und untereinander von vorne anfangen.

Damit darf die Technik enden, nach der wir den anderen belasten und anklagen, seine Schuld groß machen. Damit darf ein anderes beginnen:

daß wir unsere Schuld groß machen. Sie ist eine unendliche Schuld, niemals zu begleichen. Deshalb müssen wir untereinander auf das Begleichen verzichten. Sonst müßten wir auch Gott gegenüber unsere – unbegleichbare – Schuld begleichen. Verlangen wir das Begleichen untereinander, auf Heller und Pfennig, so zeigt sich, daß wir nicht von der Vergebung leben, sondern in unserer Welt des Rechnens. Wir bekommen nichts geschenkt, und wir schenken einander nichts. Das ist unsere harte Wirklichkeit: die Wirklichkeit, in der wir hart zueinander sind. Wir leben so oder so in einer zu dünnen Luft, in der uns der Atem ausgeht.

Vom Wunder der Vergebung her wird uns Neues geschenkt: Nun dürfen wir einander unsere Schuld schenken, wir dürfen bis in die Mitte unserer Existenz miteinander von der Vergebung leben. Christus ist es, der die Brücke zum Bruder ist, als der im Bruder verborgen Gegenwärtige, auch und gerade im Bekenntnis des Schuldig-Seins.

Unser Leben unter der Vergebung in der Bruderschaft ist (zweitens) ein *Leben in der Offenheit voreinander*. Wir erinnern uns: Das Ausweichen vor Lazarus wies darauf hin, daß wir eine Maske tragen und eine Rolle spielen. Der Nächste in der Konkretion des Sünders hält uns den Spiegel unserer Existenz vor. Wir ertragen die Konfrontation mit ihm nicht, wir lassen uns nicht daraufhin anreden, daß wir Sünder sind. Wer jedoch zu uns kommt in der Konkretion des Sünders, der bringt es zur Sprache, was wir nicht zur Sprache bringen – nicht zur Sprache gebracht wissen wollen: daß die Bilanz des Lebens nicht in Ordnung ist. 80 Mark fehlen – wie können wir da zufahren: Ja, sie fehlen, sie müssen sofort ersetzt werden, wir lassen uns auf keine Gnade ein? Und was geschieht, wenn wir einander ›auf Gnade und Barmherzigkeit‹ ausgeliefert sind, wie wir sagen? Man kann dann sehen, was in unserem Wörterbuch die Vokabeln »Gnade« und »Barmherzigkeit« zu bedeuten haben! ›Gnade‹ uns, wenn Gott so mit uns umginge! Heißt nicht ›einander auf Gnade und Barmherzigkeit ausgeliefert sein‹, daß wir uns einander unserer Ungnade ausliefern müssen?

Christus ruft uns zur Offenheit. Wenn wir nicht davon leben (und nicht leben können!), daß unsere Bilanz in Ordnung ist, wenn wir allein vom Wunder der Vergebung leben: dann können ja unsere Karten aufgedeckt werden, und wir können es selbst tun. Dann wird es unsere Sorge und Leidenschaft sein, daß wir nicht idealisiert werden. Wir werden unser eigener Staatsanwalt sein können und der Verteidiger des Nächsten. Wir brauchen nicht zu denken: wenn das nur niemand zu wissen bekommt! Wir dürfen uns die Offenheit schenken lassen und uns gegenseitig in die Offenheit hineinrufen. So hat Dostojewskij den Menschen in einer solchen Offenheit gezeichnet, daß seine Karten aufgedeckt wurden.

Das Leben unter der Vergebung schenkt (drittens) eine täglich zu exerzierende *Solidarität*: Solidarität der ›Mitknechte‹ untereinander und füreinander. Es dürfte fraglich sein, ob eine Solidarität, die nicht aus dem Wort der Vergebung entstanden ist, den Belastungen gewachsen sein kann, die aus der konkreten Not unseres Menschseins hervorgehen. Zerbricht nicht etwa die Solidarität der Kameradschaft an dem Faktum der Schuld des Nächsten? Doch unsere Konkretion als Sünder – auf die uns der Nächste als Sünder hinweist – ruft uns zu einer letzten Solidarität. Weit entfernt, daß sie am Faktum der achtzig-Mark-Schuld zerbrechen sollte, darf sie sich vielmehr hier bewähren.

Solche Solidarität weiß, daß die Schuld des anderen – in der Tat: seine zugegebene ἁμαρτία (Mt 18,21 ist von ἁμαρτάνειν die Rede) – auch meine Schuld sein könnte, weil ich für mich auch nicht garantieren kann. »Omne peccatum possum facere, quod alius facit; hodie sto, cras cado, quia caro nihil boni facere potest. Si non facio impie ut tu, das darff ich mir nit adscribere, sed deus dat; sic tu quoque.«[75] Solidarität besteht im Einander-Anhören, im Aufnehmen des anderen, im Aussprechen seiner Not. Er darf sich aussprechen. Denn Solidarität ist ja das Füreinander-Dasein.

Das Leben unter der Vergebung ruft uns (viertens) dazu, täglich einander das Wunder der Vergebung zu verkündigen und darin *Christus zu verkündigen*, täglich einander in der Bereitschaft des Tragens und Vergebens zu begegnen. »Neque enim ille christianus est, qui hominem propter eruditionem, virtutem, sanctitatem, famam suscipit. . ., sed qui inopem, pauperem, stultum, peccatorem et miserum diligit.«[76] Und solches Lieben heißt auch: »Alßo sollen wyr unßer nehisten sund, burden und geprechlickeytt auch auff uns laden, sie dulden, bessern unnd helffen. . .«[77] Und

75. *M. Luther*, Predigt über Lk 18,9–14 (1524), WA 15,674,10–13. – »Jede Sünde kann ich tun, die ein anderer tut; heute stehe, morgen falle ich, weil das Fleisch nichts Gutes tun kann. Wenn ich nicht gottlos handle wie du, darf ich es mir nicht zuschreiben, sondern Gott gibt es; so [handle] auch du.«

76. Dr. Martin Luthers Briefwechsel, Bd. I, bearbeitet von E. L. Enders, Frankfurt/M. 1884, S. 84 = WA.B 1,87,45–48 (Brief an Christoph Scheurl in Nürnberg vom 27. Januar 1517). – »Denn nicht der ist ein Christ, der einen Menschen wegen seiner Bildung, Tugend, Heiligkeit oder seines Rufes hochschätzt, sondern der, der den Bedürftigen, Armen, Törichten, Sünder und Elenden liebt.«

77. *M. Luther*, Predigt über Röm 15,4–13 (Adventspostille 1522), WA 10/I.2, 85,23f.

endlich: »Debemus . . . unusquisque alteri Christus quidam fieri, ut simus mutuum Christi et Christus idem in omnibus, hoc est, vere Christiani.«[78]

»All Sünd hast du getragen, sonst müßten wir verzagen. Erbarm Dich unser, o Jesu«[79]: allein dies kann unsere Erkenntnis und Bitte sein. So dürfen wir das letzte Wort den Dienst sein lassen, den wir einander schuldig sind: den Dienst, mit dem wir der Konkretion unseres Nächsten als des Sünders nicht ausweichen, weil er diese Konkretion umfaßt und meint. Es ist der *Dienst der Hinwendung zum Nächsten*, der Zuwendung zu ihm, in dem wir ihm alles zuwenden, was wir ihm zuzuwenden vermögen, als Zeichen der großen Zuwendung Jesu Christi zu uns. Daß nur niemand unsere Sätze über die Bruderschaft als allzu ideal versteht und auf Grund eines Skeptizismus oder Realismus beiseiteschiebt! Wir wollen und sollen uns allein an die Realität des Evangeliums halten. »Christus enim non nisi in peccatoribus habitat«, schreibt Luther am 8. April 1516 an Georg Spenlein in Memmingen.[80]

Wie sollte unser tägliches Miteinander deshalb in Ordnung kommen: in die Ordnung der Bruderschaft, in die Ordnung des Füreinander, wenn *das Wort Gottes* nicht *unter uns* wäre! Wie sollen wir auch einander zugewandt sein können, zugewandt in der Verkündigung des Evangeliums, wenn das Evangelium nicht selbst unter uns wäre? »Unusquisque alteri Christus quidam fieri, ut simus mutuum Christi et Christus idem in omnibus!« Das ist die Wirklichkeit, auf die wir uns zu beziehen haben. Alles andere ist Zeichen, Widerschein dieser Wirklichkeit. Die Gegenwart des Evangeliums unter uns ist die Gegenwart des geschehenden Evangeliums: die Gegenwart des Evangeliums von der königlichen Gnade ist selber königliche, freie, ungeschuldete Gnade, ist die Barmherzigkeit Gottes *als Geschehen*.

»Christus idem in omnibus«: abzulesen an Krippe und Kreuz, abzulesen aus der gänzlichen Hingabe und Zuwendung, aus dem Geschehen göttlicher Barmherzigkeit. Damit ist also ein letzter Satz gesagt, der letzte Grund der Bruderschaft aufgedeckt.

78. *M. Luther*, Tractatus de libertate christiana (1520), WA 7,66,26–28. – »Wir müssen jeder dem andern ein Christus werden, so daß wir Christus vertreten und Christus derselbe in allen ist – das heißt, wahrhaft Christen werden.«

79. Aus dem Eingangschor der Matthäuspassion von *Johann Sebastian Bach*.

80. WA.B 1,35,29. – »Christus wohnt nämlich nur in Sündern.«

IX. Das Problem des Bruders und die Ethik

Unsere Bemühung um die Urfrage aller Ethik bleibt notwendigerweise Fragment. »Was sollen wir tun?« Wir haben die Antwort des Evangeliums zu erkennen versucht: »Liebe deinen Nächsten wie dich selbst«, und darum sind wir dem nachgegangen, was »Nächster« und »Bruder« heißt. Wir haben gesehen, wie unsere Existenz im Gegenüber zum Nächsten und Bruder auf die Waage gelegt ist. Wir haben die Zeichenhaftigkeit unseres Verhältnisses zum Bruder zu begreifen versucht. Und wir haben damit das Evangelium selbst als Antwort auf die Frage verstanden, was wir tun sollen: Wir sollen nach der Regel des Evangeliums leben, nach keiner anderen.

Eine Einführung wollten wir versuchen. So bleibt uns, diese Linie weiterzuziehen, durchzudenken oder besser: zu exerzieren in den konkreten Problemen der Ethik selbst. Nur als Beispiel soll das Folgende gesagt sein: Die Anweisung, vom Evangelium her den Nächsten zu sehen, läuft nun durch alle Kapitel der Ethik hindurch. Zum Beispiel durch das Kapitel, in dem die Arbeit und die Wirtschaft zum Problem werden. Ist es nicht die entscheidende Hilfe im Ringen um die Existenz, um das tägliche Durchkommen, um Arbeitsbedingungen und Lohnprobleme: daß wir den anderen als den Nächsten sehen und verstehen? Können wir ihn wirklich verstehen, ohne ihn als Nächsten zu verstehen? Ist das Wort vom Nächsten nicht das lösende Wort im Gegeneinander der Interessen: das Wort zum sozialen Problem? Damit kommt in dieses und in jedes Kapitel der Ethik eine eminent kritische Linie hinein, Fragen über Fragen brechen auf, denn wir sind bei unserem Griff nach Arbeit und Geld, bei unserem Lebenszuschnitt und Lebensstil nach dem Nächsten und Bruder gefragt und werden durch seine Existenz schlechthin gefragt.

Mit der Regel des Evangeliums verkündigen wir nicht irgendeine Regel, sondern die eine und gültige Regel, die Regel des Richters des jüngsten Tages. Es ist nicht eine Sicht der Dinge unter anderen, ebenso denkbaren. Es ist weniger eine Sicht als *ein Wort, das zu uns kommt*, unter das wir unweigerlich gerückt werden von der Güte Jesu Christi her.

Die Beziehung der Regel des Evangeliums zu den einzelnen Kapiteln der Ethik kann hier nur angedeutet werden. Ein Problem aber, das wir bisher nur streiften, bedarf einer weiteren Bemühung im Rahmen einer Einführung in die theologische Ethik. Wir haben innerhalb der Auslegung des Satzes »Liebe deinen Nächsten wie dich selbst« bisher nur vom Nächsten gesprochen, müßten aber nun ebenso von der Form der Zuwendung zu ihm reden: von dem, was hier *Liebe* heißt. Dies blieb bei unserem Fragen nach dem Bruder am Rande. Sofern wir auch in dieser Hinsicht auf die Schrift hören, werden wir der kritischen Linie ansichtig werden, wenn wir das Problem der Ethik als das Verhältnis von »Eros« und »Agape« formulieren. Dabei wird es insofern weiter um den Bruder gehen, als nur von der Liebe zu ihm her er selbst als Bruder uns wieder begegnet, denn wir können ihm nur in der Haltung und Zuwendung der Liebe begegnen. Und ebenso wartet der Bruder auf die Haltung der Liebe.

Wenn wir zu bedenken versuchten, wie sich »Liebe« und »Bruderschaft« gegenseitig erhellen, würden wir wieder auf eine Regel theologischer Ethik stoßen – aber auch dann könnte es um nichts anderes als um eine *Einführung* in die theologische Ethik gehen, denn diese Ethik kann niemals als System abgebildet werden, sondern wird uns ›nur‹ zu der Wirklichkeit hinführen können, von der unser Handeln Maß und Ziel empfängt.

DIE FRAGE NACH DEM HISTORISCHEN JESUS IN DER GEGENWÄRTIGEN FORSCHUNG

I. Einführung: Die Vorgeschichte des Problems

1.

Ich beginne mit einem Zitat: »Ohne sich einer Übertreibung schuldig zu machen, wird man sagen dürfen, daß die Frage nach dem historischen Jesus eins der wichtigsten, wenn nicht das wichtigste Problem der Theologie geworden ist.« So schätzt Friedrich Gogarten das Gewicht der Frage ein, der wir uns in dieser Vorlesung zuwenden wollen.[1] Ich denke, man kann diesem Satz Gogartens zunächst nur zustimmen, wenn auch noch offenbleiben muß (und offenbleiben kann), in welchem Sinn wir ihn aufnehmen. Möglich, daß wir uns mit Gogarten nur im Stichwort (des historischen Jesus) treffen können, nicht in seiner Interpretation. Daß wir mit der Frage nach dem historischen Jesus jedoch nicht irgendein Randproblem aufgreifen, daß wir mit ihr nicht ein sekundäres historisches Einzelproblem anvisieren, das *die Mitte der theologischen Arbeit* nicht berührt – das ist vielleicht von vornherein deutlich und kann uns nur immer deutlicher werden. Es dürfte in der gegenwärtigen Problematik der Frage nach dem historischen Jesus die Feststellung gelten: »Das Problem des historischen Jesus ist . . . nicht unsere Erfindung, sondern das Rätsel, das er selber uns aufgibt« – so Ernst Käsemann in seinem Beitrag, der eine Zäsur in der Forschungsgeschichte bedeutet hat.[2]

Überblickt man die Forschungsgeschichte, so ist zu sagen: das war nicht immer so. Oder vorsichtiger: das wäre nicht immer so formuliert worden[3], wie es auch heute sehr verschieden verstanden wird. Die Probleme, mit denen die Theologie ringt, wandeln sich. Sie sind vor allem nicht

1. *Fr. Gogarten,* Jesus Christus – Wende der Welt. Grundfragen zur Christologie, Tübingen 1966, S. 5.

2. *E. Käsemann,* Das Problem des historischen Jesus (1954), wieder abgedruckt in: *ders.*, Exegetische Versuche und Besinnungen, Bd. I, Göttingen 1970[6], S. 187–214, hier: S. 213f.

3. Vgl. auch E. Käsemann, a.a.O., S. 187–189.

ein für allemal beantwortbar. Gestern gefundene Antworten können heute nicht einfach wiederholt werden, sondern wollen neu gegeben sein. Selbst die Reformatoren können – bei aller Vorbildlichkeit ihrer Theologie – nicht einfach wiederholt werden.[4] Jede Generation steht vor neuen Aufgaben. »Nach einem chinesischen Sprichwort ist der Mensch seiner Zeit ähnlicher als seinem Vater«, hat Reinhold Schneider im Vorwort zu seiner Autobiographie bemerkt.[5] Es gibt offenbar auch in der Theologiegeschichte so etwas wie ein Generationenproblem, und dies zeigt sich darin, daß die Söhne nicht ohne weiteres einfach die Sprache der Väter sprechen können, daß sich gerade auch die theologischen Vokabeln bei längerem Gebrauch verbrauchen und ihre weitere Verwendbarkeit problematisch ist. Adolf von Harnack hat das einmal so formuliert: »Die Söhne sind den Vätern noch feindlicher, als den Großvätern.«[6] Vor nicht allzu langer Zeit konnte es so scheinen, als ob die Frage nach dem historischen Jesus (in ihrer von der Geschichte der Leben-Jesu-Forschung her überkommenen Gestalt) an Aktualität für die Theologie verloren habe. Man mag dabei etwa an Rudolf Bultmann oder an Karl Barth denken, so verschieden Barth und Bultmann in ihrer Theologie auch sind. Dies hängt mit der Reserviertheit Karl Barths gegenüber den Neutestamentlern zusammen, die sich zu seiner Verwunderung »aufs neue, mit Schwertern und Stangen bewehrt, auf die Suche nach dem ›historischen Jesus‹ begeben haben, an der ich mich nach wie vor lieber nicht beteiligen möchte«[7] – ähnlich aber auch das Kopfschütteln des späten Bultmann über seine Schüler, wenn er ihnen, ohne daß sie übrigens bereit wären, ihm das abzunehmen, die Rückkehr zu einer historisch-psychologischen Interpretation Jesu vorwirft: Ernst Fuchs z. B. gleitet nach Bultmanns Ansicht in sie ab, und »ähnliches ist zu Ebeling zu sagen, dessen Anschauung der von Fuchs nahe verwandt ist«[8]. Ich notiere das ohne Kommentar. Später muß ich es selbstverständlich wieder aufnehmen.

Gegenwärtig wird von einer fehlenden Aktualität dieser Frage nicht gesprochen werden können – ganz abgesehen von gelegentlichen journalistischen Versuchen, die allerdings meistens sachfremd bleiben. Die histori-

4. Vgl. zum Ganzen: *Gerhard Sauter*, Fragestellungen der Christologie, in: VF 11, 1966/2, S. 37–68.

5. *R. Schneider*, Verhüllter Tag, Köln/Olten 1956[4], S. 9.

6. *Agnes von Zahn-Harnack*, Adolf von Harnack, Berlin 1936, S. 536.

7. *K. Barth*, How my mind has changed, in: EvTh 20, 1960, S. 97–106, hier: S. 104.

8. *R. Bultmann*, Das Verhältnis der urchristlichen Christusbotschaft zum historischen Jesus, in: SHAW.PH 1960/3, 1960, S. 19.

sche Frage bestimmt die Arbeit an den Evangelien (und nicht nur an den Evangelien). Sie ist auch Paulus gegenüber nicht auszuklammern. Immer schon bestand das Problem: Paulus und Jesus, immer schon ist nach dem Verhältnis der Theologie des Paulus zum historischen Jesus gefragt worden. Daß es hier zu einer Klarheit (auch nur in der Fragestellung) gekommen wäre, wird sich freilich kaum schon sagen lassen. Sie bedrängt den Exegeten nicht weniger als den Systematiker. Gerade jeder Entwurf einer Christologie stößt unverkennbar auf sie und muß sich ihr gegenüber verantworten. Sie trägt die Verlegenheiten der gegenwärtigen Theologie in sich. Aber sie ist inzwischen selbst zu einer gegenüber ihren Anfängen veränderten Frage geworden. Sie hat ihre ursprünglichen Intentionen nicht festgehalten und nicht festhalten können. Das geht Hand in Hand mit der Verschiebung der Horizonte in der neueren Theologiegeschichte, die sich in der veränderten Frage nur spiegelt.

2.

Schon diese wenigen Sätze deuten an, daß wir keine einfache Aufgabe vor uns haben. Was sie kompliziert macht, ist weniger die Fülle der untereinander differenten Ansätze und Perspektiven, die in der Entwicklung der Frage nach dem historischen Jesus entstanden sind. Schon Albert Schweitzer, der die Geschichte der Leben-Jesu-Forschung in ihren ersten anderthalb Jahrhunderten geschrieben hat – ich komme noch auf ihn zurück –, befand sich nach seinen eigenen Worten in der Verlegenheit, »Ordnung in das Chaos der Leben-Jesu zu bringen«[9]. Ich möchte das mit Albert Schweitzers eigenen Worten illustrieren, die ich seinem autobiographischen Bericht »Aus meinem Leben und Denken« entnehme. Er beschreibt die Mühe seiner Autorschaft: »Große Schwierigkeiten bereitete es mir, die vielen Leben-Jesu, nachdem ich sie durchgearbeitet hatte, in Kapitel zu gruppieren. Nachdem ich es vergeblich auf dem Papier versucht hatte, schichtete ich alle Leben-Jesu in der Mitte meines Zimmers zu einem großen Haufen auf, gab jedem geplanten Kapitel seinen Platz in einer Ecke oder zwischen den Möbeln und warf dann, nach gründlichem Überlegen, die Bücher in entsprechender Weise zu Haufen zusammen, mich vor mir selber verpflichtend, in dem betreffenden Kapitel alle Bücher jenes Haufens auf irgendeine Weise unterzubringen und jeden Hau-

9. *A. Schweitzer,* Geschichte der Leben-Jesu-Forschung (1913; 1. Aufl. 1906 mit dem Titel »Von Reimarus zu Wrede«), Taschenbuchausgabe, Gütersloh 1977³, S. 55.

fen an seiner Stelle zu lassen, bis das entsprechende Kapitel in der Skizze fertig wäre, was ich auch gehalten habe. Während einer Reihe von Monaten mußten die Menschen, die mich besuchten, mein Zimmer auf Pfaden, die sich zwischen Bücherhaufen hindurchwanden, durchschreiten. Schwer hatte ich darum zu kämpfen, daß der Aufräumeifer von Frau Wölpert, der braven württembergischen Witwe, die meinen Haushalt führte, vor diesen Bücherhaufen haltmachte«.[10]

Schon Schweitzers Problem bestand dabei selbstverständlich nicht nur in der Fülle der Literatur, die er zu verarbeiten hatte, sondern in der Pluralität der theologischen, philosophischen und historiographischen Ansätze, die ihm hier begegneten. Was unsere Aufgabe kompliziert macht, ist ebenfalls weniger die große Zahl der Entwürfe in der gegenwärtigen Forschung als solche[11], sondern eher die »kaleidoskopartige« *Vielfältigkeit der Perspektiven des Historischen*, die uns in ihnen begegnet. Der Begriff des Historischen selbst ist alles andere als einheitlich. Er ist erheblichen Wandlungen unterworfen, so daß ständig zu fragen ist, in welcher Bedeutung er jeweils verwendet wird.[12] Unsere Theologensprache hat weithin sozusagen ihre Konvertibilität verloren. Unser Vokabular entbehrt der Einhelligkeit und damit der Eindeutigkeit. Der chinesische Weise Konfuzius (wie die Jesuiten am Pekinger Hof seinen Namen später latinisierten – er hat um 500 v. Chr. gelebt) hat einmal gesagt, und das wird gelegentlich zitiert: Wenn er mit der Führung des Staates betraut wäre, so würde er zuerst allen Wörtern ihren ursprünglichen Sinn geben.[13] Das

10. *A. Schweitzer*, Aus meinem Leben und Denken, Leipzig 1932, S. 36.

11. Vgl. zum Beispiel: *Helmut Ristow/Karl Matthiae* (Hg.), Der historische Jesus und der kerygmatische Christus. Beiträge zum Christusverständnis in Forschung und Verkündigung, Berlin 1961². Dieser Sammelband enthält Beiträge von 48 Mitarbeitern und umfaßt 710 Seiten.

12. Vgl. *Gerhard Ebeling*, Die Frage nach dem historischen Jesus und das Problem der Christologie (1959), wieder abgedruckt in: *ders.*, Wort und Glaube [Bd. I], Tübingen 1960, S. 300–318, hier: S. 306f.

13. *Kung-futse*, Gespräche (Lun Yü), Buch XIII.3, hg. von R. Wilhelm, Jena 1914², S. 135: Dsï Lu sprach: »Der Fürst von We wartet auf den Meister, um die Regierung auszuüben. Was würde der Meister zuerst in Angriff nehmen?« Der Meister sprach: »Sicherlich die Richtigstellung der Begriffe.« Dsï Lu sprach: »Darum sollte es sich handeln? Da hat der Meister weit gefehlt! Warum denn deren Richtigstellung?« Der Meister sprach: »Wie roh du bist, Yu! Der Edle läßt das, was er nicht versteht, sozusagen beiseite. Wenn die Begriffe nicht stimmen, so stimmen die Worte nicht; stimmen die Worte nicht, so kommen die Werke nicht zustande; kommen die Werke nicht zustande, so gedeiht Moral und Kunst nicht, so treffen die Strafen nicht; treffen die Strafen nicht, so weiß das Volk nicht, wohin Hand und

hört sich vielleicht auf den ersten Hieb überzeugend an. Aber damit wäre unseren Verlegenheiten in der Theologie nicht beizukommen, selbst wenn das Konzept (oder Rezept) von Konfuzius durchführbar wäre, was schwerlich möglich ist. Was unsere Aufgabe kompliziert macht, ist vor allem der Eindruck, daß wir, auf der Suche nach dem historischen Jesus, in »Sackgassen« hineingeraten sind, um ein Stichwort von Ernst Käsemann aufzunehmen, das ich für treffend halte.[14]

Weshalb ist von Sackgassen zu sprechen? Ich meine, weil wir uns gerade methodologisch verlaufen haben (auch wenn wir unserer Sache noch sehr sicher sind) und uns deshalb neu auf den Weg, die Methode, besinnen müssen. Wenn ich recht sehe, geht es bei der Frage nach dem historischen Jesus für uns heute um nicht weniger als um den Rang und die Relevanz des Geschichtlichen für den Glauben, genauer: um den Rang und die Relevanz der Geschichte Jesu von Nazareth als einer im Horizont des Handelns Gottes für uns geschehenen Geschichte. Wenn ich so unvermittelt von »Geschichte« rede, scheine ich in Rätseln zu sprechen. »Geschichte« verstehe ich, soviel möchte ich vorläufig sagen, keinesfalls im Sinn des Historismus. Ich will hier jedoch noch nicht vorwegnehmen, was sich erst im Laufe unserer Arbeit klären läßt. Wenn wir das gegenwärtige theologische Gespräch in dieser Frage in seinen (gegensätzlichen) Akzenten verstehen wollen (und das dürfte entscheidend sein), dann müssen wir einen Schritt nach dem anderen tun und können nicht sprunghaft vorgehen. Wir haben einen Weg vor uns, der sich nicht beliebig abkürzen läßt. Wir müssen als erstes die problemgeschichtlichen Zusammenhänge skizzieren.

3.

Aber was heißt das? Ich habe unser Thema mit Absicht begrenzt, wenn ich es als »Frage nach dem historischen Jesus in der gegenwärtigen Forschung« formuliert habe. Wir werden versuchen, typische Ansätze beispielhaft herauszugreifen, und uns deshalb keinerlei Vollständigkeit vornehmen können. Verstehen kann hier nur heißen, die grundsätzlichen Linien zu erfassen. Aber: Zusammenhänge wollen gesehen werden. Fried-

Fuß setzen. Darum sorge der Edle, daß er seine Begriffe unter allen Umständen zu Worte bringen kann und seine Worte unter allen Umständen zu Taten machen kann. Der Edle duldet nicht, daß in seinen Worten irgend etwas in Unordnung ist. Das ist es, worauf alles ankommt.«

14. *E. Käsemann,* Sackgassen im Streit um den historischen Jesus, in: *ders.*, Exegetische Versuche und Besinnungen, Bd. II, Göttingen 1970[4], S. 31–68.

rich Schiller hat in seiner Jenaer Antrittsvorlesung den Begriff und die Aufgabe einer Universalgeschichte so umrissen: ». . . der Universalhistoriker rückt von der neuesten Weltlage aufwärts dem Ursprung der Dinge entgegen.«[15] »Dem Ursprung der Dinge entgegen«: das ist so umfassend wie möglich gesagt. »Die Frage nach dem historischen Jesus in der gegenwärtigen Forschung« hat schon eine lange Vorgeschichte. *Dem Ursprung der Dinge entgegen* hieße für uns, daß wir uns bis zur Mitte des 18. Jahrhunderts zurückzutasten hätten. Das ist freilich unerfüllbar. Aber vor nun ziemlich genau zweihundert Jahren arbeitete der Hamburger Orientalist Hermann Samuel Reimarus an einem Manuskript, mit dem für Albert Schweitzer die Geschichte der Leben-Jesu-Forschung beginnt. Es erreichte den respektablen Umfang von 4000 Seiten, von denen bis heute nur Auszüge bekannt sind (es existieren zwei Handschriften, eine in der Hamburger Staats- und die andere in der Göttinger Universitätsbibliothek). Reimarus (1694–1768) gehört in die Lessingzeit, und Lessing hat 1774–1778 sieben Fragmente aus dem Manuskript als »Fragmente eines Ungenannten« veröffentlicht – offenbar im Sinn eines Experimentes großen Stils, einer Provokation. Er war gespannt auf die Reaktion, die auf die bibelkritischen Studien des »Ungenannten« erfolgen würde. Lessing ist dabei nicht festlegbar auf die Sicht, zu der der Rationalist Reimarus gelangt war. Lessings kritischer Geist war seiner Zeit voraus. Er dachte mit Hilfe der von Leibniz übernommenen Unterscheidung von zufälligen Geschichtswahrheiten und notwendigen Vernunftswahrheiten: »Zufällige Geschichtswahrheiten können der Beweis von notwendigen Vernunftswahrheiten nie werden.«[16] Und Lessing dürfte, wenn er diesen Kanon den Theologen gegenüber handhabte, die Wahrheit der Offenbarung von den nur zufälligen geschichtlichen Wahrheiten abgegrenzt haben. Lessing fragt die Theologen seiner Zeit: »Wann wird man aufhören, an den Faden einer Spinne nichts weniger als die ganze Ewigkeit hängen zu wollen!«[17] »Zufällig« sind Geschichtswahrheiten, und zwar Geschichtswahrheiten als solche, weil ihre Wahrheit an ihrem Geschehensein hängt, ihr Geschehensein aber als das »kahle, trockene Faktum« begegnet, das überliefert sein muß, wenn es bekannt sein soll. Dieser Modus der Überlieferung ist

15. *Fr. von Schiller*, Was heißt und zu welchem Ende studiert man Universalgeschichte?, in: Schillers Werke, Bd. X/1, hg. von R. Boxberger, Berlin/Stuttgart o. J., S. 14.
16. *Gotthold Ephraim Lessing*, Über den Beweis des Geistes und der Kraft (1777), in: *ders.*, Gesammelte Werke, Bd. VIII, hg. von Paul Rilla, Berlin/Weimar 1968², S. 12.
17. *G. E. Lessing*, Eine Duplik (1778), in: a.a.O., S. 37.

entscheidend. Alle historische Wahrheit ist deshalb grundsätzlich und rangmäßig Wahrheit zweiter Hand. Das ist weit entfernt von einer grundsätzlichen Skepsis. Vielmehr beschreibt es exakt die Grenze historischer Wahrheit. Ihr eignet keine Notwendigkeit, wie sie der Wahrheit der Vernunft zukommt, die ihre Notwendigkeit – man kann auch sagen: ihre Möglichkeit, vernommen zu werden – mit sich bringt. Die historischen Umstände ihrer ›Entdeckung‹ sind für sie selbst völlig irrelevant – ja ihr Entdecken spielt für sie selbst keine Rolle. Sie ist von niemandem und nichts außer sich selber abhängig.

Die Wahrheit der Offenbarung kann nicht nach dem Modell der Geschichtswahrheit verstanden werden. Die Wahrheit der Offenbarung kann historisch nicht angreifbar sein, wie sie historisch auch nicht zu verteidigen ist. Aber das begriff die Theologie der Lessingzeit noch nicht, wie Lessing bei seinem Experiment erfahren mußte. Diese Theologie verharrte nach Lessings Meinung im Vorfeld historischer Argumente. Anders formuliert: sie stritt auf einem Feld, auf dem die Schlacht nicht zu gewinnen war. Sie verkannte die Ebene, in welche die Wahrheit der Offenbarung gehört: sie gehört – für Lessing – mit der »Vernunftswahrheit« auf eine Ebene, nicht aber mit der Geschichtswahrheit. Sie muß den Rang notwendiger Wahrheit haben, kann aber nicht der Zufälligkeit der Geschichte (und der Geschichtswahrheit) ausgeliefert werden.

Daß freilich Lessings Alternative der Weisheit letzter Schluß in der Sache der Wahrheit der Offenbarung auch nicht sein kann, darf nicht verschwiegen werden. Das zeigt sich bereits in Lessings eigener Zeit durch den Widerspruch Johann Georg Hamanns gegen Lessings rationalen Ansatz. Hamann wußte »von keinen ewigen Wahrheiten(,) als unaufhörlich Zeitlichen«, wie er höchst paradox formulierte.[18] Wir können das hier nur andeuten. Ich möchte nur noch hinzufügen, daß Lessing schwer auf eine Formel zu bringen ist. Er gibt sich nicht ohne weiteres zu erkennen. Für ihn war es zweierlei, γυμναστικῶς oder δογματικῶς (spielerisch oder lehrhaft) zu reden. Sein Stil war die Frage, das fragende Denken. Søren Kierkegaard hat über die Zeit Lessings gemeint: »Während man sonst auch in jenen Zeiten Resultat genug und genug fertig hatte, konnte man Lessing gar nicht ums Leben bringen, um ihn weltgeschichtlich einzuschlachten und in einem Paragraphen niederzulegen. Er war und blieb ein

18. *J. G. Hamann*, Golgatha und Scheblimini (1784), in: *ders.*, Hauptschriften, Bd. VII, erklärt von L. Schreiner, Gütersloh 1956, S. 100 – Vgl. auch *ders.*, Konxompax (1779), in: Hauptschriften, Bd. V, erklärt von E. J. Schoonhoven, 1962, S. 245ff. 252ff.

Rätsel.«[19] Deshalb gilt nach Kierkegaard auch für jeden Späteren, der Lessing auf eine runde, fraglose Formel bringen will: »Er kommt mit ihm nicht weiter.«[20]

Albert Schweitzer hat Reimarus gerühmt, so gut er nur konnte. In dem letzten der von Lessing veröffentlichten Fragmente »Von dem Zwecke Jesu und seiner Jünger« sieht er »nicht nur eines der größten Ereignisse in der Geschichte des kritischen Geistes, sondern zugleich ein Meisterwerk der Weltliteratur. Die Sprache ist für gewöhnlich knapp und trocken, epigrammatisch scharf, wie die eines Mannes, der nicht schreibt, sondern auf Tatsachen ausgeht. Zuzeiten aber erhebt sie sich zu wahrhaft pathetischer Höhe.«[21] War Lessing nach Schweitzer »ein Denker, Reimarus nur ein Historiker«, so war es doch »das erste Mal, daß ein historischer Kopf, mit den Quellen vollständig vertraut, die Kritik der Überlieferung unternahm«[22]. So sieht Schweitzer in dem von Reimarus verfaßten Buch »vielleicht die großartigste Leistung« in der ganzen Leben-Jesu-Forschung: denn Reimarus »hat zuerst die Vorstellungswelt Jesu historisch, d. h. als eschatologische Weltanschauung erfaßt« – wenn auch »die Perspektive, in der er die Eschatologie sah, falsch war«[23]. Man muß dabei wissen, daß Albert Schweitzer selbst (gleichzeitig mit Johannes Weiß) auf die eschatologische Komponente der Evangelien gestoßen war, wenn er sie (wie Johannes Weiß) auch nur als Historiker entdeckte, ohne sie als Theologe aufzunehmen.[24]

Man wird Albert Schweitzers hohe Wertung gerade des Historikers Reimarus freilich nicht unkritisch übernehmen können. Reimarus war nach dem Zuschnitt seines Denkens Rationalist, im Sinne des Rationalismus seiner Zeit. Das heißt, daß der Maßstab, mit dem er maß, der der Ratio war. Reinhard Slenczka scheint mir deshalb mit Recht das eigentlich historische Element bei Reimarus von seinem rationalen Ansatz her begrenzt zu sehen. Die Geschichte wird daran gemessen, ob sie vor der Vernunft bestehen kann. Mit anderen Worten: es fällt (von diesem Maßstab

19. *S. Kierkegaard*, Abschließende unwissenschaftliche Nachschrift, Zweiter Teil (1846), in: *ders.*, Gesammelte Werke, Bd. VI, übers. von Chr. Schrempf, Jena 1910, S. 192. – Zur Sachfrage vgl. *G. Eichholz*, Die Geschichte als theologisches Problem bei Lessing, in: ThStKr 107, NF II/6, 1936, S. 377–421.
20. Kierkegaard, ebd.
21. A. Schweitzer, Geschichte der Leben-Jesu-Forschung, S. 58.
22. Ebd.
23. A.a.O., S. 65.
24. A.a.O., S. 402ff.

her) eine hermeneutische Vorentscheidung. Das ist, im Horizont des Rationalismus, völlig begreiflich. Aber das impliziert: »Von einem historischen Interesse kann dabei ebensowenig die Rede sein wie von historischer Kritik. Die Anfänge der historischen Jesusfrage sind vielmehr von der rationalen Kritik gekennzeichnet. . .«[25] Wird zwischen Möglichem und Unmöglichem, zwischen Echtem und Falschem, Vergänglichem und Bleibendem unterschieden, so zielt eine solche Unterscheidung »stets auf die Vernunftgemäßheit. Vernunftgemäßheit aber heißt hier Gegenwartsbedeutung unter Verzicht auf die Geschichtsbedingtheit.«[26] »Der ältere ›Rationalismus‹ sucht nicht die Vergangenheit, sondern sich selbst in der Vergangenheit.«[27] Dieser letzte Satz entschlüsselt beispielhaft die Verlegenheit einer rational angelegten Hermeneutik gegenüber der geschichtlichen Wirklichkeit. Sie öffnet sich nicht für die Geschichte in der Fülle ihrer Erscheinungen, sondern sucht die Vergangenheit kritisch zu analysieren; von ihr kann der Gegenwart nur nahegebracht werden, was den rationalen Kriterien standhält. Insofern denkt der Rationalismus nicht ›geschichtlich‹. Ganz anders etwa Johann Gottfried Herder, der die Individualität und Variabilität geschichtlicher Wirklichkeit zu begreifen suchte. Er hat sagen können, in der Geschichte komme »keine Scene zweimal« vor; ein »Gewirre von Scenen«, eine »ewige Abwechslung« mache die Geschichte aus. Herder »will nichts als eine bildende, Materielle Geschichte des Menschlichen Geschlechts suchen, voll Phönomena und Data« – das ist Herders Pathos![28]

So wird Jesus, schematisch gesprochen, zum Lehrer der Tugend, und er wird gegenwartsnah, weil er mit seiner Lehre die Wahrheit der Vernunft ausspricht bzw. vorwegnimmt. Reimarus geht im Schema des Rationalismus seiner Zeit nicht einfach auf, aber theologisch ist auch er Rationalist. Die Verkündigung Jesu besteht deshalb für ihn entscheidend in der Forderung der Bekehrung und des ›rechtschaffenen tätigen Wesens‹. Das Kontinuum, das ungeachtet der zeitlichen Differenz (zwischen der Zeit Jesu

25. *R. Slenczka,* Geschichtlichkeit und Personsein Jesu Christi. Studien zur christologischen Problematik der historischen Jesusfrage (FSÖTh 18), Göttingen 1967, S. 36.
26. Ebd.
27. A.a.O., S. 35.
28. G. Eichholz, a.a.O., S. 382 Anm. 4. Eichholz zitiert *J. G. Herder,* Ideen zur Philosophie der Geschichte der Menschheit (1784/85), in: *ders.,* Sämtliche Werke, Bd. XIII, hg. von B. Suphan, Berlin 1887, S. 387; Auch eine Philosophie der Geschichte zur Bildung der Menschheit. Beytrag zu vielen Beyträgen des Jahrhunderts (1774), in: Werke, Bd. V, Berlin 1891, S. 505.501; Journal meiner Reise im Jahr 1769, in: Werke, Bd. IV, Berlin 1878, S. 380.

und unserer Zeit) besteht, ist das Kontinuum der vernunftgemäßen Lehre.[29] Der ethische Akzent, dem wir bei Reimarus begegnen, findet sich bekanntlich auch bei Lessing. Ich erinnere nur an die Ringparabel in »Nathan der Weise« und an »Die Erziehung des Menschengeschlechts«. Gerade die Ringparabel läßt erkennen, wie Lessing das Schema der Aufklärung zwar variiert und in der Variation überbietet, wie er es aber zugleich auch als seine Voraussetzung festhält.

Ich kann bei diesem Überblick nicht über das Buch von Albert Schweitzer im einzelnen referieren und noch weniger hier selbst erneut zum Chronisten werden. Schweitzers Buch trug in seiner ersten Auflage den Titel: »Von Reimarus zu Wrede« und nannte damit ungefähr Anfang und Ende der in ihr behandelten »Geschichte der Leben-Jesu-Forschung«. Gehört Reimarus in die Lessingzeit, so Wrede in die Harnackzeit: William Wrede lebte von 1859 bis 1906, Harnack von 1851 bis 1930. Wredes in unserem Zusammenhang entscheidendes Buch »Das Messiasgeheimnis in den Evangelien« erschien 1901, es ist – Zeichen seiner Bedeutung – 1969 unverändert zum viertenmal aufgelegt worden. Schweitzer sah mit den Namen von Reimarus und Wrede die beiden »Pole« (einer eschatologischen und einer uneschatologischen Sicht der Geschichte Jesu) markiert, zwischen denen nach seinem Urteil sich die Leben-Jesu-Forschung bewegte. Ich will mich hier nicht kritisch zu Schweitzer äußern. Das könnte nur umfassend geschehen und müßte sich vor allem auf seine Prämissen beziehen: auf die Frage, ob der Jesus der Evangelien im Horizont historischer Forschung erreichbar ist und ob er im Schema einer Biographie erfaßt werden kann. Ich möchte das vorläufig so formulieren. Darin ist wieder das Problem der hermeneutischen Prämissen enthalten: das der ›selbstverständlichen‹ Axiome und Maßstäbe. Diese Frage hat Schweitzer sich offenbar nicht gestellt. Doch den Vorwurf kann ich ihm nicht machen, den er nach dem Erscheinen der ersten Auflage von 1906 zu hören bekam, daß sein Buch mehr als eine Geschichte der Leben-Jesu-Forschung sei, weil es »eine bestimmte Anschauung vertrete«. Schweitzer hat sich mit dem Argument verteidigt: niemand könne die Geschichte eines Problems und seiner bisher versuchten Lösungen schreiben, der nicht selbst eine bestimmte Sicht der Dinge habe.[30] Dieses Argument ist so zwingend, daß ihm nicht widersprochen werden kann. Engagiertheit kann man einem Historiker kaum vorwerfen.

29. R. Slenczka, a.a.O., S. 36.
30. Aus dem Vorwort zur 2. Aufl. (1913), a.a.O., S. 27.

4.

Ich habe das Stichwort der »Vorgeschichte« – Vorgeschichte der Frage nach dem historischen Jesus in der gegenwärtigen Forschung – genannt. Auch wenn wir uns hier zu beschränken haben, so müssen wir doch die Zäsur zur Sprache bringen, die für die Frage nach dem historischen Jesus mit der Arbeit der formgeschichtlichen Schule gegeben ist. Und mit ihr werden wir im zweiten Kapitel einzusetzen haben. Die Neutestamentler, von denen wir zu sprechen haben werden, gehören alle in den Umkreis der formgeschichtlichen Schule: Rudolf Bultmann, Martin Dibelius, Karl Ludwig Schmidt, Ernst Käsemann, Herbert Braun und Ernst Fuchs.

Ich denke, daß hier in der Tat und betont von einer Zäsur zu sprechen ist. Oder liegt die Zäsur schon früher? Liegt sie schon bei Albert Schweitzer selbst? Ist seine Bilanz der ersten anderthalb Jahrhunderte der Leben-Jesu-Forschung faktisch als eine Art Schlußstrich zu verstehen, der eine ganze Epoche beendet? Schweitzers Buch enthält Sätze, die diesen Schluß nahelegen könnten. Ich zitiere Schweitzer selbst: »Diejenigen, welche gerne von negativer Theologie reden, haben es im Hinblick auf den Ertrag der Leben-Jesu-Forschung nicht schwer. Er ist negativ.«[31] Aber wie ist das gemeint? Schweitzer spannt einen großen Bogen von den Anfängen bis zu seiner Gegenwart. Ich gebe wieder ihm das Wort: »Es ist der Leben-Jesu-Forschung merkwürdig ergangen. Sie zog aus, um den historischen Jesus zu finden, und meinte, sie könnte ihn dann, wie er ist, als Lehrer und Heiland in unsere Zeit hineinstellen. Sie löste die Bande, mit denen er seit Jahrhunderten an den Felsen der Kirchenlehre gefesselt war, und freute sich, als wieder Leben und Bewegung in die Gestalt kam und sie den historischen Menschen Jesus auf sich zukommen sah.«[32]

Der historische Jesus hat nach dieser Formulierung Schweitzers in den Anfängen seiner Erforschung den Charakter des ›undogmatischen‹ Jesus. Noch Martin Kähler sprach unverkennbar kritisch von dem »dogmatische[n] Christus der byzantinischen Christologie«, von einem »aus bloßen Begriffen gebildete[n] Schattenriß des Dogma[33].« Wird man hier nicht an Adolf von Harnacks Kritik an der Dogmengeschichte der Alten Kirche erinnert? Harnack sprach im Blick auf die den Kern des Symbols (scil. des Chalcedonense von 451) ausmachenden Adverbien geringschätzig als von

31. Schweitzer, a.a.O., S. 620.

32. Ebd.

33. *M. Kähler*, Der sogenannte historische Jesus und der geschichtliche, biblische Christus (1892), neu hg. von E. Wolf (TB 2), München 1953. 1969^4, S. 16.49.

den »kahlen, negativen vier Bestimmungen«[34]. Sie lauten »unvermischt, unverwandelt, ungeschieden, ungetrennt« und beziehen sich auf die Einheit und das Unterschiedensein der »zwei Naturen« in Jesus Christus. Das gilt weithin bis heute als Einbruch griechischer Metaphysik in die Christologie, und bis heute (oder heute wieder) macht man es sich mit der Kritik an der altkirchlichen Christologie sehr leicht.

Doch nun schildert Schweitzer das Überraschende: »Aber er blieb nicht stehen, sondern ging an unserer Zeit vorüber . . .«[35]. Die Differenz der Zeiten macht sich geltend. Jesus kehrt in seine Zeit zurück »mit derselben Notwendigkeit, mit der das befreite Pendel sich in seine ursprüngliche Lage zurückbewegt«[36].

Das heißt für Schweitzer, daß bei zunehmender historischer Erfassung Jesu dieser Jesus uns historisch immer fremder wurde. Es zeigte sich, daß Jesu Zeit nicht unsere Zeit ist, unsere Zeit nicht Jesu Zeit. Schweitzers Bilanz macht deutlich, daß der im Horizont historischer Forschung erreichbare »historische Jesus« der ›nur noch historische Jesus‹ wird: der in die historische Distanz gebrachte Jesus, der Jesus der historischen Vergangenheit. Das ist als wichtiges vorläufiges Ergebnis festzuhalten. Der Begriff des »historischen Jesus« wird dabei variiert. Man kann den Akzent auch so setzen: Schweitzer hat als kritischer Historiker gesehen, wie sehr jede Zeit Jesus auf ihre Weise verstand und sich selbst in Jesus wiederfand. Die Aufklärung machte Jesus zu einem Rationalisten. Muß das nicht allen Jesusbildern gegenüber grundsätzlich skeptisch stimmen? In den Entwürfen des Lebens Jesu spiegelte sich die Zeit der Biographen, spiegelten sich die Biographen selbst, gibt es doch nach Schweitzer »kein persönlicheres historisches Unternehmen, als ein Leben-Jesu zu schreiben«[37]. So sieht sich Schweitzer zum Protest gegen die modernisierenden Entwürfe genötigt. Er versteht sich als Anwalt der Historie, und das heißt: als Anwalt der historischen Distanz. Davon wird auch Harnacks »Wesen des Christentums«[38] betroffen. »In seinem ›Wesen des Christentums‹ läßt Harnack die

34. *A. von Harnack*, Lehrbuch der Dogmengeschichte, Bd. II, Tübingen 1909^4, S. 397, zitiert nach: *Arnold Gilg*, Weg und Bedeutung der altkirchlichen Christologie, in: Jesus Christus im Zeugnis der Heiligen Schrift und der Kirche (BhEvTh 2), München 1936^2, S. 91–178, hier: S. 177.

35. Schweitzer, a.a.O., S. 620.

36. A.a.O., S. 620f.

37. A.a.O., S. 48.

38. *A. von Harnack*, Das Wesen des Christentums. Sechzehn Vorlesungen vor Studierenden aller Facultäten im Wintersemester 1899/1900 an der Universität Berlin gehalten, Leipzig 1900, Neudruck Gütersloh 1977.

zeitgeschichtliche Bedingtheit der Lehre Jesu fast ganz zurücktreten und geht nur auf ein Evangelium aus, mit dem er ohne Schwierigkeit bis ins Jahr 1899 kommt.«[39] Albert Schweitzer hat dagegen gemeint, »die zeitgeschichtliche Bedingtheit der Lehre Jesu«[40] in ihrer historischen Kontur erfaßt zu haben, in ihrer spätjüdisch-eschatologischen Kontur. Und eben dieser »historische Jesus« Albert Schweitzers war, nach Schweitzers eigener Sicht, ein Harnack und seine Zeit befremdender Jesus.

Aber auch Albert Schweitzer selbst – so hat James Robinson formuliert – »hielt nicht viel von Eschatologie und glaubte nicht, daß sie für die moderne Theologie von Bedeutung sein könnte. . . Er blieb in seinem Herzen ein Ritschlianer. . .«[41] Er hätte sich nach James Robinson »wohl niemals träumen lassen«, daß die Theologie den »anfänglichen Schock«[42] überwinden würde und es, wie Robinson formuliert, »durch die Bewegung, die von Karl Barth ausging«, lernen würde, »Eschatologie von innen her zu verstehen«[43]. Ich deutete es schon an: die Entdeckung des Historikers Schweitzer erreichte den Theologen Schweitzer nicht. Das ist das Unbefriedigende, ja Enttäuschende: daß diese Begegnung mit dem historischen Jesus ohne theologische Konsequenzen blieb – und daß deshalb die Kritik an Harnack nur eine Kritik am Historiker Harnack blieb. Denn die Ausklammerung des eschatologischen Elementes in der Verkündigung und im Leben des historischen Jesus, die Schweitzer bei Harnack angriff, sah Schweitzer entscheidend als Verzeichnung des historischen Bildes Jesu an. Gleichzeitig war der eschatologisch denkende Jesus für Schweitzer der historisch ›verfremdete‹ Jesus!

Und Harnack hat sich nur wieder als Historiker verteidigt! Er begriff sich als kritisch wertenden Historiker. Der kritisch wertende Historiker kann nicht alles auf eine Linie bringen. Er muß abwägen. Er kann nicht Historiker sein, ohne zu ›sortieren‹. Die eschatologische Komponente in der Verkündigung Jesu war auch ihm nicht entgangen. Aber er rechnete sie nicht zum Kern, nicht zum Charakteristischen, sondern zum Traditionellen. So schob er sie an den Rand. Harnack bewegt sich weiterhin im Schema der Frage: Was ist das Neue an Jesus? Man kann deshalb fragen, ob das, was sich hier um 1900 begab, bei aller Leidenschaft des Protestes, mehr als ein Sturm im Wasserglas war, so sehr die Theologie der Ritschlzeit veranlaßt werden sollte, »ihr Eigenes als Eigenes zu offenbaren«[44].

39. Schweitzer, a.a.O., S. 266. 40. Ebd.
41. *J. M. Robinson*, Kerygma und historischer Jesus, Zürich/Stuttgart 1960, S. 47.
42. Ebd. 43. Ebd. 44. Schweitzer, a.a.O., S. 264.

Wir fragen noch einmal nach der Relevanz des historischen Jesus für die Theologie Albert Schweitzers selbst. Das Problem ist doch offenbar: Wie kann Schweitzers historischer Jesus zur Gegenwart sprechen, wenn er in seine Zeit zurückkehrte? Was hat dieser historische Jesus uns heute zu sagen? Die Geschichtswissenschaft kann, nach Schweitzer selbst, »keine Vermittlung zwischen Vergangenheit und Gegenwart schaffen«. Die Schiffe, mit denen die liberale Theologie »zwischen den Anfängen des Christentums und unserer Religion hin- und herzufahren gedachte, sind verbrannt«. Schweitzer, konsequenzenfreudig, zieht daraus seine radikalen Schlüsse. So kann die »Religion« »nicht nur auf die Überlieferung und ihre Deutung« gegründet werden – gegründet werden muß sie »auch, und dies viel mehr als bisher, auf den Geist«[45]. Wie soll das (eschatologische) Denken des historischen Jesus in die Gegenwart übertragbar sein? »Das wahre Verstehen Jesu ist das von Wille zu Wille. Das wahre Verhältnis zu ihm ist das des Ergriffenseins von ihm.«[46]

Stammte der Begriff nicht von Schweitzer selbst, ich würde ihn nicht verwenden, weil er mir zu gewagt vorkäme: Schweitzer nennt dieses Verhältnis »Jesusmystik«[47]. Und so darf ich bzw. muß ich ihn als Historiker verwenden. Diese Jesusmystik kann freilich höchst modern formuliert werden. Sie ruft keine mittelalterlichen Assoziationen wach. Albert Schweitzers Formel lautet: »Wir geben der Geschichte ihr Recht und machen uns von seinem Vorstellungsmaterial frei.« Aber wir beugen uns unter seinen »gewaltigen Willen«[48]. Die christologischen Titulaturen »sind für uns zu historischen Gleichnissen geworden. Wenn er selbst diese Titel auf sich bezog, so war dies ein zeitlich bedingter Ausdruck dafür, daß er sich als einen Gebieter und Herrscher erfaßte«[49]. Schweitzer hat auch von den »Imperatorenworten« Jesu sprechen können, die nicht entschärft werden dürften![50] Und so gilt für jede Gegenwart: »Als ein Unbekannter und Namenloser kommt er zu uns, wie er am Gestade des Sees an jene Männer, die nicht wußten, wer er war, herantrat. Er sagt dasselbe Wort: Du aber folge mir nach! und stellt uns vor die Aufgaben, die er in unserer Zeit lösen muß. Er gebietet.«[51] Man wird Schweitzers Intention in seinem

45. A.a.O., S. 28.
46. A. Schweitzer, Aus meinem Leben und Denken, S. 46.
47. A. Schweitzer, Geschichte der Leben-Jesu-Forschung, S. 629.
48. Schweitzer, a.a.O., S. 628.
49. A.a.O., S. 630.
50. A.a.O., S. 622.
51. A.a.O., S. 630.

Sinn so zu umschreiben haben: ›Erfahrbar‹ ist Jesus nur im Gehorsam der Nachfolge.[52]

Daß Albert Schweitzers eminent kritische Geschichte der Leben-Jesu-Forschung von ihm selbst als Schlußstrich gemeint gewesen wäre, wird sich nach allem nicht sagen lassen. In seinem eigenen Fragehorizont wird davon keine Rede sein können. Schweitzer sah den Ansatz dieser Forschung: *Jesus historisch zu verstehen, ihn zu einem Phänomen der Geschichte zu machen*, kaum als eigentlich überholt an. Darin ist James Robinson zuzustimmen.[53] Von einem Schlußstrich könnte nur insofern gesprochen werden, als Schweitzer das geschichtliche Problem des Lebens Jesu im Zeichen der eschatologischen Sicht der Gestalt und Geschichte Jesu »als im wesentlichen gelöst« bezeichnet hat.[54] In seinen Prämissen, wenn auch nicht in seinen Ergebnissen, scheint er, wenn nicht alles täuscht, doch in der Nähe Harnacks zu stehen.[55]

Adolf von Harnack hat 1923 in seinen »Fünfzehn Fragen an die Verächter der wissenschaftlichen Theologie unter den Theologen«[56] (die keine andere Adresse als diese allgemeine hatten) »geschichtliches Wissen und kritisches Nachdenken« (»neben der inneren Aufgeschlossenheit«) als Voraussetzungen genannt, um »die Religion der Bibel« in ihrem Sinn »richtig zu verstehen«[57]. Harnack will m. a. W. das Instrumentarium der historischen Forschung als gültigen Schlüssel auch für die biblische Religion gehandhabt wissen. Und er hat dies auf die Frage nach dem historischen Jesus so bezogen: ». . . wie läßt sich die Grundlage für eine zuverlässige und gemeinschaftliche Erkenntnis dieser Person [scil. Jesu] anders gewinnen als durch kritisch-geschichtliches Studium, damit man nicht einen erträumten Christus für den wirklichen eintausche? Wer anders aber vermag dieses Studium zu leisten als die wissenschaftliche Theologie?«[58] Wissenschaftliche Theologie aber ist nach Harnack Theologie im Horizont der Wissenschaft, Theologie, die »in fester Verbindung und Bluts-

52. Vgl. zu Schweitzer auch: *Karl Stoevesandt*, Albert Schweitzer als Arzt und Helfer der Menschheit, in: EvTh 15, 1955, S. 97–114.

53. J. M. Robinson, a.a.O., S. 45f.

54. Schweitzer, a.a.O., S. 36.

55. Vgl. Robinson, a.a.O., S. 46.

56. Wieder abgedruckt in: *K. Barth*, Theologische Fragen und Antworten. Gesammelte Vorträge, Bd. III, Zollikon 1957, S. 7–9. Karl Barths Antwort: a.a.O., S. 9–30.

57. A. von Harnack, in: K. Barth, a.a.O., S. 7.

58. A.a.O., S. 9.

verwandtschaft steht mit der Wissenschaft überhaupt«[59]. Harnacks Sicht der Dinge impliziert mithin »geschichtliches Wissen und kritisches Nachdenken«[60] als methodische Voraussetzungen der Frage nach dem historischen Jesus – ohne daß Harnack sähe, daß damit ein Vorverständnis Mitspracherecht bekommt und der Gegenstand der Frage in den Rahmen der Geschichte, wie sie hier verstanden (genauer: vorweg begriffen) wird, eingeordnet wird. Der Begriff »historisch-kritisch« ist, von hier aus gesehen, fast tautologisch: der Vorbegriff des Historischen, den man hat, wird zum Maßstab der Kritik, präziser gesprochen: der Begriff des historisch Möglichen wird vorentscheidend bzw. federführend. Dietrich Braun hat in seinem Beitrag zur Barth-Festschrift (1966) »Der Ort der Theologie. Entwurf für einen Zugang zum Verständnis des Briefwechsels zwischen Adolf von Harnack und Karl Barth aus dem Jahre 1923« mit Recht gefragt, ob Theologie, »wenn sie wirklich bei der Sache ist, einen Vorrang der Methode vor dem Gegenstande ihres Denkens anerkennen« könne[61]. Die Methode (das ist hier grundsätzlich anzumerken) bleibt nicht nur formal und hält sich nicht frei von einem Vorgriff auf den Gegenstand ihres Fragens. Dietrich Braun stellt deshalb fest: Harnacks Bündnis mit der idealistischen Wissenschaft, seine Übernahme des Historismus als idealistisch-historischer Weltanschauung »erzwingt die Ineinssetzung von Theologie und historischer Wissenschaft«: Harnacks Axiome scheinen in weltanschaulichen Prämissen begründet.[62] Karl Barth hat sich nicht darauf anreden lassen wollen und können, als einer der Verächter der wissenschaftlichen Theologie zu gelten, als welchen Harnack ihn ansah. Er hat die Anfrage Harnacks gerade als Frage nach der Methode der Theologie begriffen und in pointierten, wenn auch im Horizont Harnacks (und seiner Zeit) nicht ohne weiteres ›verständlichen‹ Gegenfragen beantwortet: »›Geschichtliches Wissen‹ könnte uns . . . sagen, daß die Mitteilung des ›Inhalts des Evangeliums‹ jedenfalls nach dessen eigener Aussage nur durch eine Handlung dieses ›Inhalts‹ *selbst* sich vollziehen kann.«[63] Wenn es sich so verhält, dann erweist sich Harnacks Hermeneutik sofort als ra-

59. Ebd.

60. A.a.O., S. 7.

61. In: Parrhesia. Karl Barth zum achtzigsten Geburtstag, hg. von E. Busch/J. Fangmeier/M. Geiger, Zürich 1966, S. 11–49, hier: S. 31. – Vgl. zum Thema jetzt auch: *H. Martin Rumscheidt,* Revelation and Theology. An analysis of the Barth-Harnack correspondence of 1923 (SJTh.MS 1), Cambridge 1972.

62. D. Braun, a.a.O., S. 33.

63. K. Barth in seiner Antwort, a.a.O., S. 10.

dikal problematisch – problematisch in ihrer Anwendung auf den Inhalt des Evangeliums. Karl Barth will sagen, daß das Evangelium als Inhalt der Offenbarung Gottes – als Gottes Evangelium – nur von Gott selbst offenbart werden kann, – anders formuliert: daß das Evangelium nicht historisch eingeordnet und nicht historisch abgeleitet werden kann. Und ›kritisches Nachdenken‹ könnte zu dem Ergebnis führen, daß diese Aussage des Evangeliums im Wesen der Sache (der Beziehung zwischen Gott und Mensch) begründet und also ernstlich zu respektieren ist. »Die ›Wissenschaftlichkeit‹ der Theologie wäre dann ihre Gebundenheit an die Erinnerung, daß ihr Objekt *zuvor Subjekt* gewesen ist und immer wieder werden muß. . .«[64] Und noch einmal in Aufnahme der Stichworte Harnacks formuliert Barth, daß die Zuverlässigkeit und Gemeinschaftlichkeit der Erkenntnis Jesu Christi »keine andere sein [kann] als die des von Gott erweckten *Glaubens*. Kritisch-geschichtliches Studium bedeutet das verdiente und notwendige Ende *der* ›Grundlagen‹ dieser Erkenntnis, die keine sind, weil sie nicht von Gott selbst gelegt sind.«[65]

Man kann nach all dem begreifen, daß es in den frühen zwanziger Jahren gerade um eine entscheidende Besinnung auf den möglichen Ansatz der Frage nach dem Jesus der Evangelien ging. Ist der Jesus der Evangelien im Frageansatz des Historismus zu erfassen? Ich bemerke dazu, daß es damals zu einer betonten Zustimmung Rudolf Bultmanns zu Karl Barths Antwort an Adolf von Harnack gekommen ist – zu einer Zustimmung gerade in diesem Punkt.[66] Hellhörige Ohren mögen freilich gleichzeitig frühe Differenzen zwischen Barth und Bultmann heraushören. Bultmann fügt hinzu: ». . . es kann sich nicht darum handeln, die historische Kritik abzusetzen [das hat übrigens auch Karl Barth nicht gemeint]; aber ihr Sinn muß erfaßt werden als eben der: sie hat radikal zur Freiheit und Wahrhaftigkeit zu erziehen, nicht nur, indem sie von einem gewissen Geschichtsbild der Tradition frei macht, sondern indem sie von einem jeden für wissenschaftliche Erkenntnis möglichen Geschichtsbild frei macht und zum Bewußtsein bringt, daß die Welt, die der Glaube erfassen will, mit Hilfe der wissenschaftlichen Erkenntnis überhaupt nicht erfaßbar wird.«[67] Und Bultmann sieht in der Einreihung Jesu in den allgemeinen historischen Relationszusammenhang einen »Geschichtspantheismus der liberalen Theo-

64. Ebd.
65. Barth, a.a.O., S. 13.
66. *R. Bultmann,* Die liberale Theologie und die jüngste theologische Bewegung (1924), in: *ders.*, Glauben und Verstehen. Gesammelte Aufsätze, Bd. I, Tübingen 1933.1980[8], S. 1–25.
67. Bultmann, a.a.O., S. 4.

logie«, die »gerade in diesem Relationszusammenhang die Offenbarung Gottes in der Geschichte wahrnehmen zu können glaubte. . .«[68] Bultmann denkt hier an die Theologie von Ernst Troeltsch, des Systematikers der religionsgeschichtlichen Schule.[69] Was innerhalb des großen Relationszusammenhangs steht, kann aber auf absolute Geltung keinen Anspruch erheben. »Auch der historische Jesus ist eine Erscheinung unter anderen, keine absolute Größe. Diese Konsequenz hat die liberale Theologie freilich bis zu einem gewissen Grade gezogen. Sie redet zwar vom historischen Jesus mit großer Plerophorie, aber doch sehr deutlich so, daß sie ihm keine absolute Geltung zuschreibt.«[70]

5.

Ehe wir zu einer Skizze der Arbeit der formgeschichtlichen Schule übergehen, ist des Widerspruchs zu gedenken, den die von Albert Schweitzer beschriebene Leben-Jesu-Forschung in der Zeit Schweitzers selbst erfuhr, ohne in Schweitzers großem und namenreichen Buch auch nur erwähnt zu werden. Ich meine den *Widerspruch Martin Kählers,* wie er ihn in seiner berühmten Schrift »Der sogenannte historische Jesus und der geschichtliche, biblische Christus«[71] theologisch entschlossen erhoben hat. »Ich sehe diese ganze ›Leben-Jesu-Bewegung‹ für einen Holzweg an.«[72] Die Radikalität dieser Formulierung kann nicht überhört werden. Bedeutet nicht die Skepsis Kählers, die nicht diesem oder jenem Versuch, sondern der ganzen »Leben-Jesu-Bewegung« gilt – längst, ehe es eine formgeschichtliche Schule gab –, eine so einschneidende Zäsur, daß wir mit Martin Kähler beginnen sollten? Möglich wäre das ohne Frage. Vor allem auch deshalb, weil Kähler weitgehend (erstaunlich weitgehend!) Einsichten der formgeschichtlichen Arbeit vorweggenommen hat. Ich möchte es geradezu als eine Aufgabe bezeichnen, Kählers Schrift auf diese Vorwegnahmen hin zu studieren. Dabei geht es nicht nur um Vorwegnahmen allgemeiner methodischer Art, sondern auch um Vorwegnahmen von konkreten Einzelerkenntnissen und theologisch wichtigen Pointen.

Was Martin Kählers Beitrag so gewichtig macht, ist auch dies, daß er,

68. A.a.O., S. 5.
69. Vgl. etwa *E. Troeltsch*, Die Absolutheit des Christentums und die Religionsgeschichte, Tübingen 1929[3].
70. R. Bultmann, a.a.O., S. 4.
71. Siehe oben Anm. 33.
72. M. Kähler, a.a.O., S. 18.

der Anwalt des zeugenhaften Charakters der biblischen Texte, nicht etwa gegenüber der historischen Forschung verschlossen war. Was ich hier unterstreiche, betont auch Ernst Fuchs in seiner Hermeneutik: »Es geht ihm [scil. Kähler] keineswegs um eine Desavouierung der Geschichtswissenschaft, sondern um ein der Bibel angemessenes Wirklichkeitsverständnis. . .«[73] Man wird bei Martin Kähler von einem grundsätzlichen Ja zur historisch-kritischen Forschung zu sprechen haben.[74] Von Kähler gilt, daß er »in einer seit Lessings Tagen unerhörten Dringlichkeit (,) das Problem ›Glaube und Geschichte‹ in die Mitte gestellt« hat.[75] So war Kähler für die historische Forschung und ihre Probleme von seiner Theologie her offen. Er sah aber ihre Grenze, wenn sie sich dem Jesus der Evangelien im Zeichen des historischen Jesus zuwenden wollte. Ich meine das so sagen zu sollen, während Otto Michel die »historischen Grundfragen« bei Martin Kähler (im Gegensatz zu Albert Schweitzer) für »ganz einfach zurückgeschoben« hält. Das ist für Otto Michel auch der Grund dafür, daß Kähler bei Albert Schweitzer nicht genannt wird.[76] Der Sachverhalt scheint mir bei Hans-Werner Bartsch zutreffender gesehen zu sein, wenn er feststellt, daß Kähler die Bedeutung der historischen Forschung durchaus respektiert.[77] Martin Kähler störte der »Gelehrtenpapat der Historiker«[78]. Darf man vielleicht genauer sagen: Ihn störten die ›dogmatischen‹ Implikationen der ›Historiker‹, die er wahrnahm? Kähler dachte nicht daran, den Historikern ihren ›historischen Jesus‹ ohne weiteres abzunehmen. Im Gegenteil. Der Dogmatiker Kähler hat pointiert formuliert: »Der ausmalende Biograph Jesu ist immer irgendwie Dogmatiker im verdächtigen Sinne des Wortes. . . Vor einem Dogma, wenn es ehrlich als solches geboten wird, ist heute jedermann auf seiner Hut. [Das ist das Heute von 1892! Ist das Heute unserer Gegenwart anders? Die Einheit der Theologie in ihren Fächern ist schon früher ein Problem gewesen – so wie es heute ein

73. *E. Fuchs*, Hermeneutik, Bad Cannstatt 1954, S. 19.
74. Vgl. *Christoph Seiler*, Die theologische Entwicklung Martin Kählers bis 1869, Gütersloh 1966, S. 86f.
75. *Otto Weber*, Grundlagen der Dogmatik, Bd. I, Neukirchen 1977[5], S. 167.
76. *O. Michel*, Albert Schweitzer und die Leben-Jesu-Forschung heute, in: Universitas 15, 1960, S. 33. – Vgl. auch *O. Michels* ausführlichen Beitrag, der im wesentlichen eine Kritik an Martin Kähler ist: Der »historische Jesus« und das theologische Gewißheitsproblem, in: EvTh 15, 1955, S. 349–363.
77. *H.-W. Bartsch*, Das historische Problem des Lebens Jesu (ThEx 78), München 1960, S. 8ff.
78. M. Kähler, a.a.O., S. 50.

Problem ist: Besteht nur eine Spannung zwischen Exegese und Systematik – oder zwischen Exegese und Exegese?!] Erscheint aber die Christologie als Leben Jesu, dann sind nicht sehr viele, welche den dogmatisierenden Regisseur hinter dem fesselnden Schauspiel des farbenreich gemalten Lebensbildes spüren. Den verborgenen Dogmatiker aber spürt gewiß niemand so sicher heraus, als wer selbst ein Dogmatiker ist.«[79] Der Systematiker entdeckt den Systematiker im ›Historiker‹.

So ist Kählers Widerspruch nicht aus einer Verschlossenheit gegenüber der Arbeit des Historikers geboren; hier grenzt sich nicht der Systematiker gegenüber dem Historiker ab. Vielmehr wendet Kähler sich kritisch gegen die nach ihm unzulänglichen Prämissen der Leben-Jesu-Historiker. Kähler ist kritisch – aber nicht aus Verschlossenheit, sondern aus Wachheit. Und das ist zweierlei. Sein Protest ist, ein Stück weit, Protest im Namen echter, ihre Grenzen kennender Historie. Ein Stück weit: er erschöpft sich nicht darin. Ihm geht es primär um den »geschichtlichen, biblischen Christus«, wie der Titel seiner Schrift sagt: »Der sogenannte historische Jesus und der geschichtliche, biblische Christus«. Was heißt das? Wir haben uns (vielleicht) daran gewöhnt, zwischen »historisch« und »geschichtlich« zu unterscheiden, wenn diese Unterscheidung inzwischen auch kaum noch als problemlos gelten kann. Sie hängt mit Martin Heideggers Entdeckung der Geschichtlichkeit der menschlichen Existenz zusammen, wobei die Geschichtlichkeit der menschlichen Existenz Vorrang hat vor der Historie, die ihr allererst entspringt (Historie als »Wissenschaft von der Geschichte des Daseins« verstanden, mithin als Geschichtswissenschaft).[80] Heidegger geht es um die ›Geburt‹ der Historie aus der Geschichtlichkeit des Daseins. Jedes Dasein »entwirft sich« auf seine eigenste Existenzmöglichkeit hin. Darum ist das zentrale Thema der Historie die Möglichkeit der *dagewesenen* Existenz. Wird die Historie sozusagen in ihre Daseinsmöglichkeit zurückgeführt, so wird sie ›geschichtlich‹ verstanden und wird zur Möglichkeit für mich – so kann sich die Wiederkehr des Möglichen begeben. Der führende Historiker des 19. Jahrhunderts, Leopold von Ranke, verfällt von diesem Ansatz her der Kritik; Heidegger zitiert den Grafen Yorck von Wartenburg: »Ranke ist ein großes Okular, dem nicht, was entschwand, zu *Wirklichkeiten* werden kann.«[81] Ranke war darauf aus zu erfahren, »wie es eigentlich gewe-

79. Kähler, a.a.O., S. 28f.
80. *M. Heidegger,* Sein und Zeit (Bd. I), Halle/S. 1927. Tübingen 1979[15], S. 392.
81. Heidegger, a.a.O., S. 400.

sen« ist.[82] Selbstverständlich war auch Ranke nicht ohne (idealistische) weltanschauliche Prämissen. Aber er wollte als Historiker dem auf die Spur kommen, »wie es eigentlich gewesen« ist. So beschäftigte ihn vor allem die ›politische‹ Geschichte. Aber das ist nicht die primäre Intention Heideggers. Die Begründung der Geschichte in der formalen Struktur der Geschichtlichkeit des Daseins läßt vielmehr »deren wirklich geschehene Bewegungen, Individualitäten und Zusammenhänge verblassen«, wie Jürgen Moltmann es formuliert.[83] »Der historische Relativismus wird zwar mit der ontologischen Ermöglichung von Geschichte in der Geschichtlichkeit des Daseins überwunden. Diese Geschichtlichkeit ist selber nicht der Geschichte unterworfen, sondern gewinnt sich an der ewigen Thematisierung und Problematisierung des Daseins durch den Tod.«[84] Aber das hat die überraschende, zugleich jedoch kaum abweisbare Konsequenz: »Damit verliert sich auch der Blick auf die Geschichte überhaupt.«[85] Moltmann zitiert dazu einen Satz Wolfgang Müller-Lauters: »Die intendierte Überwindung des Historismus wird zur nicht intendierten Überwindung von Geschichte.«[86] Der Akzent, der bei Heidegger auf die Geschichtlichkeit der menschlichen Existenz gelegt wird, bedeutet eine Umakzentuierung: sie nimmt dem geschichtlichen Geschehen als solchem sein Gewicht. Geschichte wird relevant als Geschichte des Existenzverständnisses. Moltmann fährt fort: »Es vollzieht sich im Namen der ›Geschichtlichkeit‹ und in der Arbeit der existentialen Interpretation von Geschichte wiederum Vernichtung von Geschichte. Das Rätsel der Geschichte ist die Geschichtlichkeit des Daseins, und der Mensch weiß sich in seiner Geschichtlichkeit als seine Lösung. In seiner ›Entschlossenheit‹ durchschlägt er den gordischen Knoten. Wer aber den Historismus so überwindet, verliert die Geschichte selbst.«[87]

Martin Kähler rechtfertigt seine anders gemeinte Terminologie: »Mein Thema ist ein Paradoxon, denn es stellt zwei Aussagen einander entgegen,

82. Vgl. *Walther Koehler*, Art. Leopold von Ranke, in: RGG^2 IV, Sp. 1699–1701, hier: Sp. 1700.

83. *J. Moltmann,* Theologie der Hoffnung. Untersuchungen zur Begründung und zu den Konsequenzen einer christlichen Eschatologie (BEvTh 38), München 1964, S. 236f.

84. Moltmann, a.a.O., S. 237.

85. Ebd.

86. *W. Müller-Lauter,* Konsequenzen des Historismus in der Philosophie der Gegenwart, in: ZThK 59, 1962, S. 226–255, hier: S. 251 (Moltmann, a.a.O., S. 237 Anm. 74 fälschlich: S. 253).

87. Moltmann, a.a.O., S. 237.

von denen es scheinen könnte, als ob sie genau dasselbe besagten.«[88] Was Kähler meint, ist seinem Satz zu entnehmen: »Der historische Jesus der modernen Schriftsteller verdeckt uns den lebendigen Christus. . .«[89] Der »sogenannte historische Jesus« ist mithin bei Kähler Zitat; Kähler meint den historischen Jesus der Leben-Jesu-Forschung. Für Kähler ist dabei übrigens gerade die Beredtheit verdächtig, mit der in der »Leben-Jesu-Bewegung« Biographien Jesu geschrieben wurden. Man muß bei Kählers Formulierungen immer an die Leben-Jesu-Forschung als sein historisches Gegenüber denken. Das ist der hermeneutische Schlüssel zum Verständnis Kählers. Seine Sätze sind in ihrem historischen Kontext zu lesen. Man muß etwa zu Albert Schweitzers großem Buch als Illustration greifen. Und auch noch von der formgeschichtlichen Arbeit gilt später, daß sie sich weithin gegen die Leben-Jesu-Forschung abgrenzt. Karl Ludwig Schmidt, einer der führenden Köpfe der formgeschichtlichen Schule, läßt das schon im Titel seines 1919 erschienenen Buches erkennen: »Der Rahmen der Geschichte Jesu«.[90] Auch hier wird gefragt: Ist den Evangelien, vorab dem Markus-Evangelium, ein Grundriß einer Biographie Jesu zu entnehmen? Gibt das Markus-Evangelium einen historisch gemeinten bzw. historisch verwertbaren »Rahmen« der Geschichte Jesu ab? Und er bemerkt zu diesen forschungsgeschichtlichen Zusammenhängen selbst: Die Vertreter der formgeschichtlichen Methode kommen »von der Literarkritik und damit in einem gewissen Sinne von der Leben-Jesu-Theologie her (ich muß mich da selbst mit einbegreifen), haben aber schließlich erkannt, daß diese Kritik in eine Sackgasse [Stichwort auch Ernst Käsemanns heute![91]] geführt hat und hat führen müssen, so daß Kähler mit seiner skeptischen Ablehnung und Schlatter mit seiner souveränen Verachtung der ganzen synoptischen Literarkritik sozusagen post festum ins Recht gesetzt worden sind«[92].

Damit sind wir fast zufällig wieder auf die Nähe Kählers zur formgeschichtlichen Arbeit gestoßen, die wir schon betonten. Wir werden sie zu sehen haben. Wenn ich nicht mit Kähler beginne, so aus der technischen Erwägung, daß ein Einsetzen mit Martin Kähler mehr Zeit kosten würde

88. M. Kähler, a.a.O., S. 16.

89. Ebd.

90. *K. L. Schmidt,* Der Rahmen der Geschichte Jesu. Literarkritische Untersuchungen zur ältesten Jesusüberlieferung, Berlin 1919. Nachdruck Darmstadt 1964.1969².

91. Siehe oben Anm. 14.

92. *K. L. Schmidt,* Das Christuszeugnis der synoptischen Evangelien, in: Jesus Christus im Zeugnis der Heiligen Schrift und der Kirche, München 1936, S. 7–33, hier: S. 10.

als der Versuch, Kählers frühe Vorwegnahmen im größeren Zusammenhang einer Darstellung des Ansatzes der formgeschichtlichen Schule zur Sprache zu bringen. Vielleicht sollte man noch hinzufügen, daß Martin Kähler in seiner Zeit weitgehend verkannt blieb: ein einsamer Vogel auf dem Dache! Das war doch wohl auch weithin sein Selbstverständnis, wenn man an seinen Briefwechsel mit Hermann Cremer denkt.[93] Soviel aber läßt sich schon hier sagen: Wenn wir bezweifeln mußten, daß Albert Schweitzers große »Geschichte der Leben-Jesu-Forschung« von Schweitzer selbst als Schlußstrich gemeint sein konnte, so hat Martin Kählers Protest grundsätzlichen theologischen Charakter. War bei Albert Schweitzer eine Revision der Frage als solcher nicht vorgesehen, so stößt Martin Kähler, ungleich radikaler, auf das Problem: Kann man das überhaupt: ein Leben Jesu schreiben? Und noch mehr: Wird man bei einer solchen Absicht den neutestamentlichen Texten gerecht, oder überhört man sie gerade in ihrem Eigentlichen: in ihrem Zeugnis, in ihrem »Kerygma« (ein Ausdruck, den Kähler selbst verwandte[94] und auf den das Schlagwort »Kerygma-Theologie« zurückgeht)? Das ist ohne Zweifel Albert Schweitzer gegenüber ein neues Problem. Martin Kähler sah die Leben-Jesu-Bewegung mit der Intention der neutestamentlichen Texte in Konflikt geraten. Damit hat er das Problem umrissen, das wir aufzunehmen haben.[95]

93. Vgl. Chr. Seiler, a.a.O., S. 150–158.

94. Zur weiteren Begriffsgeschichte: *G. Ebeling*, Theologie und Verkündigung. Ein Gespräch mit Rudolf Bultmann (HUTh 1), Tübingen 1962, S. 109–114. – *Gottfried Hornig/Hans-Werner Bartsch*, Art. Kerygma II.III., in: Historisches Wörterbuch der Philosophie, Bd. IV, hg. von J. Ritter/K. Gründer, Basel/Stuttgart 1976, Sp. 815–817. – *G. Sauter*, Dogma – ein eschatologischer Begriff (1966), in: *ders.*, Erwartung und Erfahrung. Predigten, Vorträge und Aufsätze (TB 47), München 1972, S. 16–46, hier: S. 24 Anm. 9.

95. Vgl. zu M. Kähler auch das Urteil von *K. Barth*, Die Kirchliche Dogmatik, Bd. I/2, Zollikon 1938, S. 71.

II. Die Frage nach dem historischen Jesus in der formgeschichtlichen Forschung

1.

Die formgeschichtliche Methode fragt, so umschreibt sie Martin Dibelius, »zuerst nach der Überlieferung und ihrer Bedeutung und nicht nach dem, was der Verfasser des Evangeliums dachte, wünschte und beschrieb«[1]. Der Verfasser des Evangeliums ist nicht eigentlich Autor seines Buches, wiewohl das Evangelium ein eigenes und neues literarisches Genus darstellt. Entscheidend ist jedoch die Überlieferung. Um die Evangelien zu erschließen, muß ihre Vorgeschichte erkundet werden – *Formgeschichte ist primär Vorgeschichte der Evangelien.* Rudolf Bultmann formuliert in seiner »Geschichte der synoptischen Tradition«: »Die ursprüngliche Form eines Erzählungsstückes, eines Herrenwortes, eines Gleichnisses zu erkennen, ist eben das Ziel der formgeschichtlichen Betrachtung.«[2] So geht es Bultmann darum, »ein Bild von der *Geschichte der Einzelstücke der Tradition* zu geben«[3]. Dabei gibt es keine »prinzipielle Grenze zwischen der mündlichen und der schriftlichen Überlieferung«[4].

Diese Grenze hat in Bultmanns Perspektive nur zufälligen Charakter. Immerhin gewährt der Vergleich verschiedener schriftlich fixierter Überlieferungsformen (in den synoptischen Evangelien) einen Einblick in die Varianten der Überlieferung bzw. in die Variationsbreite der Überlieferung – also in Vorgänge der Überlieferungsgeschichte. Den »individuelle[n] Faktor« bei der Formung der Überlieferung wertete Martin Dibelius gering, »wenigstens was das Markus- und das Matthäus-Evangelium betrifft«. Und es war ihm »sehr fraglich, ob ihm in der Vorgeschichte des Stoffes ein größeres Gewicht zukommt«[5].

Freilich sind das nicht mehr unsere Formulierungen und können es auch nicht mehr sein. Der Fragehorizont hat sich seit den Anfängen der formgeschichtlichen Arbeit erweitert und verschoben. Wir sprechen in-

1. *M. Dibelius*, Die Bergpredigt (1937), in: *ders.*, Botschaft und Geschichte. Gesammelte Aufsätze, Bd. I, hg. von G. Bornkamm, Tübingen 1953, S. 79–174, hier: S. 99f.

2. *R. Bultmann*, Die Geschichte der synoptischen Tradition (FRLANT 29), Göttingen 1931². 1979⁹, S. 7.

3. Bultmann, a.a.O., S. 4.

4. Bultmann, a.a.O., S. 347.

5. *M. Dibelius*, Die Formgeschichte des Evangeliums, Tübingen 1933², S. 3.

zwischen betont von der »Theologie« schon des Markus, ebenso des Matthäus. Aber die formgeschichtliche Forschung wollte zunächst, ihrem eigenen »überlieferungsgeschichtlichen« Ansatz entsprechend, der sich als überaus fruchtbar erwies, die Vorgeschichte erhellen.

2.

Was kam bei diesem Ansatz heraus? Wir wenden uns zunächst etwas näher Karl Ludwig Schmidt zu. Für ihn ergab sich bei seinen »literarkritischen Untersuchungen zur ältesten Jesusüberlieferung«, daß die unseren Evangelien voraufliegende vorliterarische Überlieferung »Überlieferung einzelner Szenen und einzelner Aussprüche« war, »die zum größten Teil ohne feste chronologische und topographische Markierung innerhalb der Gemeinde überliefert worden sind. Vieles, was chronologisch und topographisch aussieht, ist nur der Rahmen, der zu den einzelnen Bildern hinzukam. Innerhalb der literarischen Überlieferung alsdann in einen Zusammenhang hineingestellt, erhielten die oft ohne Anschluß nach vorwärts und rückwärts angewandten Perikopen-Initia das Aussehen von chronologischen und topographischen Notizen. In der Mehrzahl der Fälle aber läßt sich der ›Rahmen‹-Charakter dieses Beiwerkes aufweisen.«[6] So kommt Karl Ludwig Schmidt zu dem Schluß: »Aufs Ganze gesehen, lassen sich . . . nur trümmerhafte Bruchteile eines Itinerars herausarbeiten.«[7] Das heißt: Eine Karte der Wege Jesu kann den Evangelien nicht (oder nicht mehr) entnommen werden. Man darf hier nicht vergröbern, als ob einfach alles fehle, was topographisch oder chronologisch verwertbar wäre. Karl Ludwig Schmidt hat mit bemerkenswerter Vorsicht geurteilt: »In den Evangelien und gerade in den synoptischen Evangelien ist allerlei rein Situationsmäßiges, Topographisches, Chronologisches, Psychologisches da und auch wieder nicht da.«[8] Gleichwohl gilt: »Jedenfalls hat das alles keinen Akzent.«[9] Deshalb kann es, wie Schmidt urteilt, bei den einzelnen Evangelisten – bei Matthäus und Lukas im Verhältnis zu Markus, ihrer Vorlage – immer wieder zu Umstellungen der Reihenfolge der Geschichten kommen. »Die älteste Evangelienschriftstellerei war in diesem Punkte mit Recht ungebunden, . . .«[10]

6. K. L. Schmidt, Der Rahmen der Geschichte Jesu, S. V.
7. Schmidt, a.a.O., S. VI.
8. K. L. Schmidt, Das Christuszeugnis der synoptischen Evangelien, S. 13.
9. Ebd.
10. Schmidt, Der Rahmen der Geschichte Jesu, S. 53.

Ihre Ungebundenheit entsprach der Vorgeschichte der von ihnen aufgegriffenen Überlieferung.

Wir fragen noch nicht, wie dies sich erklärt: ob sich hier eine Grenze der Überlieferung kundtut (die eben fragmentarisch war), oder ob es tiefer begründet ist. Wir fragen vorläufig, was das für die Möglichkeit einer Biographie Jesu bedeutet. In den Evangelien »gibt es kein Leben Jesu im Sinne einer sich entwickelnden Lebensgeschichte, keinen chronologischen Aufriß der Geschichte Jesu, sondern nur Einzelgeschichten, Perikopen, die in ein Rahmenwerk gestellt sind«[11], das »als redaktionelle Zutat sekundär ist«[11a]. Darum bildete der »Rahmen der Geschichte Jesu« das eigentliche Problem in der Sicht Karl Ludwig Schmidts. Die wichtige Entdeckung bestand darin, daß für die Evangelien, vorab für Markus, galt: »Die Jesusgeschichten liegen in der Hauptsache auf einer und derselben Ebene«.[12] »Geordnet« sind sie nicht biographisch, sondern »sachlich«. So läßt sich zusammenfassend sagen: »Wir haben nicht eine Geschichte Jesu, sondern Geschichten von Jesus vor uns«.[13] Dem entspricht die Beobachtung zum Stil des Erzählens: »Es fehlt so gut wie ganz ein literarisches Porträt«.[14] Details werden nicht geschildert. Weder Johannes der Täufer noch Jesus werden bei Markus eigentlich ›vorgestellt‹. Sie werden als bekannt vorausgesetzt. Selten vorkommende biographische Einzelnotizen (z. B. über die Gewandung Johannes des Täufers) haben keinen biographischen Sinn, entstammen nicht einer (novellistischen) Liebe zum Detail.[15]

Ich bemerke dazu, daß Julius Schniewind in einem großangelegten Referat über Arbeiten zur Synoptiker-Exegese (1930) Karl Ludwig Schmidts Untersuchungen begrüßt und bejaht hat.[16] Sie hätten die Markusperikopen »aus ihren Fesseln gelöst und sie dadurch ihrem eigentlichen Leben zurückgeschenkt«[17]. Er stimmte besonders auch dem Perikopencharakter der Überlieferung zu, von dem Karl Ludwig Schmidt gesprochen hatte: »Die ältesten Erzähler und Überlieferer der Jesusgeschichten achteten kaum . . . auf deren Zusammenhang, sondern waren ganz eingestellt auf die bildhafte Vereinzelung der Perikopen, wie sie für den Gottesdienst et-

11. Schmidt, a.a.O., S. 317.
11a. Schmidt, Das Christuszeugnis der synoptischen Evangelien, S. 12.
12. Schmidt, Der Rahmen der Geschichte Jesu, S. 317.
13. Schmidt, Das Christuszeugnis der synoptischen Evangelien, S. 12.
14. Ebd.
15. Schmidt, Der Rahmen der Geschichte Jesu, S. VIf.
16. *J. Schniewind*, Zur Synoptiker-Exegese, in: ThR 2, 1930, S. 129–189, hier: S. 165.
17. Ebd.

was Gegebenes ist«[18] – ein neues Stichwort, denn auch für Karl Ludwig Schmidt war es »klar, daß die Entstehung des urchristlichen Schrifttums aus dem Kult begriffen werden muß«[19]. Damit ist erkannt, daß die synoptische Überlieferung nirgendwo anders als in der Gemeinde entstand und unliterarischer Art war. Diese (wenn man so sagen will: soziologische) Komponente der Sache deute ich wenigstens an. Man vergleiche dazu Rudolf Bultmann, der den Begriff der literarischen »Gattung« als soziologischen Begriff verstanden haben will.[20] Hier taucht die Vorstellung vom »Sitz im Leben« auf, den die Überlieferung zu erkennen gibt: den Sitz im Leben der Gemeinde (der Begriff »Sitz im Leben« stammt von Hermann Gunkel[21]). In diesen Zusammenhang fügt sich auch die Feststellung, daß die Evangelien »zweifellos zur Kleinliteratur [gehören]; sie wollen und können sich nicht messen mit ›literarischen‹ Werken«[22]. Die Evangelien sind Kleinliteratur, Volksliteratur. Schon Adolf Deißmann hat diesen sprachlich unliterarischen Charakter der synoptischen Evangelien betont.[23] Karl Ludwig Schmidt und Martin Dibelius waren nicht von ungefähr seine Schüler. Er war es auch, »der ihnen den Blick für die Erzählung als Traditionsstück, für die kleinsten Einheiten und für die Motive der mündlichen Tradition geöffnet hatte, indem er sie gelehrt hatte, diese Texte als im Volk tradierte und umgehende Volkserzählungen zu verstehen«[24]. Das Referat von Julius Schniewind eignet sich bis heute gerade auch als Einführung in die Probleme der formgeschichtlichen Arbeit. Als deren »wesentliches Ergebnis« unterstrich Schniewind: »sie weist uns zum Einzelnen für Logien wie Geschichten«[25]. Das ist eine für die Exegese maßgebliche Einsicht.

18. K. L. Schmidt, Der Rahmen der Geschichte Jesu, S. VI.
19. Ebd.
20. R. Bultmann, a.a.O., S. 4.
21. Vgl. bes. *H. Gunkel*, Die Grundprobleme der israelitischen Literaturgeschichte (1906), in: *ders.*, Reden und Aufsätze, Göttingen 1913, S. 29–38, hier: S. 33: »Sitz im Volksleben Israels«.
22. M. Dibelius, a.a.O., S. 2.
23. *A. Deißmann*, Licht vom Osten, Tübingen 1923[4], S. 53f.
24. *Günther Harder*, Zum Gedenken an Adolf Deißmann, in: KiZ 22, 1967/7, S. 297–303, hier: S. 300.
25. J. Schniewind, a.a.O., S. 166.

3.

Die Konsequenzen für die Frage nach dem historischen Jesus zeichneten sich im Umriß schon ab. Ich möchte aber meine Skizze des Beitrags von Karl Ludwig Schmidt ergänzen, indem ich zum gleichen Problem Martin Dibelius zu Wort kommen lasse. Die Parallelität wird überraschen. Martin Albertz hat einmal nicht ohne Grund gesagt, daß die Anwendung der Formgeschichte auf das Neue Testament um 1920 »in der Luft lag«[26]. Die Arbeiten von Karl Ludwig Schmidt, Martin Dibelius und Rudolf Bultmann sind in großer zeitlicher Nähe, aber unabhängig voneinander erschienen.[27] Das Stichwort »Formgeschichte« begegnet im Buchtitel des Buches von Martin Dibelius »terminologisch zum erstenmal«[28]. Martin Albertz spricht übrigens von der »Anwendung« der Formgeschichte auf das Neue Testament, weil schon zwanzig Jahre früher Hermann Gunkel formgeschichtliche Methoden in die exegetische Arbeit am Alten Testament eingeführt hatte. Hermann Gunkel kommt die Rolle des großen Anregers zu. Eine Parallelität zwischen Genesisforschung und Synoptikerforschung ist in manchem bis heute zu beobachten – so auch z. B. in der Wendung von der Formgeschichte zur Redaktionsgeschichte, von der überlieferungsgeschichtlichen Problematik im einzelnen zur Theologie der Überlieferungsstränge.[29]

Aber lassen wir nun Martin Dibelius selber das Wort nehmen: »Das literarische Verständnis der Synoptiker beginnt mit der Erkenntnis, daß sie Sammelgut enthalten.«[30] Dibelius fragt mithin nach einer Erklärung für die literarische Eigenart der Evangelien: Wie ist ihre literarische Struktur zu verstehen? »Die Verfasser sind nur zum geringsten Teil Schriftsteller, in der Hauptsache Sammler, Tradenten, Redaktoren. Im Überliefern, Gruppieren und Bearbeiten des ihnen zugekommenen Materials besteht ihre Tätigkeit vor allem, und auch ihr theologisches Erfassen des Stoffes, soweit man von einem solchen reden kann, gelangt ganz wesentlich auf

26. *M. Albertz*, Die Botschaft des Neuen Testaments, Bd. I/1, Zollikon 1947, S. 10.

27. K. L. Schmidt und M. Dibelius 1919, R. Bultmann 1921.

28. *M. Dibelius*, Die Formgeschichte des Evangeliums, Tübingen 1919; vgl. *Klaus Koch*, Was ist Formgeschichte? Neue Wege der Bibelexegese, Neukirchen 1964, S. 3.

29. Vgl. z. B. *Hans Walter Wolff*, Das Kerygma des Jahwisten, in: EvTh 24, 1964, S. 73–98. Zur Parallelität zwischen Genesis- und Synoptikerforschung: *Gerhard von Rad*, Das erste Buch Mose – Genesis (ATD 2), Göttingen 1958[5].

30. M. Dibelius, Die Formgeschichte des Evangeliums, S. 2.

31. Ebd.

diese mittelbare Weise zum Ausdruck.«[31] Noch greifbar sind in den Evangelien *Form und Stil der mündlichen Überlieferung*. Die Evangelisten übernahmen einen Stoff, »der bereits geformt war. Sie fügten kleine Einheiten zueinander«[32]. Schon in der mündlichen Überlieferung eignete diesen Einheiten »formale Geschlossenheit«[33]. Sie sind, wozu man die Probe aufs Exempel machen kann, in sich gerundet. Sie bedürfen – literarisch! – keines Kontextes. Sie können wieder als Einzelstücke gelesen werden (und werden auch bis heute im Gottesdienst und im Unterricht faktisch als Einzelstücke gelesen – was mithin ihrer Intention nicht widerspricht). Man greife etwa zu Markus und achte zugleich auf die Verknüpfung der Geschichten oder Logien mit dem »Zäsurwörtchen« καί, »einer Zäsur primitivster Art«[34]. Daß καί bei Markus ständig vorkommt, ist also nicht nur Stil »volkstümlichen Erzählens«, sondern verrät die überlieferungsgeschichtliche Grundlage, die aus »kleinsten Einheiten« besteht.[35]

Das Markusevangelium ist »ein Mosaik, und sein mosaikartiger Charakter zeigt, daß Markus, als er sein Buch schrieb, im Besitz einer Überlieferung war, die fast ausschließlich gesonderte Erzählungen und Sprüche umfaßte«[36]. »Die alte Tradition über das Leben Jesu, die uns überliefert ist, ist weder chronologisch noch biographisch, noch literarisch interessiert. . .«[37] Ich denke, die Berührungen zwischen Karl Ludwig Schmidt und Martin Dibelius liegen auf der Hand. Und über das Verhältnis zwischen Martin Dibelius und Rudolf Bultmann hat Rudolf Bultmann selbst sich so ausgesprochen: »Wenn M. Dibelius die ›konstruktive Methode‹ befolgt, d. h. wenn er von einer Anschauung von der Gemeinde . . . aus die Geschichte der synoptischen Tradition rekonstruiert, und wenn umgekehrt ich von der Analyse der Traditionsstücke ausgehe, so handelt es sich nicht um gegensätzliche, sondern um einander ergänzende und korrigierende Arbeitsweisen.«[38] So ist offenbar, bei allen Unterschieden im einzelnen, ein übergreifender Consensus zu erkennen. Im Bereich der formgeschichtlichen Problematik ist hier Arbeitsgemeinschaft möglich.

32. Dibelius, a.a.O., S. 3.
33. Ebd.
34. K. L. Schmidt, Der Rahmen der Geschichte Jesu, S. 19.
35. Vgl. aber auch: ἐν ἐκείναις ταῖς ἡμέραις (in jenen Tagen).
36. *M. Dibelius*, Die Bergpredigt (1937), in: *ders.*, Botschaft und Geschichte, Bd. I, S. 79–174, hier: S. 100.
37. *M. Dibelius*, Evangelienkritik und Christologie (1935), in: *ders.*, Botschaft und Geschichte, Bd. I, S. 293–358, hier: S. 335.
38. R. Bultmann, Die Geschichte der synoptischen Tradition, S. 6.

4.

Hier möchte ich auf Martin Kähler zurückkommen. Ich sprach oben davon, daß Kähler Einsichten der formgeschichtlichen Schule schon vorweggenommen habe, und meine, daß sich das belegen läßt. Zunächst ein allgemeiner Grundsatz, den Kähler einzuschärfen für angebracht hielt: ». . . die erste Tugend echter Geschichtsforschung ist die Bescheidenheit; Bescheidenheit kommt von Bescheid wissen; und wer Bescheid weiß mit geschichtlichen Tatsachen und Quellen, der lernt Bescheidenheit sowohl im Wissen als im Verstehen.«[39] Ähnlich unterstreicht Kähler: »Die Geschichtsforschung . . . erfordert eine langgeübte Technik und eine breite Gelehrsamkeit – hier gibt es kein allgemeines Urteil außer etwa dem von aufgeblasenen Dilettanten« (37). Kähler erkennt (und das ist besonders wichtig für unser Problem des historischen Jesus!) die Grenzen der Historik (45) und wehrt sich deshalb dagegen, daß »die Christus-Novelle die Kanzel besteigt« (48). Mit der Christus-Novelle meint Kähler die freihändige Ergänzung der sparsamen ›historischen‹ Daten der Evangelien zu einer ›Biographie‹, bei der das, was in den Evangelien fehlt, einer allgemeinen Psychologie entlehnt und eingetragen wird. Das »Analogisieren« ist für Kähler – methodisch – problematisch. Quo iure geschieht das? Was Kähler weiter bedenklich stimmt, ist ein Rankenwerk, das in der Christus-Novelle eine nicht unwesentliche Rolle spielt: »breite Ausführungen aus der Zeitgeschichte . . .; dichterisch zugestutzte Landschaftsbilder« (ebd.). Das lenkt – wie Kähler beobachtet – ab, statt zur Konzentration auf den einen und einzigen Gegenstand der Verkündigung zu helfen: auf Jesus Christus selbst! Christus und das Evangelium können nach Kähler nicht »zum Inhalte der Unterhaltung werden« (ebd.). Kähler weist jeden Verkündiger streng darauf hin, daß er sich zu fragen habe, »wie man die Gefahr vermeidet, zu unterhalten statt das Evangelium zu bezeugen« (ebd.). Er bemerkt sogar: »Auch unter dem Vorwande, Bibelkenntnis zu fördern, kann geistliches, oder richtiger: ungeistliches Stroh gedroschen werden« (ebd.). Mir scheint deshalb Julius Schniewind seinen Lehrer Martin Kähler zutreffend zu charakterisieren, wenn er schreibt: Kähler ». . . wußte . . . um die Kunst des Historikers, und er übte sie selbst. . .«[40] Von hier aus werden die folgenden Sätze Kählers verständ-

39. M. Kähler, Der sogenannte historische Jesus und der geschichtliche, biblische Christus, S. 20. Die Belegangaben im nachfolgenden Text beziehen sich ebenfalls auf dieses Werk.
40. *J. Schniewind*, Nachgelassene Reden und Aufsätze, hg. von E. Kähler, Berlin 1952, S. 169.

lich sein: »Wir besitzen keine Quellen für ein Leben Jesu, welche ein Geschichtsforscher als zuverlässige und ausreichende gelten lassen kann. Ich betone: für eine Biographie Jesu von Nazareth von dem Maßstabe heutiger geschichtlicher Wissenschaft. . . Unsre Quellen, das heißt die sogenannten Evangelien stehen erstens so vereinsamt da, daß man ohne sie garnichts von Jesu wissen würde, obwohl seine Zeit und der Schauplatz seines Lebens sonst durchaus geschichtlich deutlich sind« (21). (Kähler denkt daran, wie außerordentlich schmal die Grundlage außerbiblischer Zeugnisse für die Geschichte Jesu ist.) »Diese Quellen sind ferner nicht mit Sicherheit auf Augenzeugen zurückzuführen« (ebd.). Höchst beachtlich die Offenheit Kählers für die Probleme einer kritischen Einleitungswissenschaft![41] Auch in diesem Punkt ist Kähler vorbildlich zu nennen: seine Offenheit kennzeichnet seinen Rang, wie dies auch von seinem Schüler Julius Schniewind zu sagen ist. Kähler verrennt sich nicht in ein Festhalten kaum haltbarer ›konservativer‹ Problemlösungen, er versteigt sich auch nicht in sekundäre Probleme[42]: Die Evangelien »berichten überdem nur von dem kürzesten letzten Abschnitt seines Lebens. Und endlich verlaufen diese Berichte in zwei Grundformen . . .« (ebd.). Kähler meint: die der drei ersten Evangelien und des vierten, und er bemerkt dazu später in seiner Schrift, es sei noch nicht gelungen, »das Verhältnis unsrer drei ersten Evangelien zu einander zu klären. Vollends rätselhaft bleibt die Verzweigung der Überlieferung in den Grundriß des synoptischen Berichtes und in den des vierten Erzählers« (72). Daraus zieht Kähler das Fazit: »Demzufolge sieht sich der ›vorurteilsfreie‹ Kritiker vor einem großen Trümmerfelde von einzelnen Überlieferungen. . . Schon allein die Feststellung des äußeren Verlaufes bietet nicht geringe Schwierigkeiten und führt vielfach nicht über Wahrscheinlichkeiten hinaus . . .« (21f).

Von diesen Beobachtungen an den Texten rührt Kählers Skepsis gegenüber der Leben-Jesu-Forschung her, die rein historisch zu sein beansprucht, aber für Kähler gerade historisch angreifbar ist. Kähler betont die Verschlossenheit der Evangelien gegenüber aller Psychologie: »Die Quellen . . . enthalten von dem allem nichts, auch garnichts« (23). Eine »Entwicklung des messianischen Bewußtseins« Jesu (so lautet eine wichtige Formel fast aller biographischen Versuche der Leben-Jesu-Forschung) ist nach Kählers Einsicht den Evangelien nicht zu entnehmen. Sie entpuppt

41. Vgl. M. Kähler, a.a.O., S. 72 Anm. 1 zur Herkunft des vierten Evangeliums.
42. Vgl. zu M. Kähler die knappe Zusammenfassung bei *E. Käsemann*, Der Ruf der Freiheit, Tübingen 1968³, S. 136.

sich als eine Konstruktion der Biographen. Die Evangelien »sind das völlige Gegenteil der ausmalenden, motivierenden und psychologisierenden Beredsamkeit« der Jesusbiographien (76). Kählers theologischer Rang scheint mir auch daraus hervorzugehen, daß er, was das Überschreiten der Grenzen der Historie betrifft, ». . . vielmals keinen Unterschied zu erkennen [vermag] zwischen den Positiven und den Negativen, wie man sie zu nennen pflegt« (20; vgl. 59 Anm. 1) – eine Formulierung, deren Kühnheit auffällt (und die Bände spricht). Sein Ansatz, der entschlossen vorstößt, relativiert vordergründige Gegensätze der Theologie seiner Zeit.

Ich fasse zusammen: Kähler sieht den Historiker, der ein Leben Jesu ermitteln will, unkritisch nach dem Mittel der Analogie greifen, um dem »Schweigen der Quellen« nachzuhelfen (24). Und so »episiert und dramatisiert [er] nun fröhlich drauf los. . . Es ist zumeist der Herren eigner Geist, in dem Jesus sich spiegelt« (30). Kritischer läßt sich kaum reden. Das »Schweigen der Quellen« weist die Intentionen der Leben-Jesu-Forscher ab – insofern ist es äußerst beredt. Deshalb hat Kähler gerade im Namen der Historie gegen die unkritisch operierenden Leben-Jesu-Biographen protestiert. Nur im Namen der Historie? Ich meine: zugleich im Namen der Texte, die eine solche Verzeichnung nicht zulassen. Kähler spricht von »Trümmern der Überlieferung« (27). Von ihm stammt der Satz, man könne die Evangelien »etwas herausfordernd . . . Passionsgeschichten mit ausführlicher Einleitung nennen« (60[a–a]). So sind die Überlieferungen »bruchstückartig« (71). ». . . alle Spreu des schlicht und schlecht Geschichtlichen [ist in der Überlieferung weg]gefallen«, kann Kähler sagen und in diesem Vorgang das Wirken des Geistes erkennen (76). Kähler ist – das kann ich hier nur andeuten – bei aller Skepsis gegenüber jedem Versuch einer Biographie des historischen Jesus nicht mißtrauisch dem »Bild Jesu« gegenüber, das ihm in den Evangelien begegnet. Wer ist der wirkliche Christus? Es ist der gepredigte Christus, und »er selbst ist der Urheber« des »Bildes« von ihm, das uns im Wort seiner Zeugen begegnet (68). So lautet Kählers wegweisende Gleichung, mit der er die Leben-Jesu-Forschung bestritten hat. Jesus begegnet uns im Kerygma seiner Zeugen, nicht anders. »Es gibt hier keine Mitteilung aufmerksam gewordener unbefangener Beobachter, sondern durchweg Zeugnisse und Bekenntnisse von Christusgläubigen« (75). Damit sind unaufgebbare Einsichten verbunden, die wahrscheinlich immer noch nicht ausgeschöpft sind. Sie müssen vor allem als weiterhin offen angesprochen werden. Kähler hat auch gesehen, daß nicht der Glaube der Jünger als Kontinuum zwischen der vorösterlichen und der österlichen Zeit in Anspruch genommen werden kann. ». . . lediglich er selbst hat sie über diese Kluft gehoben . . .« (42/43b)[43]. In alledem scheint Kähler mir über die Grenze der historischen Bemühung um den Jesus der Evangelien grundsätzlich nachgedacht zu haben. Er hat bereits gesehen, daß die »neutestamentlichen Darstellungen« nicht die Absicht haben, »das Werden Jesu zu veranschaulichen«, während die Historiker (die vermeintlichen Historiker!) des Lebens Jesu gerade dieses Werden zu erfragen suchten (24). Höchst charakteristisch sagt Kähler, daß »uns in jeder kleinen Geschichte« der ganze Christus entgegentritt (60f). So hat Kähler den Einsichten der formgeschichtlichen Schule weit vorgegriffen.

5.

Martin Kähler war nicht der einzige Theologe, der zu nennen ist, wenn wir fragen, ob die Intentionen und Erkenntnisse der Formgeschichtler nicht schon vorbereitet gewesen sind. Das »psychologische Supplementärwissen« der Leben-Jesu-Forscher hat auch William Wrede angegriffen. Karl Ludwig Schmidt zitiert im Vorwort seines Buches von 1919 Albert Schweitzers knappe Zusammenfassung der Kritik Wredes: »Der Stoff, mit dem man die Einzelerzählungen zu einem Leben-Jesu zusammenlötete, hält die Temperaturprobe nicht aus. Setzt man ihn der Kälte des kritischen Skeptizismus aus, so bekommt er Risse; erreicht das eschatologische Feuer einen gewissen Grad, so schmelzen die Lötungen. . . Bisher löste man sich durch ein gewisses psychologisches Supplementärwissen Zuschlagskarten, die erlaubten, in der Leben-Jesu-Darstellung Schnellzüge zu benützen, um nicht gezwungen zu sein, an jeder kleinen Station zu halten, umzusteigen, auf Anschluß zu warten und ihn eventuell zu verfehlen. Dieser Schalter ist nun geschlossen. Jede Perikope ist eine Station, und die Anschlüsse werden nicht garantiert.«[44] Und Julius Schniewind hat zu Wredes Beobachtungen bemerkt: »Es ist richtig, daß unser Markus weder eine Entwicklung Jesu noch seiner Jünger kennt; es ist richtig, daß Markus nicht historisch-pragmatisch verfährt, kein Leben Jesu schreibt. [Und Schniewind fährt fort, was für uns im Zusammenhang mit dem im letzten Abschnitt Ausgeführten als Bestätigung wichtig sein dürfte:] Ge-

43. Vgl. R. Slenczka, Geschichtlichkeit und Personsein Jesu Christi, S. 286.
44. K. L. Schmidt, Der Rahmen der Geschichte Jesu, S. VIIf. – Vgl. A. Schweitzer, Geschichte der Leben-Jesu-Forschung, S. 385.

nau das gleiche wie Wrede hatte Martin Kähler einige Jahre vorher gesagt. . .«[45] Schniewind hat auch sonst betont, wie sich vieles bei Kähler schon findet, was später erneut ausgesprochen wurde: ». . . es gibt fast wörtliche Anklänge an das, was Kähler erkannt hatte, bei Wrede, Bousset, Wellhausen, ohne daß diese Forscher von Kähler Kenntnis genommen haben. . .«[46] Bei Martin Kähler gehörte alles nur in einen anderen Kontext, wie auch von dem Kähler-Schüler Julius Schniewind zu sagen ist, daß er, erstaunlich aufnahmebereit, Einsichten der liberalen kritischen Exegese verarbeitete und in einen neuen Kontext einbezog.

Den Eindruck einer frappierenden Nähe zu einigen Sätzen von Karl Ludwig Schmidt wird man bei Bemerkungen verspüren, die ich der »Einleitung in die ersten drei Evangelien« von Julius Wellhausen entnehme (1905). Der »geniale Alttestamentler und Arabist« (so nennt ihn Werner Georg Kümmel[47]) hat auch knappe Kommentare zu den Synoptikern verfaßt und die literarischen und geschichtlichen Resultate dieser Kommentare in der »Einleitung« nachher zusammengefaßt. Wellhausen formuliert: »Die letzte Quelle der Evangelien ist mündliche Überlieferung«, aber diese »enthält nur zerstreuten Stoff; die Stücke, mehr oder weniger umfangreich, laufen darin einzeln um. Ihre Verbindung zu einem Ganzen ist immer das Werk eines Autors. . .«[48] »Von Chronologie ist keine Spur, nirgend findet sich ein festes Datum. . . Das Ganze hat die Form eines Itinerars. . . Aber der örtliche Zusammenhang des Geschehens läßt doch fast ebenso viel zu wünschen übrig wie der zeitliche; sehr selten wenn überhaupt erscheint beim Wechsel des Schauplatzes eine Übergangsstation. Die einzelnen Stücke werden oft lebhaft und zwar ohne unsachliche, bloß rhetorische Mittel vorgetragen, stehn jedoch meist anekdotisch neben einander. . . Sie reichen nicht aus als Stoff für ein Leben Jesu.«[49]

Das Thema der *Wegbereiter der formgeschichtlichen Arbeit* ist nicht so schnell zu erschöpfen. Ich muß mich hier mit dem Hinweis auf Kähler, Wrede und Wellhausen begnügen. Adolf Deißmann habe ich am Rande vermerkt.[50] Ich möchte aber das schöne Buch von Werner Georg Kümmel nennen, das in einer sehr instruktiven Weise der Auslegungsgeschichte

45. J. Schniewind, a.a.O., S. 3.
46. Schniewind, a.a.O., S. 23.
47. *W. G. Kümmel*, Das Neue Testament. Geschichte der Erforschung seiner Probleme, Freiburg/München 1958, S. 395f.
48. *J. Wellhausen*, Einleitung in die drei ersten Evangelien, Berlin 1911², S. 32.
49. Wellhausen, a.a.O., S. 43.
50. Vgl. oben Anm. 23.

des Neuen Testamentes nachgeht: »Das Neue Testament. Geschichte der Erforschung seiner Probleme«.[51] Das Buch läßt sich vielleicht als ein theologiegeschichtliches bzw. problemgeschichtliches Lesebuch bezeichnen, es setzt mit Marcion ein und schließt mit Rudolf Bultmann; knappe Referate verbindet es mit ausführlichen Textauszügen. Ein biographischer Anhang bringt die Daten der einzelnen Forscher und nennt darüber hinaus wichtige Literatur zur Interpretation und zur theologiegeschichtlichen bzw. forschungsgeschichtlichen Einordnung. Man ist immer wieder überrascht zu sehen, wie bestimmte Probleme schon eine mehr oder weniger lange Vorgeschichte haben, wie wir es am Beispiel der Formgeschichte im Auszug gesehen haben.

6.

Wir müssen nach diesem Exkurs unsere Bemühung um die Intentionen der formgeschichtlichen Forscher wieder aufnehmen. Was sich uns bisher ergab, war doch nur erst ein Torso. Wir haben vorerst – so könnte man sagen – fast nur die kritischen Fragen zusammengestellt, die die formgeschichtliche Forschung der Möglichkeit einer Biographie Jesu gegenüber erhoben hat. Davon, daß die formgeschichtliche Forschung darin aufgegangen wäre, kann keine Rede sein. Ich greife noch einmal auf Karl Ludwig Schmidt zurück. Die Leben-Jesu-Forschung als Gegenüber seiner Arbeit hat uns schon beschäftigt. »Die Evangelien wollen und können nicht berichten von einer überragenden Persönlichkeit, einem Helden, dessen Psyche uns greifbar werden müßte und könnte.«[52] (Karl Ludwig Schmidt charakterisiert damit unverkennbar das Leitbild der Leben-Jesu-Forschung des vorigen Jahrhunderts). Ich denke, man wird auch sagen können, daß sich in dieser kritischen Abwendung vom 19. Jahrhundert auch das nur noch gebrochene Verhältnis zum deutschen Idealismus spiegelt, das für die zwanziger Jahre unseres Jahrhunderts kennzeichnend war. Aber das ist ein weites Feld. Der Wind hatte sich gedreht. »Gerade der wirklich radikale Betrachter muß zugestehen, daß er hier mit psychologischen Kategorien einfach nicht durchkommt . . . Für den Historiker bedeutet das alles ein Negativum, das ihm ein historisch-psychologisch zu erfassendes Leben Jesu unter den Händen zerrinnen läßt. Gerade der Profanwissenschaftler möchte immer wieder aus solcher Skepsis heraus.

51. Siehe oben Anm. 47.
52. K. L. Schmidt, Das Christuszeugnis der synoptischen Evangelien, S. 13.

[Nun, das alles faßt sozusagen zusammen, was wir schon erkannten. Der nächste Satz freilich scheint den bisherigen Rahmen völlig zu sprengen und dürfte zunächst nur Verwunderung auslösen:] Theologisch gesehen ist aber diese Skepsis positiv christologisch. . .«[53]

Es kann sein, daß wir zunächst dazu neigen, hier drei Fragezeichen zu setzen. Vielleicht erscheint uns diese Skepsis als zu skeptisch und das theologische Verständnis der Skepsis als »positiv christologisch« als zu positiv. »Theologisch gesehen ist aber diese Skepsis positiv christologisch . . .«: wie ist das im von Karl Ludwig Schmidt gemeinten Sinne zu interpretieren? Ich denke, es ließ sich an Hand unserer Skizze der Untersuchungen von Karl Ludwig Schmidt verstehen, daß die Frage nach dem historischen Jesus (im Sinn der Leben-Jesu-Forschung) als Frage an die Evangelien für ihn ins Leere griff. Die Evangelien entsprechen ihr nicht. Der historische Jesus ist, von den Evangelien her gesehen, eine Abstraktion. Die für die Evangelien entscheidenden Aussagen werden vom Ansatz der Frage (nach dem historischen Jesus) her nicht erreicht, sondern vielmehr eingeklammert und überspielt. Hier stehen wir wieder vor dem Problem der Hermeneutik. Was wollten die Evangelien? Karl Ludwig Schmidt hält es für entscheidend, »die Evangelien nur vom Kerygma aus zu lesen«[54]. Vom Kerygma aus: das heißt von ihrer eigenen Intention aus, die nicht ›umgangen‹ werden darf, wenn die Evangelien mit dem, was sie sagen wollen, zu Wort kommen sollen. Ihre Mitte ist ihre *Botschaft*. Damit begegnen wir wieder dem zentralen Stichwort Martin Kählers. Martin Dibelius hat dies besonders deutlich zu sagen gewußt. Wenn er, in ausgesprochener Nähe zu Karl Ludwig Schmidt, betonte: »Die alte Tradition über das Leben Jesu . . . ist weder chronologisch, noch biographisch, noch literarisch interessiert«, so lag der Schlüssel zu diesen – wenn man es so sehen will – negativen Einsichten für Martin Dibelius selbst darin, daß die alte Tradition »das Bekenntnis zu Jesus als dem Herrn« sein will und daß sie »darum am engsten mit der Predigt verbunden« ist.[55] Das ist eine Erkenntnis, über die man nicht genug nachdenken kann. Rudolf Bultmann hat das Stichwort *Predigt* für zu begrenzt gehalten. Ihm lag an einer weiter gespannten Formel. Aber dazu ist, wie mir scheint, auf die ausgesprochene Weite des Begriffs der Predigt bei Dibelius hinzuweisen. »Pre-

53. Schmidt, a.a.O., S. 13f.
54. Schmidt, a.a.O., S. 29.
55. M. Dibelius, Evangelienkritik und Christologie, S. 335. Wir haben den Anfang dieses Satzes schon oben zitiert.

digt« ist weniger technisch gemeint, sondern hat den umfassenden Sinn von *Verkündigung* (vgl. dazu etwa den Satz von Dibelius, es müsse »noch viel mehr Ernst gemacht werden mit der Aufgabe, die Entstehung des urchristlichen Schrifttums aus der Predigt zu begreifen«[56]: hier nennt Dibelius Missions- und Gemeindepredigt, Erzählung und Paränese, Prophetenrede und Schriftauslegung nebeneinander und miteinander). Übergreifend ist die Einsicht: »Nicht Archivare, sondern Missionare haben die Tradition formuliert, aus der die Verfasser der Evangelien schöpften.«[57] Ganz ähnlich heißt es später bei Günther Bornkamm: »Jesu Wort wird bewahrt und doch nicht mit archivarischer Pietät gehütet, auch nicht in der Art der Aussprüche berühmter Rabbinen weitergegeben und mit Auslegungen versehen. Ja, man darf geradezu formulieren: Die Überlieferung gibt nicht eigentlich sein einst gesprochenes Wort wieder und weiter, sondern sie ist sein Wort heute.«[58] Damit stoßen wir auf ein Moment, das wir noch genauer erfassen müssen. Es hängt aufs engste mit unserem Leitproblem (des historischen Jesus) zusammen – besser gesagt: es zwingt uns, den Ansatz der Frage nach dem historischen Jesus von Grund auf zu revidieren. Ich unterstreiche dabei, daß es mir um Beobachtungen an den synoptischen Texten geht, nicht um isolierte hermeneutische Vorentscheidungen.

Ich weiß nicht, ob die Konsequenzen dieser Sicht für das Problem des historischen Jesus schon deutlich sind. Hatte es sich bislang gezeigt, daß die Evangelien auf die Frage nach dem historischen Jesus nicht antworten, weil sie nicht biographisch interessiert sind, so zeigt sich nun, daß das, was sie faktisch enthalten, Kerygma ist. Das »Schweigen der Quellen«, von dem Martin Kähler sprach, geht Hand in Hand mit einem Reden der Quellen, das sich auf die Verkündigung Jesu als des Christus bezieht. Bei allem Schweigen über den historischen Jesus wird Jesus als der Christus nicht verschwiegen. Beides ist offensichtlich verschieden, und diesem Faktum haben wir standzuhalten. Die Intention der Frage trifft sich nicht mit der Intention der Texte. Die Frage nach dem historischen Jesus war sozusagen die ›Ausgangsfrage‹. Aber die Frage nach dem historischen Jesus stößt in den Evangelien auf den Jesus, der als Christus verkündigt

56. *M. Dibelius*, Die alttestamentlichen Motive in der Leidensgeschichte des Petrus- und des Johannes-Evangeliums (1918), in: *ders.*, Botschaft und Geschichte, Bd. I, S. 221–247, hier: S. 221.
57. Dibelius, a.a.O., S. 222.
58. *G. Bornkamm*, Jesus von Nazareth, Stuttgart 1956. 1980[12], S. 15.

wird. Das ist ein bewegender Vorgang, und auf ihn sind die Formgeschichtler gestoßen. Muß man deshalb nicht formulieren: Die hermeneutischen Prämissen des Historismus erwiesen sich dem Gegenstand der Frage gegenüber als inadäquat?

Wenn das von den Evangelien her gilt, ist offenbar sofort weiterzufragen: Was aber ist von der Tradition zu sagen, aus der die Evangelien stammen? War diese Tradition noch nicht kerygmatisch profiliert? Haben erst die Evangelisten die Überlieferung ›kerygmatisiert‹? Auf diese Frage ist zunächst zu antworten: Es gelingt nicht, den Glauben aus der Überlieferung auszuklammern. Vielmehr hat nach Martin Dibelius »alle formgeschichtliche Arbeit zur Voraussetzung, daß am Anfang der Traditionsgeschichte nicht eine historisch referierende, sondern eine dem Glauben entstammende und auf Glaubenserweckung abzielende Überlieferung steht. Damit wird die Annahme bestritten, als habe es einmal in der Tradition ein rein geschichtliches Jesusbild gegeben.«[59] Die Überlieferung kam m. a. W. erst vom Kerygma her ›in Gang‹. Eine unkerygmatische Überlieferung gibt es nicht. Selbstverständlich ist dabei das Kerygma von seinen Anfängen an vielfältig und alles andere als uniform, ebenso wie dann auch in seiner schriftlichen Fixierung im Neuen Testament. Die Fülle der kerygmatischen Profile läßt sich nicht auf eine Urform reduzieren.

Vielleicht ist es erlaubt, hier eine kleine Zwischenbilanz einzuschalten. Ich lasse die von mir skizzierte Geschichte der Frage nach dem historischen Jesus sich in einigen Sätzen Ernst Käsemanns spiegeln. Käsemann spricht vom Verdienst der radikalen Kritik, die Problematik des Historischen in den Evangelien erkannt zu haben – vom Verdienst der »radikalen Kritik, welche in der Konsequenz ihres langen und mühsamen Weges nicht, wie sie ursprünglich gehofft hatte, beim historischen Jesus, sondern beim urchristlichen Kerygma als dem Urdatum evangelischer Tradition anlangte. Um dieser Problematik willen mußte sie den Versuch schließlich aufgeben, aus den Synoptikern ein Leben Jesu zu eruieren. . .«[60] Die Ausgangsfrage wurde korrigiert. Die radikale Kritik »leugnet nicht, daß es den historischen Jesus gegeben hat«. Aber »der historische Jesus begegnet uns im NT, der einzigen wirklichen Urkunde über ihn, eben nicht, wie er an und für sich gewesen ist, sondern als der Herr der an ihn glaubenden

59. *M. Dibelius*, Zur Formgeschichte der Evangelien, in: ThR NF 1, 1929, S. 185–216, hier: S. 215.

60. E. Käsemann, Das Problem des historischen Jesus, S. 194.

Gemeinde. . . Die Bedeutsamkeit dieses Jesus für den Glauben ist so stark gewesen, daß sie schon in ältester Zeit seine Historie fast aufgesogen hat. . . Unter solchen Umständen muß man sich fragen, ob die Formel ›der historische Jesus‹ überhaupt geeignet und statthaft genannt werden kann, weil sie fast zwangsläufig die Illusion einer möglichen und befriedigenden Reproduktion seines Bios weckt. . .«[61] Wieder ist offenbar zu sagen: Eine Biographie Jesu ist nicht erreichbar. Ich darf daran erinnern, daß Günther Bornkamms Buch »Jesus von Nazareth« mit dem Satz beginnt: »Niemand ist mehr in der Lage, ein Leben Jesu zu schreiben. . .« Das setzt einen Schlußstrich voraus. Ich zitiere deshalb noch einmal Ernst Käsemann: »Wer an dieser Einsicht rüttelt, bringt uns um Ertrag und Sinn unserer Forschung in den beiden letzten Jahrhunderten.«[62]

Sicherlich kann ich es mir ersparen, noch einmal zusammenfassend davon zu sprechen, wie weit die Perspektiven reichen, die der formgeschichtlichen Arbeit an den Evangelien für unser Problem zu verdanken sind. Ich unterstreiche nur (weil es für alle weiteren Überlegungen wichtig ist), daß vor allem anderen ein sorgsames Hinhören auf die Texte ihre Intention erkennen ließ: ihre Intention, mit der sie dem Ansatz der Frage nach dem historischen Jesus nicht entsprachen, sondern sich ihm entzogen. Und eben diesen Sachverhalt konnte Karl Ludwig Schmidt als »positiv christologisch« verstehen. Die Texte korrigierten die Ausgangsfrage. Sie korrigierten, indem sie eine unerwartete Antwort gaben.

7.

Ich füge noch hinzu, daß inzwischen ein Problem, das die formgeschichtliche Forschung noch nicht eigentlich aufgegriffen hat (weil ihr Interesse der Überlieferung und ihrer Geschichte galt), zu einer ausdrücklichen Frage geworden ist: das Problem von *Tradition und Interpretation*. Rudolf Bultmann hat die Entflechtung von »Tradition und Redaktion«[63] als den »wesentlichen Inhalt« des Buches von Karl Ludwig Schmidt bezeichnet. Aber die Frage nach der eigenen theologischen Kontur der Evangelisten blieb doch zunächst am Rande. War der »Rahmen« sekundär, so wandte man sich dem Primären zu: den einzelnen Überlieferungselementen, die man dem sekundären Rahmen wieder entnahm. Ich erinnere an

61. Ebd.
62. Ebd.
63. R. Bultmann, Die Geschichte der synoptischen Tradition, S. 2.

Julius Schniewinds Zustimmung zu Karl Ludwig Schmidt. Aber es ist immer deutlicher geworden, daß die Übernahme der Tradition (die Evangelisten waren in der Tat »Sammler«) nie ohne Interpretation erfolgte. So wurde gerade der Rahmen wieder wichtig. ›Rahmen‹ bedeutet dabei freilich mehr als nur ein äußeres Rahmenwerk: verknüpfende Ein- und Ausleitungen der »Perikopen«, sondern im entscheidenden der theologische Rahmen: die theologische Profilierung, die dem Evangelisten zu verdanken ist. Man wird formulieren dürfen, daß sich der Charakter dieser Tradition darin zeigt, daß sie immer wieder für die Gegenwart neu bezeugt sein wollte. Deshalb können wir die Frage nicht mehr überhören, wie der Evangelist (als Tradent der Überlieferung!) die Überlieferung selbst verstand, selbst vertrat und selbst übersetzte und in der Übersetzung theologisch profilierte. Das heißt nicht, daß der Evangelist nicht – auch in der erkennbar werdenden theologischen Kontur – »Sprecher seiner Zeit und Gemeinde« gewesen wäre.[64] Aber ich möchte vor allem die theologischen Unterschiede der Evangelisten im Verhältnis zueinander und zur Tradition hervorheben: ihre in der Tat unbestreitbar eigene theologische Note.

Das ist vor allem zu beobachten, wenn man synoptische Texte, die bei Markus, aber auch bei Matthäus und Lukas begegnen, miteinander vergleicht und sich bei diesem Vergleich auf die Spur der jeweiligen theologischen Intention begibt. Günther Bornkamm hat das schon 1948 an einem Modellbeispiel vorbildlich gezeigt: am Beispiel der Geschichte von der Sturmstillung bei Markus (4,35–41) und Matthäus (8,23–27). Matthäus interpretiert die Perikope als Nachfolgegeschichte.[65] Damit ist eine Forschungsaufgabe gestellt, die weithin noch vor uns liegt, die aber schon in bedeutsamen Ansätzen angegriffen ist. Beispielsweise ist an Günther Bornkamm, Ernst Käsemann, Hans Conzelmann, Willi Marxsen, Heinz Joachim Held, Gerhard Barth, Eduard Schweizer, Georg Strecker, Reinhart Hummel, Philipp Vielhauer, Siegfried Schulz und andere mit ihren Arbeiten zu den Synoptikern zu denken. Handelt es sich bei dieser Forschungsaufgabe um »Redaktionsgeschichte«, wie Marxsen formuliert, oder ist dem Vorschlag von Ernst Haenchen zu folgen, der von »Kompositionsgeschichte« sprechen möchte?[66] Wäre nicht die Bezeichnung

64. *Ernst Haenchen*, Der Weg Jesu. Eine Erklärung des Markus-Evangeliums und der kanonischen Parallelen, Berlin 1966, S. 23.

65. *G. Bornkamm*, Die Sturmstillung im Matthäus-Evangelium, in: *Günther Bornkamm/ Gerhard Barth/Hans Joachim Held*, Überlieferung und Auslegung im Matthäusevangelium, Neukirchen 1961², S. 48–53.

66. E. Haenchen, a.a.O., S. 24.

»Interpretationsgeschichte« zutreffender, weil grundsätzlicher und umfassender? Wie wichtig die Entflechtung von Tradition und Interpretation ist, zeigt sich etwa am Beispiel des Matthäustextes: die genaue Kontur der Theologie des Matthäus ist nicht von dem unabhängig, was man im Evangelium als typisch matthäisch ansieht. Es könnte sein, daß mehr als einmal zu fragen ist, ob eine kerygmatische Aussage, die das Evangelium enthält, zur theologischen Intention des Matthäus selbst oder doch eher zur Intention der von ihm aufgenommenen Tradition zu rechnen ist. Damit sind die Differenzen in der Sicht von Georg Strecker und Reinhart Hummel angezeigt, bis zu der Frage, ob Matthäus »ein konvertierter jüdischer Schriftgelehrter der pharisäischen Richtung« war (so R. Hummel, unter Verwendung einer Formel von Ernst von Dobschütz[67]) oder eher ein hellenistischer Heidenchrist unpalästinischer Herkunft (so Georg Strekker[68]). Ich deute damit nur an, daß ich gerade anhand der Fragestellung, die mit den Stichworten »Tradition und Interpretation« umrissen ist, den Zugang zur jeweiligen Theologie der biblischen Autoren zu gewinnen hoffe: mit dieser Fragestellung ist sozusagen ein Schlüssel zur Theologie des Matthäus oder des Paulus gegeben.

Die Frage nach dem historischen Jesus als einer Gestalt der Vergangenheit fragt insofern an dem Jesus der Evangelien vorbei, als der Jesus der Evangelien für die Evangelisten der Herr der Gegenwart ist. Daß die Tradition sich nur in immer neuer Interpretation weitergeben ließ, daß sie für jede Gegenwart neu übersetzt werden wollte: das ist der Vorgang, auf den wir gestoßen sind. Man kann das auch so sagen: Die Tradition war Verkündigung und wollte als Verkündigung tradiert werden. Anders ließ sich die Tradition (diese Tradition!) – nicht bewahren.[69] In der Sprache von Ernst Käsemann hört sich das so an: »Immer wieder wird die Kontinuität zur Vergangenheit so bewahrt, daß überkommene Terminologie, Vorstellungsweise, Theologie, kurz die Tradition zerbrochen wird. Man kann das schon aus den verschiedenen Formen des palästinischen und hellenistischen Kerygmas ablesen. . .«[70] Die Konsequenz für unser Problem

67. *R. Hummel*, Die Auseinandersetzung zwischen Kirche und Judentum im Matthäusevangelium (BEvTh 33), München 1963, S. 159.
68. *G. Strecker*, Der Weg der Gerechtigkeit. Untersuchungen zur Theologie des Matthäus (FRLANT 82), Göttingen 1982, S. 34f.
69. Vgl. *G. Eichholz*, Verkündigung und Tradition (1964), in: *ders.*, Tradition und Interpretation. Studien zum Neuen Testament und zur Hermeneutik (TB 29), München 1965, S. 11–34.
70. E. Käsemann, a.a.O., S. 192.

lautet deshalb für Käsemann: »Die Frage nach dem historischen Jesus ist legitim die Frage nach der Kontinuität des Evangeliums in der Diskontinuität der Zeiten und in der Variation des Kerygmas. . .«[71] Ich habe mit diesen Überlegungen ein wenig vorgegriffen. Aber ich wollte wenigstens andeuten, wie die Probleme weiter erörtert worden sind.[72] Die Ausgangsfrage ist von einer sachgemäßeren Frage überholt worden. Das gleiche Stichwort »historischer Jesus« begegnet nun in einem grundlegend veränderten Horizont. Ernst Käsemann muß uns mit seinem (am weitesten nach vorne weisenden) Ansatz noch eigens beschäftigen. Daß mit dieser Sicht der Dinge schließlich auch das Problem der Verkündigung in der Gegenwart verbunden ist, kann ich nur andeuten: daß Tradition immer neu interpretiert sein will (diese Tradition!), macht noch den Ursprung und Auftrag der Verkündigung heute aus.

8.

Die formgeschichtliche Forschung hat gesehen, daß es »keine Tradition über Jesus gegeben [hätte], wenn es keine Predigt über Jesus Christus gegeben hätte«[73]. Deshalb kann uns in der Überlieferung (schon in der Überlieferung!) kein anderer Jesus als der im Kerygma der Urkirche verkündigte Jesus begegnen. Die Überlieferung enthält nicht einen nur »historischen« Jesus. Jesus ist von Beginn der Überlieferung an der Gegenwärtige – und er ist es bis heute. So steht die Predigt am Anfang der Tradition. Dieser Satz ist nicht so schnell auszuschöpfen. Ich deute den wichtigsten Gesichtspunkt hier nur an: Sagen wir, wenn wir *Predigt* sagen, nicht zugleich: *Gemeinde*? Begegnen wir deshalb in der Überlieferung nicht – der Stimme der Gemeinde? Jürgen Moltmann hat die Problemverschiebung von der historisch-kritischen Forschung hin zur formgeschichtlichen Arbeit so formuliert: »Man fragte nicht mehr im alten historisch-kritischen Sinne nach der Historizität des Ausgesagten, sondern fragte historisch nach den Motiven und Formen, nach dem Motiv- und Formenwandel dieser Aussagen selbst. Die Erkenntnis aber, daß es sich in diesen Texten nicht um historische Berichte, sondern um Glaubenszeugnisse der urchristlichen Gemeinden handelt, ist auch eine historische Erkenntnis.«[74]

71. Käsemann, a.a.O., S. 213.
72. Vgl. dazu auch die knappe Übersicht von *Gerhard Iber* im Nachtrag zu M. Dibelius, Die Formgeschichte des Evangeliums, Tübingen 1961[4], S. 302ff.
73. M. Dibelius, Evangelienkritik und Christologie, S. 318.
74. J. Moltmann, Theologie der Hoffnung, S. 166.

Was ich hier zunächst unterstreichen möchte, ist dies: das Stichwort, das die liberale Forschung gern kritisch verwandte: »Gemeindebildung«, gerät im Kontext der formgeschichtlichen Arbeit in einen neuen Interpretationszusammenhang. Mit der Feststellung, daß in den Evangelien die formende Hand der Gemeinde erkennbar wird, ist offenbar – so zutreffend diese Feststellung sein mag – theologisch noch nichts gesagt. Günther Bornkamm hat in einer Auslegung von Mt 25,1–13 bemerkt, daß »an diesem Texte deutlich [wird], daß das Wort Jesu an seine Gemeinde sich niemals auf den Umkreis der ipsissima verba des historischen Jesus begrenzen läßt, sondern das Wort des Erhöhten mitumschließt, je und je hineingesprochen in eine neue Situation. . .«[75] Diese Formulierung G. Bornkamms ist kaum ohne den kritischen Bezug zu verstehen, den sie anvisiert: sie wendet sich offensichtlich gegen Joachim Jeremias, der es für eine entscheidende theologische Aufgabe hält, bis zu den ipsissima verba des historischen Jesus vorzustoßen. »Niemand als der Menschensohn selbst und Sein Wort kann unserer Verkündigung Vollmacht geben.«[76] G. Bornkamm bezweifelt, daß diese Tendenz theologisch durchgehalten werden kann. Ist bei Jeremias Überlieferung als theologisches Problem respektiert – Tradition und Interpretation als zeugenhafter Vorgang, der sich unumgänglich und unaufhörlich vollzog?! Muß nicht begriffen werden, was es bedeutet, daß die ipsissima verba uns nur im Zeugnis der Zeugen begegnen, nicht aber isoliert in ihrer ›historischen‹ Gestalt?

Sagt man: Wort des Erhöhten, so sagt man: Geist, und dann sagt man: Zeugenschaft, Gemeinde. Wieder erweist sich die historische Frage, nun im Sinn der historischen Echtheitsfrage, als Frage von begrenzter Reichweite. Man möchte Julius Schniewind zitieren: »Die Liberalen haben Diamanten gefunden – sie hielten sie nur für Kieselsteine.«[77] Der Vorgang der »Gemeindebildung« will selbst theologisch verstanden werden. Die synoptische Überlieferung ist *zeugenhafte Überlieferung*. Zeugenhafte Überlieferung impliziert Gebundenheit wie Freiheit der Zeugen. Beide Momente sind dabei voneinander nicht trennbar.

75. *G. Bornkamm*, Die Verzögerung der Parusie, in: In Memoriam Ernst Lohmeyer, hg. von W. Schmauch, Stuttgart 1951, S. 126.
76. *J. Jeremias*, Die Gleichnisse Jesu, Göttingen 1956[4], S. 3.
77. Siehe *Hans-Joachim Kraus/Otto Michel* (Hg.), Julius Schniewind. Zur Erneuerung des Christenstandes, Göttingen 1966, S. 59.

9.

Ich knüpfe noch einmal an das Moltmann-Zitat an. Daß es sich in den Evangelien »um Glaubenszeugnisse der urchristlichen Gemeinde handelt, ist auch eine historische Erkenntnis«[78]. Diese historische Erkenntnis ist festzuhalten. Jürgen Moltmann meint im gleichen Zusammenhang, eine theologisch relevante Frage breche erst auf, ». . . wenn die Texte nicht mehr als Aussage über eine Wirklichkeit genommen, sondern nur noch als Ausdruck des Gemeindeglaubens verstanden werden«[79]. Diese zweite Möglichkeit, die Texte nicht als »Aussage über . . .«, sondern als »Ausdruck von . . .« zu verstehen, sieht Moltmann in der formgeschichtlichen Methode »angeboten« und damit eine existentiale Interpretation inauguriert.[80] »Die existentiale Interpretation befragt die Texte auf den ›Sinn‹ ihrer Aussagen und versteht unter diesem Sinn von vornherein Existenzwahrheit und nicht Sachwahrheit.«[81] Wir können vorläufig nur andeuten, daß sich damit das Grundproblem der Hermeneutik der Gegenwart meldet.

Wir werden ihm auch gerade anhand unserer Leitfrage nicht entgehen können. Eher spitzt sich hier alles zu. Ich kann Moltmann nur zustimmen: Die biblischen Texte werden nicht nur »verfremdet«, wenn sie im historischen Fragehorizont einfach zum Bericht über Ereignisse werden, sondern ebenso, wenn sie nur auf das in ihnen bekundete und zum Ausdruck gebrachte Selbstverständnis (mit dem dabei »vorausgesetzten Fragehorizont allgemeiner Fraglichkeit menschlichen Daseins«[82]) befragt werden. Die biblischen Texte fügen sich dieser Alternative nicht. Sie sind im Zeichen dieser Alternative nicht zu erfassen. Vielmehr »verkündigen« sie – wie Moltmann gut formuliert – »erzählend und erzählen Geschichte verkündigend«[83]. Gerade deshalb muß nach der Grenze der existentialen Interpretation gefragt werden: nach der Grenze ihres (mitgebrachten bzw. vorausgesetzten) Verstehenshorizontes. Entspricht er dem Aussagehorizont der biblischen Texte? Decken sich beide? Wir haben mit aller Entschlossenheit den biblischen Texten selbst den Vorrang einzuräumen. In unserer Hermeneutik muß sich dieser Vorrang des Textes abzeichnen.

78. J. Moltmann, a.a.O., S. 166.
79. Moltmann, a.a.O., S. 167.
80. Ebd.
81. Moltmann, a.a.O., S. 170.
82. Ebd.
83. Ebd.

(Ein Textpositivismus in Analogie zu einem »Offenbarungspositivismus« ist dabei nicht zu befürchten.) Es geht um den schlichten Sachverhalt, daß der Exeget nach der Intention der Texte zu fragen hat, die er ›auslegt‹. Was heißt sonst ›Auslegung‹, wenn der Aussagehorizont der Texte durch hermeneutische Prämissen vorher gleichsam verhängt wird?

Fordert dann aber die formgeschichtliche Methode die existentiale Interpretation der Evangelien? So ist die Entwicklung verlaufen. Aber müssen wir nicht, bevor wir dieser Entwicklung folgen, die Unterschiede innerhalb der formgeschichtlichen Schule berücksichtigen? Und bedeutet das nicht, daß die existentiale Interpretation nicht ohne weiteres als Konsequenz der formgeschichtlichen Arbeit verstanden werden kann: daß die Frage der Hermeneutik in der formgeschichtlichen Methode als solcher nicht vorentschieden ist? Karl Ludwig Schmidt hat gegen die Intention einer existentialen Interpretation entschlossen protestiert.[84] Wir nehmen unsere Leitfrage wieder auf und befragen Rudolf Bultmann. Wir befragen ihn erneut, und zwar diesmal auf seine hermeneutischen Prämissen.

III. Rudolf Bultmann

Ich kann nicht im entferntesten daran denken, einen Überblick über die theologische Arbeit von Rudolf Bultmann zu geben, so verlockend das wäre. Es wäre auch für die theologische Gesamtbeurteilung unseres Themas hilfreich. Aber der Rahmen einer einführenden Vorlesung läßt dies nicht zu. Der Bultmannschüler Walter Schmithals hat in seinem Buch »Die Theologie Rudolf Bultmanns« eine übersichtliche Einführung »in das Gesamtgefüge seines theologischen Denkens«[1] vorgelegt. Ich muß mich in den Grenzen unserer Leitfrage nach dem historischen Jesus halten und selbst hier noch fragmentarisch bleiben. Aber das fällt schwerer als bei den anderen Theologen, über die ich hier berichte, weil wir die Intentionen Bultmanns sachgemäß erfassen müssen. Was hat Bultmann gemeint? Diese Frage läßt sich auch als Frage an den Schülerkreis Bultmanns formulieren: Wer hat Bultmann am besten verstanden: Günther Born-

84. K. L. Schmidt, Das Christuszeugnis der synoptischen Evangelien, S. 32.
1. *W. Schmithals*, Die Theologie Rudolf Bultmanns, Tübingen 1966, Vorwort.

kamm, Gerhard Ebeling, Ernst Fuchs, Herbert Braun, oder sein kritischster Schüler (dessen Kritik an seinem Lehrer kaum bedeutet, daß er ihn nicht verstanden hätte): Ernst Käsemann – um nur diese Namen zu nennen? Dieser Problematik werden wir uns nicht einfach entziehen können, sie zwingt uns, Unterschiede zu beachten und möglichst genau zu berücksichtigen. Walter Schmithals nimmt sich in seinem Buch dieser Aufgabe, der Auslegung Bultmanns im Echo seiner Schüler, leider nicht an, so unumgänglich das wäre.

1.

Rudolf Bultmann hat sich schon früh der *Frage der Hermeneutik* zugewendet: der Frage nach dem Verstehen der neutestamentlichen Texte. Der Titel der vierbändigen Sammlung von Aufsätzen Bultmanns lautet nicht zufällig »Glauben und Verstehen«. Was heißt »Verstehen«? Das ist Bultmanns großes Thema. Die Zusammenfassung seiner hermeneutischen Einsichten schließt mit dem Satz: ». . . das Problem der Interpretation ist . . . gerade das des Verstehens.«[2] Der Vorrang, den das hermeneutische Problem in der theologischen Arbeit der Gegenwart weithin erlangt hat, hängt mit Rudolf Bultmanns theologischem Ansatz zusammen, und ich denke, daß Bultmanns Hermeneutik theologiegeschichtlich noch wirksamer geworden ist als seine so gewichtigen und vielfältigen Beiträge zur formgeschichtlichen Forschung. Wenn ich das so sage, meine ich nicht, daß sich beides bei Bultmann trennen ließe. Doch Bultmanns Hermeneutik ist nicht einfach die Konsequenz der formgeschichtlichen Methode, wie Bultmann sie ebenso wie Karl Ludwig Schmidt und Martin Dibelius anwendet, sondern kennzeichnet gerade ihn. Dies betont mit Recht auch Karl Barth in seiner Studie »Rudolf Bultmann. Ein Versuch, ihn zu verstehen«[3]. Der Untertitel sollte nicht übersehen werden. Die Vorsicht, die sich in ihm ausdrückt, sollte auf uns abfärben. Deshalb muß Bultmann im Rahmen meiner Darstellung nicht nur im Zusammenhang der formgeschichtlichen Betrachtungsweise berücksichtigt werden, sondern auch im Anschluß daran mit einer neuen Fragestellung. Bultmanns Beiträgen kommt für unsere Leitfrage nach dem historischen Jesus gleichsam die Rolle

2. *R. Bultmann*, Das Problem der Hermeneutik (1950), in: *ders.*, Glauben und Verstehen, Bd. II, Tübingen 1952. 1968[5], S. 211–235, hier: S. 235.

3. *K. Barth*, Rudolf Bultmann. Ein Versuch, ihn zu verstehen (ThSt [B] 34), Zollikon 1952, S. 9f (Zürich 1964[3], zusammen mit der Studie: Christus und Adam nach Röm 5, S. 15f).

einer Weggabel zu, weil seine Hermeneutik eine neue Sicht ermöglicht. Um dies zu zeigen, müssen wir etwas weiter ausholen.

Den Prämissen der Hermeneutik Bultmanns begegnen wir schon in seinem Jesusbuch von 1926, das in seiner ersten und zweiten Auflage im Verlag der Deutschen Bibliothek Berlin erschienen ist, und zwar als erster Band einer Reihe, welche »Die geistigen Heroen der Menschheit in ihrem Leben und Wirken« überschrieben ist.[4] Das Jesusbuch enthält schon in nuce die Hermeneutik Bultmanns (wie sich bereits in ihm auch das Problem der Entmythologisierung abzeichnet). Es ist gerade deshalb auch als theologiegeschichtlich bedeutsamer Text eine höchst spannende Lektüre, die nach vorne weist, ansatzhaft Elemente Bultmannscher Theologie enthält, die später nur noch präzisiert und weitergedacht werden. Heinz Zahrnt hat in seiner theologiegeschichtlichen Skizze zutreffend von der »Einheitlichkeit« gesprochen, die Bultmanns Werk von seinen Anfängen an auszeichne. Bultmann stehe »bereits in seinen ersten Schriften fast vollendet vor uns da. In seinen folgenden Arbeiten hat er eigentlich nur ausgeführt und zu immer größerer Klarheit gebracht, was bei ihm von Anfang an schon im Ansatz so gut wie fertig da war«[5]. In diesem Zusammenhang ist auch auf den Rang zu verweisen, der Bultmann als Systematiker zukommt: auf die Strenge und Konsequenz, mit der er sich im Rahmen seiner hermeneutischen Prämisse bewegt hat und seinen Schülern so eindrücklich geworden ist. Ohne Bultmann verstanden zu haben, wird man die gegenwärtige theologische Situation kaum begreifen – deshalb müssen wir uns (vor aller Kritik an Bultmann!) zunächst verstehend um Bultmann bemühen (wie es etwa Julius Schniewind vorbildlich getan hat[6]). Jede Vergröberung ist uns versagt.

Ernst Käsemann hat von Bultmanns Jesusbuch aus Anlaß der 2. Auflage (1951) gemeint, es habe seit 1926 »nichts an Frische und Aktualität eingebüßt, die in sich völlig geschlossene Konzeption [sei] für die Theologie des Verfassers verbindlich geblieben und weder von ihm selbst durchbrochen noch durch einen andern überholt worden. . .«[7]

4. *R. Bultmann*, Jesus (Die Unsterblichen, Bd. I), Berlin 1926; im fortlaufenden Text zitiert nach der Ausgabe UTB 1272, Tübingen 1983.

5. *H. Zahrnt*, Die Sache mit Gott. Die protestantische Theologie im 20. Jahrhundert, München 1966, S. 274.

6. Vgl. *J. Schniewind*, Antwort an Rudolf Bultmann. Thesen zum Problem der Entmythologisierung, in: Kerygma und Mythos. Ein theologisches Gespräch [Bd. I], hg. von H. W. Bartsch (ThF 1), Hamburg 1948, S. 85–134 (1967[5], S. 77–121).

7. *E. Käsemann*, Ein neutestamentlicher Überblick, in: VF 1949/50 (erschienen 1951/52), S. 191–218, hier: S. 197.

Dieses Jesusbuch fügt sich nicht in den verlegerisch gesteckten Rahmen, in die Reihe der »Heroen der Menschheit« ein, wenn Bultmann einleitend sagt: »Es fehlen . . . in der folgenden Darstellung sämtliche Wendungen, in denen von Jesus als . . . Genie oder Heros die Rede ist; er erscheint weder als dämonisch noch als faszinierend, seine Worte werden nicht als tief, sein Glaube nicht als gewaltig . . . bezeichnet . . .«(10). Bultmann greift hier offenbar zu typischen Begriffen der traditionellen Leben-Jesu-Literatur bzw. zu Begriffen, wie sie für die »Heroen der Menschheit« gepaßt hätten, um den verlegerischen Rahmen hinter sich zu lassen. Irrelevant wird der Begriff der »Persönlichkeit«; als unzulänglich wird die psychologische Methode abgewiesen, so berechtigt sie in anderen Zusammenhängen sein kann (10). Sie wird abgewiesen, wenn sie »das geschichtliche Phänomen Jesus psychologisch verständlich zu machen« (9) versucht. Denn Verständlichmachen hieße hier, ein historisches Phänomen »zurückführen auf das, worüber [der Historiker] in seinem Wissen verfügt« (8f). Ein solches »Zurückführen« läuft auf ein »Reduzieren« hinaus, wie man wortspielhaft sagen kann (vgl. 8). Alles Individuelle wird allgemeinen Gesetzen subsumiert, »und diese Gesetze meint man zu kennen« (9). Wir erinnern uns: Schon Martin Kähler hatte, gut dreißig Jahre früher, ähnliche grundsätzliche Fragen einer Biographie Jesu gegenüber erhoben. »Im Grunde hat Bultmann die Thesen [Martin Kählers] . . . nur auf seine Weise . . . präzisiert«, urteilte Ernst Käsemann.[8] Aber bedurften Kählers Thesen noch der Präzisierung? Bultmann nimmt Kählers Position auf. Er läßt sich deshalb auch (nach seinen eigenen Worten) »auf das eigentliche Biographische, von einem kurzen orientierenden Abschnitt abgesehen, überhaupt nicht ein . . .« (9). Wie tritt angesichts dieser Abgrenzungen Bultmanns eigene Intention zutage?

Zunächst hören wir heraus, daß Bultmann sich mit den Argumenten der formgeschichtlichen Schule gegenüber der Leben-Jesu-Forschung absetzt. Er ist »der Meinung, daß wir vom Leben . . . Jesu so gut wie nichts mehr wissen können, da die christlichen Quellen sich dafür nicht interessiert haben, außerdem sehr fragmentarisch und von der Legende überwuchert sind, und da andere Quellen über Jesus nicht existieren« (10).

8. E. Käsemann, Das Problem des historischen Jesus, S. 188.

2.

Heißt das, auf eine kurze Formel gebracht: Bultmann ist ein radikaler Skeptiker? Ich denke, man träfe ihn mit dieser Formel nicht, trotz der Radikalität seines Denkens. Denn woran Bultmann liegt und was Bultmann für erreichbar hält, ist *die Begegnung mit der Verkündigung Jesu*. Was damit gemeint ist, muß noch genauer umrissen werden.[9] Von der Verkündigung Jesu »wissen wir so viel, daß wir uns ein zusammenhängendes Bild machen können« (13). Kann es überraschen, wenn Bultmann dabei unterstreicht, daß der Charakter der Quellen (nämlich der synoptischen Evangelien), wenn man sie auf die Verkündigung Jesu im einzelnen näher befragt, »äußerste Vorsicht« (ebd.) gebietet? Denn in den Quellen stoßen wir nicht ohne weiteres auf die Verkündigung Jesu, sondern auf »die Verkündigung der Gemeinde, die sie freilich zum größten Teil auf Jesus zurückführt. . . Die kritische Forschung zeigt, daß die ganze Überlieferung von Jesus, die in den drei synoptischen Evangelien des Matthäus, Markus und Lukas vorliegt, in eine Reihe von Schichten zerfällt, die im groben ziemlich sicher voneinander gesondert werden können, deren Trennung in manchen Einzelheiten aber schwierig und zweifelhaft ist . . .« (ebd.). Der Exeget muß sozusagen die Schichten nacheinander abtragen, zunächst die jüngste (hellenistische) Schicht, um »mittels der kritischen Analyse zu einer ältesten Schicht« zu kommen (ebd.). Sprechen die Archäologen von der »Uhrmacherarbeit« der inzwischen immer mehr verfeinerten Ausgrabungstechnik (das sprechende Gleichnis stammt von Sir Mortimer Wheeler), so ist die Schichtenanalyse der synoptischen Texte erst recht eine »Uhrmacherarbeit«. Man könnte bei diesem Stichwort an Albert Schweitzers Kennzeichnung der synoptischen Literarkritik erinnert werden: »Synoptiker-Mathematik«![10] Bultmann möchte damit rechnen, daß »auch die Entstehung der ältesten Schicht schon auf einen komplizierten Prozeß zurückgeht, den wir nicht mehr zu erkennen vermögen«. Daß Jesus dabei als »Urheber« (14) der geschichtlichen Bewegung zu gelten hat, »deren erstes greifbares Stadium die älteste palästinensische Gemeinde darstellt« (ebd.), hält Bultmann selbst für »völlig deutlich« – eine andere Frage ist, »wie weit die Gemeinde das Bild von ihm und seiner Verkündigung objektiv treu bewahrt hat« (ebd.).

9. Bultmann verweist für die Einzelheiten seiner kritischen Analyse auf seine »Geschichte der synoptischen Tradition«, auf die ich mich deshalb ebenfalls beziehe.

10. *A. Schweitzer,* Von Reimarus zu Wrede. Eine Geschichte der Leben-Jesu-Forschung, Tübingen 1906, S. 112 (zu Chr. G. Wilke).

3.

So scheint sich das Problem des historischen Jesus zuzuspitzen. Zu einem »Leben Jesu« können wir nicht mehr zurückgelangen. Aber auch der Zugang zu seiner Verkündigung (im Sinn der »ipsissima vox«) kompliziert sich aufs äußerste. Bultmann erklärt nun den »Komplex von Gedanken, der in jener ältesten Schicht der Überlieferung vorliegt« (14), zum Gegenstand seiner Darstellung. »Als der Träger dieser Gedanken wird uns von der Überlieferung Jesus genannt; nach überwiegender Wahrscheinlichkeit war er es wirklich« (ebd.). Wir sprachen schon davon: die Formel vom radikalen Skeptiker Bultmann trifft Bultmann selbst nicht. Man möchte ihn eher als kritisch abwägenden Historiker verstehen. Ihm bleibt für seine Frage nach der Verkündigung Jesu die älteste Schicht der Überlieferung, »in welcher Jesuspredigt und deren Spiegelung im Gemeindekerygma faktisch verschmelzen«, wie Ernst Käsemann den Sachverhalt umschrieben hat.[11] Bultmann verfolgt aber das historische Problem noch weiter. Wir hörten, daß Jesus für Bultmann »nach überwiegender Wahrscheinlichkeit« (14) wirklich der Träger der in der ältesten Schicht überlieferten Gedanken war. Die »Sicherheit«, mit der die Gemeinde Jesus zum Träger der eschatologischen Botschaft macht, »ist schwer begreiflich, wenn er sie nicht wirklich verkündigt hat . . . es ist sogar viel wahrscheinlicher, daß er in Wahrheit noch viel mehr eschatologischer Prophet gewesen ist, als es in der Überlieferung hervortritt« (86f.). Das ist eine nicht unwichtige Parallele zu der vorher zitierten Formulierung (14). Aber wenn nun doch ein Skeptiker käme, der Bultmanns kritischer Haltung nicht zu folgen vermag? Bultmann antwortet: »Sollte es anders gewesen sein, so ändert sich damit das, was in dieser Überlieferung gesagt ist, in keiner Weise« (ebd.). Bultmann sieht seinen Ansatz von einer solchen Skepsis nicht betroffen. Wer »Jesus« »für sich immer in Anführungsstriche setzen« und als Abbreviatur »für das geschichtliche Phänomen gelten lassen will, um das wir uns bemühen, dem ist es unbenommen« (ebd.). Wenn dies auch nur eine Randbemerkung ist, dürfte sie doch bezeichnend sein.

Man kann als Interpret der Sätze Bultmanns doch nur die Konsequenz ziehen, daß die Frage nach dem historischen Jesus »keine entscheidende Bedeutung« mehr hat.[12] Müssen wir nicht genauer fragen, wie das gemeint sein kann? Wird der Träger der Botschaft irrelevant? Ist die »Botschaft«

11. E. Käsemann, a.a.O., S. 188.
12. So auch E. Käsemann in seiner schon genannten Besprechung in: VF 1949/50 (1951/52), S. 197.

eine Größe für sich: kann sie von ihrem Träger, wenigstens hypothetisch, gelöst werden? »Sollte es anders gewesen sein, so ändert sich damit das, was in dieser Überlieferung gesagt ist, in keiner Weise.« Doch was könnte sich ändern, wenn der Träger der Gedanken, denen wir in der Überlieferung begegnen, nicht Jesus wäre? »Statt der Predigt Jesu wäre die Predigt der Gemeinde zu erklären, und da es letztlich doch auf den Gehalt, den Sinn und Anspruch des in den Evangelien Überlieferten ankommt, wäre die Frage, wieviel der historische Jesus und wieviel etwa andere . . . dazu beigetragen haben, letztlich eine Nebensache« (86).

Ich bemerke, daß diese Folgerung, die verdeutlicht, worauf es Bultmann ankommt, nicht meiner (vielleicht problematischen) Interpretation Bultmanns entstammt, sondern daß ich hier noch einmal Bultmann selbst zitiert habe. »Letztlich«, so möchte man verstehen, geht es um das Kerygma: um die Botschaft selbst. Ich muß jedoch fragen: Deutet sich hier nicht eine Akzentverlagerung an, die erheblich sein könnte, eine Verlagerung des Akzentes von Jesus zur Verkündigung Jesu, oder gar zur Verkündigung schlechthin? Ist das Kerygma in sich selbst zu begreifen? Ernst Lohmeyer hat seinerzeit in einer Besprechung von Bultmanns Jesusbuch geurteilt: »Es ist in gewissem Sinne ein Buch von Jesus ohne Jesus.«[13] Lohmeyer will damit sagen, daß Bultmann in seinem Buch »mit entschlossener Einseitigkeit das Werk zum einzigen Gegenstand der Betrachtung macht« und »nicht nur auf alles Biographische, sondern auch auf alles Fragen nach der ›Person‹ verzichtet«[14]. Ein solcher Verzicht brauchte noch nicht dadurch motiviert zu sein, daß man in der ältesten Schicht der Überlieferung »Jesuspredigt und deren Spiegelung im Gemeindekerygma faktisch verschmelzen« sieht und daß man als Historiker meint, die ipsissima verba nur im Zeugnis der Zeugen zu haben. Denn damit wäre über die Relevanz des Verkündigungs-Trägers für die Verkündigung selbst noch nicht entschieden. Ich verweise darauf, daß es z. B. nach Karl Barths Überzeugung »in Ordnung [geht], daß die Stimme und Gestalt Jesu und die der durch ihn begründeten . . . Gemeinde in den Evangelien praktisch wohl nirgends mit Sicherheit zu unterscheiden sind. Dieser Sachverhalt mag für den Historiker betrüblich und bedenklich . . . sein . . .« – letzten Endes ist er es für Karl Barth offenbar nicht![15]

13. *E. Lohmeyer*, Rezension von R. Bultmann, Jesus, in: ThLZ 52, 1927, Sp. 433–439, hier: Sp. 433.
14. Ebd.
15. *K. Barth*, Die Kirchliche Dogmatik, Bd. IV/1, Zollikon-Zürich 1953, S. 353.

Aber vielleicht haben wir Bultmanns Randbemerkung überbewertet? Willi Marxsen möchte sie als einen »Vorbehalt« verstehen, mit dem die formgeschichtlichen Ergebnisse »ernst genommen« werden sollen. Marxsen bedauert, daß »Bultmann an den Anführungsstrichen nicht festgehalten« habe[16]; er bezieht sich dabei auf Bultmanns Buch über das »Urchristentum im Rahmen der antiken Religionen« (1949), in dem ein solcher Vorbehalt nicht mehr zur Sprache kommt. Aber Bultmann ist, wie ich schon unterstrichen habe, hinsichtlich seines historischen Urteils nicht als Skeptiker zu charakterisieren. Seine Randbemerkung verrät die Möglichkeit, die Historie zur zweitrangigen Ebene werden zu lassen.[17] Hier muß die Frage an Bultmann ansetzen. Dazu ist freilich eine Vorfrage zu stellen: Worin kann denn der theologische Rang der Historie bestehen? Ich will diese Vorfrage, die ich bereits in der Einleitung ankündigte, hier noch nicht beantworten, denn in ihr konzentrieren sich alle Fragen unseres Themas.

Diese Frage scheint Reinhard Slenczka in seinem schon zitierten Buch zu sehen, wenn er die von uns aufgegriffene Randbemerkung Bultmanns kritisch kommentiert: »Mit dieser beiläufigen, aber im grundsätzlichen keineswegs isolierten Äußerung rückt der Existentialismus doch in eine sehr große Nähe zum Idealismus, gegen den sich Bultmann sonst energisch wehrt.«[18] Freilich stellt Slenczka gleichzeitig fest, daß »bei Bultmann die Person Jesu noch nicht bis auf eine Chiffre reduziert« werde, »wie es später bei Herbert Braun . . . geschieht«. Helmut Gollwitzer hat gegen Herbert Braun geltend gemacht, daß die Frage, ob Jesus gelebt habe, nicht ohne entscheidende Bedeutung für den christlichen Glauben sein könne; wolle man anders denken, so liege Doketismus vor. Gollwitzer zitiert in diesem Zusammenhang einen Diskussionsbericht über einen Vortrag Herbert Brauns (unter dem Titel: »Hebt die neutestamentlich-exegetische Forschung den Kanon auf?«) 1960, nach dem Braun formuliert haben soll: »Im (entschlüsselten) Credo stehe nichts, was uns durch historische Forschung bestätigt oder genommen werden könne; die Behauptung, Jesus habe nicht gelebt, sei zwar methodologisch dumm, aber kein Glaubensanstoß.«[19] Ich kann dies hier nur vorläufig notieren, um das Problem zu veranschaulichen.

16. *W. Marxsen*, Anfangsprobleme der Christologie, Gütersloh 1960, S. 13.
17. Eine andere Interpretation findet sich bei W. Schmithals, a.a.O., S. 212.
18. R. Slenczka, a.a.O., S. 108 Anm. 171.
19. *H. Gollwitzer*, Die Existenz Gottes im Bekenntnis des Glaubens (BEvTh 34), München 1964[4], S. 71 Anm. 118.

4.

Wir können unsere Bemühung um Bultmanns Ansatz noch nicht abbrechen. Vielmehr steht die eigentliche Aufgabe noch vor uns. Denn das, was wir bisher erkannt haben, gehört mehr oder weniger zur Entfernung Bultmanns von der Leben-Jesu-Forschung. Bultmann will aber die Verkündigung Jesu erfassen, wie er ihr auch in der ältesten Schicht der urchristlichen Verkündigung (trotz aller historischen Problematik, die er nicht verkennt) zu begegnen erwartet.

Hier haben wir noch einmal einzusetzen. Was bedeutet es, die Verkündigung Jesu zu ›erfassen‹? Weitergreifend gefragt: Was heißt *Begegnung mit der Geschichte*? Man könnte auch grundsätzlich fragen: Was heißt ›Geschichte‹? Mit dieser Frage (und zwar erst mit ihr!) befinden wir uns auf dem Terrain der hermeneutischen Problematik. Ich bemerke, daß unsere Leitfrage nach dem historischen Jesus sich hier erneut und in höchst charakteristischer Weise verschiebt. Die Möglichkeit, die Historie zweitrangig werden zu lassen, hängt bei Bultmann damit zusammen, daß er »Begegnung mit der Geschichte« (9) neu zu verstehen sucht. Damit stoßen wir auf die Mitte der Theologie Bultmanns – und auch auf ihr zentrales Problem.

Wirkliche Begegnung mit der Geschichte »vollzieht sich . . . von vornherein nur im Dialog. Nur wenn man sich selbst bewegt [,] weiß [man] von den geschichtlichen Mächten, nicht als neutraler Beobachter, und nur wenn man bereit ist, den Anspruch der Geschichte zu hören, versteht man überhaupt, worum es sich in der Geschichte handelt« (7). Das ist eine unüberhörbare Wendung: Bultmann hört den »Anspruch der Geschichte«. Sind wir mit der Geschichte konfrontiert, so ist uns die Rolle des unbeteiligten Zuschauers verwehrt. Kann man das so umschreiben: Es bedarf des eigenen Engagements (wie etwa Herbert Braun gern zu sagen pflegt)? Bleiben wir bei Bultmanns eigenen Formulierungen, auch schon deshalb, damit die Faszination nicht verlorengeht, die mit ihnen verbunden ist! Wer sich der Geschichte zuwendet, der muß »sich sagen, daß er ja selbst ein Stück der Geschichte ist und sich also einem Zusammenhang . . . zuwendet, in den er selbst mit seinem Sein verflochten ist« (ebd.). Die Geschichte »soll wirklich reden« (8). »Sie redet aber nicht, wenn man sich die Ohren zustopft, d. h. wenn man eine Neutralität ihr gegenüber beansprucht, sondern wenn man bewegt durch Fragen zu ihr kommt und aus ihr lernen will« (8). Geschichte, so können wir dafür sagen, öffnet sich menschlichem (d. h. existenzhaftem) Fragen. Der Mensch ist wesenhaft ein Fragender. Diese Sätze Bultmanns – wir spüren es schon – haben den Rang eigentlicher Prolegomena zur Hermeneutik, ja sie formulieren schon Bultmanns hermeneutische Einsichten selbst. Auf der Linie dieser Sätze ist Bultmann nun bemüht, »Jesus als ein Stück der Geschichte zu sehen, in der auch wir unsere Existenz haben« (7). Existenz muß als geschichtliche Existenz begriffen werden. Zur Begegnung mit der Geschichte kommt es, wenn wir fragen, »wie wir selbst . . . zur Erfassung unserer eigenen Existenz gelangen können« (11). »Begegnen uns . . . in der Geschichte Jesu Worte«, so begegnen sie uns »als Fragen, wie wir selbst unsere Existenz auffassen wollen« (12). Anders formuliert: Es geht um das, was Jesus »gewollt hat und was deshalb als Forderung seiner geschichtlichen Existenz Gegenwart werden kann« (10). Seine »Gedanken sind als das verstanden, was sie in der konkreten Situation eines in der Zeit lebenden Menschen sind: als die Auslegung der eigenen, in der Bewegung, in der Ungesichertheit, in der Entscheidung befindlichen Existenz; als der Ausdruck für eine Möglichkeit, diese Existenz zu erfassen; als der Versuch, über die Möglichkeiten und Notwendigkeiten des eigenen Daseins klarzuwerden« (12).

Bei diesen Wendungen dürfte sich zeigen, daß Bultmann die in der Mitte der zwanziger Jahre verbreiteten Schlagworte aufgreift und so seine Zeitgenossen anspricht. Hier formuliert und hört Heidegger sozusagen als Mensch seiner Zeit mit. Der Begriff »Möglichkeit« hat in diesem Zusammenhang, wie ich anmerken möchte, offensichtlich besonderes Gewicht. »Existenzverständnis« begegnet mir als »Möglichkeit«. Das eine verweist auf das andere in einem Koordinatensystem von Begriffen, die sich gegenseitig erhellen. »Möglichkeit« bedeutet »Möglichkeit, diese Existenz zu erfassen«. Das heißt zugleich: die im Horizont der Existenz begegnende Möglichkeit des Seins meiner selbst. So kann beispielsweise die eschatologische Botschaft Jesu »nur verstanden werden . . ., wenn man sich besinnt, welche Auffassung vom Menschen ihr letztlich zugrunde liegt« (41). »Verstehen« richtet sich mithin aus auf das Selbst-Verständnis des Menschen in seiner Existenz. Damit wird gleichsam die Brücke zu den Texten geschlagen, denn die Texte sollen doch ›mir‹ etwas sagen! Und so gilt von der eschatologischen Botschaft Jesu: Sie kann nur Sinn gewinnen »für den, der bereit ist, die ihm geläufige Menschen –, d. h. Selbstauffassung in Frage zu stellen und zu messen an der ihm hier entgegentretenden Deutung der menschlichen Existenz« (ebd.). So stößt menschliche Existenz, von der Frage nach der eigenen Existenz bewegt, in der Geschichte auf das Angebot von Existenzverständnissen. Bultmann schärft immer wieder ein: »Daß wir selbst von der Frage unserer Existenz bewegt werden, ist dabei . . . die Voraussetzung« (12). »Nur bei dieser Haltung der Geschichte gegenüber« kann sich zeigen, »ob die Geschichte uns etwas zu sagen hat« (8). Geschichte wird zur Abfolge und zum Zusammenhang von Existenz-Anschauungen.

Das alles ist nicht im Sinn eines vordergründigen und unkritischen Subjektivismus aufzufassen, wie man aus oberflächlicher Sicht meinen könnte, und Bultmann gedenkt auch nicht, einem Relativismus zu verfallen. Im Horizont von Bultmanns Ansatz ist das sofort zu begreifen. Die Subjektivität dessen, der Geschichte zu verstehen bemüht ist, darf nicht übersprungen werden. Das ist streng genommen nicht einmal denkbar. Zugleich muß hier noch ein weiteres Moment bedacht werden, das eigens zu nennen ist, wie auch Bultmann es gesondert erwähnt: Ein wirkliches Befragen der Geschichte impliziert, daß der »Geschichtsschreiber gerade seine Subjektivität in Frage stellt und bereit ist, die Geschichte als Autorität zu hören« (7). Von dem, der »des Glaubens ist, über die Möglichkeiten seiner Existenz erst durch die Geschichte Aufschluß zu erhalten« (9), kann verlangt sein, seine mitgebrachten Voraussetzungen preiszugeben (8). Am Rande sei gefragt, ob mit solchen Anforderungen Geschichte nicht überstrapaziert werden könnte: Kann Geschichte, so wie sie geschieht, der Dialogpartner, das »Du« des Menschen sein?

5.

Was ich hier versucht habe, war nicht mehr als eine umrißhafte Skizze. Ich habe sie nur Bultmanns Jesusbuch entnommen und darauf verzichtet, andere Äußerungen Bultmanns, etwa seine spätere Studie zum »Problem der Hermeneutik«[20], ergänzend heranzuziehen. Ich will es auch nachträglich nur sehr begrenzt tun. Bultmanns spätere Studie dürfte bestätigen, daß Bultmanns Hermeneutik in ihren Grundlinien schon in seinem Jesusbuch erkennbar ist. Die Formulierungen, zu denen Bultmann 1950 gelangt, liegen in der Konsequenz der Sätze von 1926. Daß das Verstehen eines Textes »stets an einer bestimmten Fragestellung, an einem bestimmten Woraufhin, orientiert« ist und daß dabei der Text nach dem »Vorverständnis der Sache« befragt werden muß, das er enthält, wie Bultmann nun sagt[21]: das ist uns, dem Sinn nach, von den einleitenden Vorbemerkungen zum

20. Siehe oben Anm. 2.
21. R. Bultmann, Das Problem der Hermeneutik, S. 216.

Jesusbuch her schon vertraut. Die Rolle, die der Frage bzw. dem fragenden Menschen beim Verstehen zukommt, ist nicht zu verkennen, sie wird vielmehr festgehalten. Bultmann kann sagen: »Ohne zu fragen, kann ich nicht hören; denn der Mensch ist nicht eine Tabula rasa, eine photographische Platte.«[22] Das Vorverständnis nennt Bultmann ein »nichtwissendes Wissen«[23]. Aber »es gilt nicht, das Vorverständnis zu eliminieren, sondern es . . . im Verstehen des Textes kritisch zu prüfen, es aufs Spiel zu setzen, kurz es gilt: in der Befragung des Textes sich selbst durch den Text befragen zu lassen, seinen Anspruch zu hören«[24]. Auch das ist uns im Ansatz schon geläufig.

Karl Barth unterscheidet sich von Rudolf Bultmann nicht darin, daß er bestritte, der Exeget bringe ein Vorverständnis mit. Aber Barth teilt kaum mit Bultmann die Voraussetzung, daß »die Grundintention der Frage . . . mit der Intention der im Neuen Testament gegebenen Antwort zusammentrifft«[25]. Wir werden an 1Kor 1,18–25 erinnert: Der Mensch hat zwar ein Vorverständnis, ein ›Bild‹ von Gott – aber der wirkliche Gott begegnet ihm nicht in der Welt seiner Bilder.

Bultmann denkt auch später nicht daran, eine inhaltliche Anleihe bei der Philosophie aufzunehmen, wenn er ihr auch die Aufgabe der ›sachgemäßen Ausgelegung der menschlichen Existenz‹ zuspricht. Er erklärt: »Daß es . . . nicht möglich sei, in philosophischer Besinnung . . . eine ›rein formale‹ Existenzanalyse zu entwerfen, scheint mir ein unberechtigtes Vorurteil zu sein«.[26] Bultmann war auf der Suche nach einer sachgemäßen Ausdrucksform für das, was er sagen wollte, und fand sie in Martin Heideggers Phänomenologie. »Von Heideggers Philosophie ›Ergebnisse‹ zu übernehmen, kann keinem, der sie versteht, in den Sinn kommen. Wohl aber kann er von ihr lernen . . ., sich um sachgemäße Begriffe zu bemühen«: so hat Bultmann sich 1926 selbst brieflich geäußert.[27] Bultmann dürfte die rein formale Existenzanalyse als ein (noch nicht inhaltlich

22. *R. Bultmann*, Die Bedeutung der »dialektischen Theologie« für die neutestamentliche Wissenschaft (1928), in: *ders.*, Glauben und Verstehen, Bd. I, S. 114–133, hier: S. 128.
23. Ebd.
24. R. Bultmann, Das Problem der Hermeneutik, S. 228.
25. Bultmann, a.a.O., S. 232.
26. *R. Bultmann*, Zum Problem der Entmythologisierung, in: Kerygma und Mythos, Bd. II, hg. von H. W. Bartsch (ThF 2), Hamburg-Volksdorf 1952, S. 179–208, hier: S. 193f. – Vgl. auch *ders.*, Jesus Christus und die Mythologie (1958), in: *ders.*, Glauben und Verstehen, Bd. IV, Tübingen 1965, S. 141–189, hier: S. 169.
27. Zitiert bei W. Schmithals, a.a.O., S. 18.

ausgefülltes) Koordinatensystem verstehen, in welches dann das Existenzverständnis eingetragen werden kann, das dem Interpreten biblischer Texte in diesen Texten begegnet. Ich notiere das hier nur und verzichte auf einen Kommentar, meine aber, daß Bultmanns Auskünfte manche Fragen aufwerfen, die beispielsweise schon früh von dem Japaner Katsumi Takizawa klarsichtig erörtert worden sind.[28]

Etwa gleichzeitig mit den Prolegomena zu seinem Jesusbuch hat Bultmann in einem Aufsatz über »Die Bedeutung der ›dialektischen Theologie‹ für die neutestamentliche Wissenschaft« diese theologische Konzentration auf Gott und sein Wort in seinem Sinne ausgelegt: Sie meine »die Einsicht in die Geschichtlichkeit des menschlichen Seins, bzw. – sofern es sich in der Theologie um einen bestimmten Modus des menschlichen Seins, nämlich das Reden handelt – die Einsicht in die Geschichtlichkeit des Redens von Gott«[29]. Von dieser Einsicht aus ist »jeweils die historische Quelle als echtes geschichtliches Phänomen« zu verstehen[30]. Dabei ist vorausgesetzt, »daß in ihr jeweils eine Möglichkeit menschlicher Existenz ergriffen ist und sich ausspricht«[31]. Bultmann kann das auch so sagen: ». . . die Interpretation wird immer fragen müssen, aus welcher Auffassung von der Existenz des Menschen die jeweils zu interpretierenden Aussagen über die Existenz, über Leben und Tod, Liebe und Haß, Sünde und Gnade, Gut und Böse, Gott und Welt, entspringen; welche Auffassung von der Existenz der Begrifflichkeit solcher Aussagen zugrunde liegt. Und sie tut das auf Grund der Einsicht, daß die Existenz des Menschen eine unabgeschlossene, nie als eindeutiges Faktum vorliegende, sondern mancher Interpretation fähige ist.«[32] »Im Text . . . werden mir Möglichkeiten meiner selbst erschlossen, die ich nur verstehen kann, soweit ich für meine Möglichkeiten erschlossen bin und mich erschließen lassen will.«[33] Daraus folgt: »Ich kann das Gesagte nicht einfach als Mitteilung akzeptieren, sondern ich verstehe nur bejahend oder verneinend. Nicht etwa, daß ich zuerst verstehe und dann Stellung nehme, sondern das Verstehen vollzieht sich nur im Bejahen oder Verneinen. Denn es handelt

28. *K. Takizawa*, Über die Möglichkeit des Glaubens, in: EvTh 2, 1935, S. 376–402.
29. Siehe oben Anm. 22, hier: S. 118. – Der Aufsatz entstand aus einem 1927 gehaltenen Vortrag.
30. Bultmann, a.a.O., S. 119.
31. Ebd.
32. Bultmann, a.a.O., S. 120.
33. Bultmann, a.a.O., S. 127.

sich ja um die Erschließung meiner eigenen Möglichkeit. . . Verstehen ist . . . immer zugleich Entschluß, Entscheidung.«[34]

6.

Damit ist umrissen, was *existentiale Interpretation* bedeutet. Bultmann hat schon früh formuliert: »Theologische Begriffe sagen ja nur dann etwas, wenn man in ihnen ein Existenzverständnis ausgesprochen findet.«[35] Existentiale Interpretation ist eine Auslegung, die, »bewegt von der Existenzfrage des Interpreten, nach dem in der Geschichte jeweils wirksamen Existenzverständnis fragt«[36]. Bultmann selbst meint »pointiert« sagen zu können, daß er »die Theologie als Anthropologie dar[stelle], – was nichts anderes meint, als daß ich die theologischen Aussagen als Aussagen über die Existenz . . . fasse«[37]. Will man diese Äußerungen verstehen, muß man an den Kontext der Hermeneutik Bultmanns denken: Von Gottes Handeln läßt sich nur so reden, daß »zugleich von unserer Existenz geredet wird, die durch Gottes Handeln betroffen ist«. Denn Gott ist »kein objektiv feststellbares Weltphänomen«[38]. Nur solche Aussagen über Gott sind für Bultmann »legitim, die die Existenzbeziehung zwischen Gott und Mensch ausdrücken«[39]. Darum lautet das Schlüsselwort der Hermeneutik »Existenzverständnis«. Von diesem Schlüsselwort her ist auch Bultmanns Ansicht zu begreifen, daß die überkommene Frage nach dem historischen Jesus am Entscheidenden vorbeifragt. Sie ist durch die Möglichkeit einer existentialen Interpretation der Worte Jesu überholt. Menschliches Sein bedeutet für Bultmann »im Unterschied von allem anderen Sein eben Existieren . . ., ein Sein, das sich selbst überantwortet ist und sich selbst zu übernehmen hat«[40]. Existentiale Interpretation fragt deshalb, bezogen auf unsere Leitfrage, nach der »Auslegung menschlichen Daseins«, wie sie »uns aus der ältesten Schicht der Worte in der synoptischen Tradition ent-

34. Ebd.

35. *R. Bultmann*, Zur Geschichte der Paulusforschung, in: ThR NF 1, 1929, S. 26–59, hier: S. 32.

36. H. Zahrnt, Die Sache mit Gott, S. 283.

37. *R. Bultmann*, Zu J. Schniewinds Thesen, das Problem der Entmythologisierung betreffend, in: Kerygma und Mythos Bd. I, S. 135–153, hier: S. 140 (1967[5], S. 126).

38. *R. Bultmann*, Zum Problem der Entmythologisierung (1963), in: *ders.*, Glauben und Verstehen, Bd. IV, Tübingen 1965, S. 128–137, hier: S. 135.

39. R. Bultmann, Jesus Christus und die Mythologie (1958), S. 178.

40. R. Bultmann, Zum Problem der Entmythologisierung (1952), S. 193.

gegentritt«[41]. Das Wort, das in die Situation des Menschen hinein ergeht, stellt den Menschen »vor die Entscheidung . . ., und dadurch wird das Wort für ihn Ereignis. Also nicht als objektiv zu betrachtendes Wort ist es Ereignis, sondern der Hörer gehört dazu, damit es Ereignis wird« (148). »Der Hörer gehört dazu«: Bultmann wendet sich gegen ein abstandhaftes neutrales ›Sehen‹, bei dem der Mensch »als beobachtendes Subjekt der Geschichte als dem Objekt gegenüber«tritt.[42] Das »Subjekt/Objekt-Schema« soll in der geschichtlichen Begegnung aufgehoben werden, obwohl es – wie etwa Hans Jonas betont – »das Privileg, die Bürde und die Pflicht des Menschen» ist.[43] »Der Hörer gehört dazu«: Bultmann möchte einprägen, daß der Vorgang des Wahrnehmens der Geschichte »selbst ein geschichtlicher Vorgang ist«[44].

Die Beteiligung des Hörers wird durch die Kategorie »Wortereignis« ausgedrückt. Gottes Wort wird zum Ereignis in der Begegnung des Hörers mit dem Wort. Diese Kategorie ist gerade für die Frage nach der (theologischen) Relevanz des Historischen von höchster Bedeutung, denn die »Beglaubigung für die Wahrheit des Wortes [liegt] in nichts außerhalb dessen, was sich zwischen Wort und Hörer abspielt« (148). Jeder Rekurs auf eine »historische« Sicherung des Wortes muß unterbleiben, weil er den entscheidenden Charakter der Begegnung verkennen würde. Offensichtlich ist Bultmann daran besonders gelegen, wenn er betont, daß »nach der historischen Zuverlässigkeit des Überlieferten überhaupt nicht gefragt werden darf. Sonst würde ja auch das eschatologische Geschehen, von dem das Kerygma redet, in die Relativität alles historischen Erkennens hineingerissen werden.«[45] Aller Nachdruck liegt auf der *Existenzwahrheit*, und sie ist gegenüber historischer Wahrheit abzugrenzen. Sie gehört auf ein anderes Blatt. Wer das nicht sieht, verwischt die für Bultmann streng unterschiedenen Kategorien. »Echte Anrede ist nur ein Wort, das dem Menschen ihn selber zeigt, ihn sich selbst verstehen lehrt, und zwar nicht als theoretische Belehrung über ihn, sondern so, daß das Ereignis der Anrede ihm eine Situation des existentiellen Sich-Verstehens eröffnet, ihm eine Möglichkeit des Sich-Verstehens eröffnet, die in der Tat ergriffen werden muß. Anrede stellt nicht dies oder das für mich zur belie-

41. So formulieren *Van A. Harvey/Schubert M. Ogden*, Wie neu ist die »Neue Frage nach dem historischen Jesus«?, in: ZThK 59, 1962, S. 46–87, Zitat: S. 68.
42. R. Bultmann, Zum Problem der Entmythologisierung (1963), S. 129.
43. *H. Jonas*, Heidegger und die Theologie, in: EvTh 24, 1964, S. 621–642, hier: S. 639.
44. R. Bultmann, a.a.O., S. 129.
45. R. Bultmann, Zu J. Schniewinds Thesen, S. 147 (1967[5], S. 132).

bigen Wahl, sondern sie stellt in die Entscheidung, sie stellt gleichsam mir mich selbst zur Wahl, als ein welcher ich durch die Anrede und meine Antwort auf sie sein will«.[46]

Immer deutlicher zeigt sich, daß Bultmanns Entfernung von der Leben-Jesu-Forschung im Zeichen der Entdeckung der »Existenzwahrheit« steht, und daß diese Existenzwahrheit den Vorrang vor der Tatsachenwahrheit bekommt bzw. geradezu zum Gegenbegriff zur Tatsachenwahrheit wird. Daraus erklärt sich das Pathos, das Bultmann hier beflügelt und das über den Historismus hinausführen soll. Deshalb fordert Bultmann die existentiale Interpretation und als ihre Konsequenz die »Entmythologisierung«. Dadurch wird der Akzent der Frage nach dem historischen Jesus verlagert. Dies ist festzustellen, auch wenn nach Bultmann neben der existentialen Interpretation die biblischen Texte nach wie vor als historische Dokumente befragt werden, also die existentiale Interpretation die historisch gestellte Wahrheitsfrage nicht aufheben soll.[47] Die Wahrheit kann nach Bultmanns Überzeugung nur *eine* sein; die Vorstellung einer »doppelten Wahrheit« lehnt er ab.[48] Auf die Akzentverlagerung in der Frage nach dem historischen Jesus stießen wir schon, als sich zeigte, daß das Problem der Trägerschaft der in den synoptischen Evangelien überlieferten »Gedanken« für Bultmann keine (theologische) Relevanz zu haben schien. Jetzt hat sich erwiesen, daß das Problem des Historischen von Bultmann keiner theologischen Lösung nähergebracht wird.

Ist es einfach suspendiert? Ernst Käsemann hat das überraschend früh gesehen.[49] Und vor Käsemann hat Julius Schniewind in seiner Antwort an Rudolf Bultmann (1946) nicht zulassen wollen, »von der Historie zur Geschichte zu flüchten«[50]. Das »Geschichtliche« meint hier die Geschichtlichkeit der Existenz: den Horizont, in dem Geschichte mir nicht im historischen Abstand, sondern als Element meiner selbst begegnet, wenn man das abgekürzt so formulieren darf. Schniewind möchte die ›Räume‹ nicht gewechselt sehen: er möchte den Raum der Historie (theologisch!) nicht aufgeben oder ihn gegen den Raum der Geschichtlichkeit der Exi-

46. *R. Bultmann*, Der Begriff des Wortes Gottes im Neuen Testament, in: Glauben und Verstehen, Bd. I, S. 268–293, hier: S. 283.

47. Vgl. zum Beispiel: R. Bultmann, Jesus Christus und die Mythologie, S. 167.

48. Vgl. R. Bultmann, Zum Problem der Entmythologisierung (1963), S. 131.

49. Vgl. seine Besprechung von Bultmanns »Jesus«-Buch in: VF 1949/50 (erschienen 1952), S. 197.

50. J. Schniewind, Antwort an Rudolf Bultmann, S. 118 (1967^5, S. 107); vgl. S. 120 (1967^5, S. 108).

stenz eintauschen: ein Tausch, den er als »Flucht« wertete. Er hat statt dessen hervorgehoben, daß das Heilsgeschehen sich »in, mit und unter einer historisch-relativen Ereignisreihe« ereignet.[51] Das Verhältnis des Geschichtlichen zum Historischen nennt Schniewind mit größtem Recht das »entscheidende Problem«[52]. Schniewind rüttelt also an den Prämissen von Bultmanns Hermeneutik!

7.

Ich habe zum Schluß noch den Kommentar Bultmanns zu zitieren, den er zur Intention seines Jesusbuches gegeben hat: »So wenig mein Jesusbuch Kerygma ist, so wenig begegnet im Kerygma der historische Jesus; in ihm begegnet vielmehr Jesus als der Christus, als eschatologisches Phänomen. Weder Paulus noch Johannes vermitteln eine geschichtliche Begegnung mit dem geschichtlichen Jesus. Die Synoptiker tun es wenigstens, wenn sie im Sinne der geschichtlichen Nachfrage gelesen werden, in ihrem eigenen Sinne aber nicht . . .« Und darum wendet sich Bultmann der »Begegnung mit dem verkündigten Christus zu, der mir im Kerygma begegnet, das mich in meiner geschichtlichen Situation trifft«[53]. Wie ist dieser »Kommentar« zum Jesusbuch zu verstehen? Die Antwort darauf ist nicht einfach.

Die zitierten Sätze leben offenbar in der grundsätzlich gemeinten Unterscheidung zwischen dem historischen Jesus und dem Kerygma. Die Evangelien vermitteln den historischen Jesus nur, wenn sie »im Sinne der geschichtlichen Nachfrage gelesen werden, in ihrem eigenen Sinne aber nicht«[54]. In ihrem eigenen Sinne verkündigen auch sie Jesus als den Christus, verkündigen auch sie das Kerygma. Walter Schmithals zieht daraus die Konsequenz (und meint damit Bultmanns Satz interpretieren zu können, daß sein Jesusbuch nicht Kerygma sei): »Bultmanns Jesusbuch ist zwar auf Grund der synoptischen Evangelien geschrieben, aber es entspricht nicht deren Intention . . .«[55] Noch schärfer formuliert: Die historische Frage nach Jesus erweist sich »vom Selbstverständnis der synopti-

51. Schniewind, a.a.O., S. 120 (1967[5], S. 108).
52. Schniewind, a.a.O., S. 117 (1967[5], S. 106).
53. R. Bultmann, Zu J. Schniewinds Thesen, S. 148 (1967[5], S. 134).
54. Ebd.
55. W. Schmithals, a.a.O., S. 220.

schen Evangelien her als deren Intention zuwiderlaufend«[56]. In der Formulierung Rudolf Bultmanns selbst heißt es noch: Historische Forschung »kann es nur zur geschichtlichen Begegnung mit dem historischen Jesus bringen; aber der Kyrios Christos begegnet nur im Kerygma der Kirche«[57].

Aber die Perspektiven, die der zitierte Satz Bultmanns enthält, sind damit nur erst ansatzweise umschrieben (auch für Walter Schmithals). Ihre Aktualität tritt spätestens im Gespräch Bultmanns mit seinen Schülern zutage. Bultmann kann nicht bejahen, was ihm wie eine Rückkehr zum historischen Jesus erscheint. Er setzt deutlich Fragezeichen hinter den Versuch von Gerhard Ebeling und Ernst Fuchs, den Glauben Anhalt gewinnen zu lassen am Glauben des historischen Jesus. Bultmann erklärt, das entspreche weder den Evangelien noch dem Kerygma: weder redeten die Evangelien von Jesu eigenem Glauben, noch weise das Kerygma auf Jesu Glauben zurück.[58] Jesus ist ins Kerygma auferstanden, lautet Bultmanns freilich problematisch formulierte Auskunft.[59] Sehen wir von der Problematik der Formulierung ab, so bleibt zu fragen, was nach Bultmanns Ansicht das Kerygma von der Verkündigung Jesu unterscheidet. *Daß* hier zu unterscheiden ist, hat auch Ernst Käsemann unterstrichen, in Zustimmung zu Bultmann.[60] Aber *wie* ist im Sinne Bultmanns zu unterscheiden? Das Kerygma setzt das geschehene Heilshandeln Gottes voraus – so wäre hier mit Bultmann zu sagen –, während der historische Jesus es erwartet. »Jesus blickt in die Zukunft und verweist auf die Zukunft, auf die *kommende* Gottesherrschaft; freilich auf die jetzt kommende, jetzt schon anbrechende. Paulus blickt zurück und weist auf das schon Geschehene: die Wende der Weltzeiten ist schon erfolgt! Der Tag des Heils ist schon Gegenwart!«[61]

56. Schmithals, a.a.O., S. 221.
57. Bultmann, a.a.O., S. 148 (1967[5], S. 134).
58. R. Bultmann, Das Verhältnis der urchristlichen Christusbotschaft zum historischen Jesus, S. 20.
59. Bultmann, a.a.O., S. 27: »Mehrfach und meist als Kritik wird gesagt, daß nach meiner Interpretation des Kerygmas Jesus ins Kerygma auferstanden sei. Ich akzeptiere diesen Satz. Er ist völlig richtig, vorausgesetzt daß er richtig verstanden wird. Er setzt voraus, daß das Kerygma selbst eschatologisches Geschehen ist; und er besagt, daß Jesus im Kerygma wirklich gegenwärtig ist, daß es *sein* Wort ist, das den Hörer im Kerygma trifft.« – Vgl. dazu E. Käsemann, Sackgassen im Streit um den historischen Jesus, S. 63ff.
60. *E. Käsemann*, Zum Thema der urchristlichen Apokalyptik (1962), in: *ders.*, Exegetische Versuche und Besinnungen, Bd. II, S. 105–131, hier: S. 117.
61. *R. Bultmann*, Jesus und Paulus, in: Jesus Christus im Zeugnis der Heiligen Schrift und der Kirche, S. 68–90, hier: S. 84.

Offenbar möchte Bultmann diesen Unterschied nicht verwischt sehen. Erlaubt dies den Schluß, Bultmann brauche für seine Argumentation den Einschnitt von Ostern? Er kann jedenfalls sagen, das Kerygma sei »selbst eschatologisches Geschehen«, im Kergyma sei Jesus »wirklich gegenwärtig«[62]. Aber – wenn ich so fragen darf – »was« von Jesus ist gegenwärtig, und »wie«? Spricht das Kerygma für sich selbst – oder nicht vielmehr »von Jesus«? Bultmann will an dieser Stelle eine weitergehende historische Rückfrage theologisch abwehren, weil der Glaube nicht historisch gesichert werden darf. Er formuliert deshalb, daß das Kerygma nur am ›Daß des Gekommenseins Jesu‹ interessiert sei.[63] Doch was sagt dieses »Daß« für das Kerygma und als Kerygma aus? Hier setzen die Rückfragen an Bultmann ein, etwa diejenige von Ernst Käsemann, ob eine solche Reduktion auf das reine »Daß« den Evangelien gegenüber erlaubt sei: »Über dieses ›Daß‹ braucht man nicht hinauszukommen, und man kann es historisch auch nicht recht. Man fragt sich, ob die dabei obwaltende Kürze mehr der Selbstverständlichkeit entspringt, mit der hier ein Axiom vorausgesetzt wird, oder ob sie ein Zeichen dafür ist, daß Bultmann sich angesichts einer ihm aufgenötigten . . . Problematik auf dieses Axiom zurückzieht.«[64]

Legt Bultmann alles Gewicht auf das Kerygma, so kann er nicht einfach den Glauben Jesu als das eine und ausreichende Thema ansehen, sondern muß verwundert fragen, weshalb weder die Evangelien noch das Kerygma den Glauben Jesu betonen. Deshalb bezieht sich Bultmann auch nicht auf das eigene existentielle Ich Jesu, sondern auf seine Worte, denen er in der ältesten Überlieferungsschicht der synoptischen Evangelien zu begegnen meint. Er hat den Eindruck, das Kerygma werde überflüssig, wenn die existentiale Interpretation Jesu schon alles enthält – und die Christologie in der Antwort auf die Frage nach dem historischen Jesus verbleibt (so lautet seine Kritik an James M. Robinson[65]). Es scheint so, als ob hier für

62. R. Bultmann, Das Verhältnis der urchristlichen Christusbotschaft zum historischen Jesus, S. 27.

63. R. Bultmann, Zu J. Schniewinds Thesen, S. 148 (1967[5], S. 134): »das Daß seines Gekommenseins«. – Vgl. schon *ders.*, Der Begriff des Wortes Gottes im Neuen Testament, S. 292: »Es braucht also inhaltlich von Jesus nichts gelehrt zu werden als dieses Daß, das in seinem historischen Leben seinen Anfang nahm und in der Predigt der Gemeinde weiter Ereignis wird.« – *Ders.*, Das Verhältnis der urchristlichen Christusbotschaft zum historischen Jesus, S. 9: »Das Entscheidende ist schlechthin das Daß.«

64. E. Käsemann, Sackgassen im Streit um den historischen Jesus, S. 49 (vgl. S. 49ff).

65. Bultmann, a.a.O., S. 24.

Bultmann Grenzen überschritten werden, die er selbst gewahrt sehen möchte.[66]

Mit diesen Bemerkungen meine ich nicht, Bultmanns Kommentar zu seinem Jesusbuch in seiner gewissen Rätselhaftigkeit schon genügend erhellt zu haben. Ist die von Bultmann unterstrichene Differenz zwischen Jesusbuch und Kerygma – nach den Einsichten, die wir aufgrund des Jesusbuches gewonnen haben – nicht doch eine Überraschung, und bleibt sie nicht eine Überraschung? Oder ist Bultmanns Verharren bei der existentialen Interpretation der Worte Jesu inkonsequent (in glücklicher Weise inkonsequent!), und sind Bultmanns Schüler konsequenter, wenn sie (nach Bultmanns Meinung: am Kerygma vorbei) an Jesu eigenes Selbstverständnis als Anhalt (Ursprung und Grund) für unser Selbstverständnis anknüpfen? Haben Bultmanns hermeneutische Prämissen diese Anknüpfung nicht wenigstens vorbereitet und sogar ermöglicht, wenn sie auch nicht in seinem Sinne ist? Ist vielleicht das Problem, auf das wir bei den Schülern Bultmanns stoßen, deshalb doch sozusagen ›vorzudatieren‹? Ist es nicht im Ansatz einer Hermeneutik enthalten, die sich primär am Existenzverständnis ausrichtet?

Dann aber muß gefragt werden: Kann eine solche existentiale Interpretation dem Horizont entsprechen, in den die synoptischen (und auch die paulinischen) christologischen Aussagen gehören: dem Horizont der Geschichte zwischen Gott und dem Menschen, die in Jesus Christus Ereignis wird, so daß das Christusgeschehen nur als Geschehen von Gott her verstanden werden kann – nicht in einer abstrakten Objektivität, sondern in der höchst konkreten Zuwendung Gottes zu mir, in der ich immer schon ›bedacht‹ bin und immer schon vorkomme? Hier muß, so meine ich, hermeneutisch umgedacht werden.

Ich meine verstanden zu haben, daß Bultmann von der Frage ausgeht: Was kann Reden von Gott heißen? Und ich meine auch begriffen zu haben, weshalb für ihn Reden von Gott zugleich Reden vom Menschen ist. Bultmann will Gott nicht zum »objektiv feststellbaren Weltphänomen«[67] machen. Aus diesem Grunde bezieht er die anthropologische Ebene grundlegend in die Theologie ein. In diesen Zusammenhang gehört Bult-

66. Vgl. *H.-W. Bartsch*, Die Bedeutung des Anwendungsbereiches der existentialen Interpretation innerhalb der Theologie, in: EvTh 21, 1961, S. 224–234.

67. R. Bultmann, Zum Problem der Entmythologisierung (1963), S. 135. – Vgl. schon *ders.*, Welchen Sinn hat es, von Gott zu reden (1925), in: *ders.*, Glauben und Verstehen, Bd. I, S. 26–37.

manns Satz, daß »die Frage nach Gott und die Frage nach mir selbst . . . identisch« sind[68]. Aber wenn die Bibel das Buch von der – immer souveränen und unverhofften – Begegnung Gottes mit dem Menschen ist, die sich immer im Zeichen des Zuvorkommens Gottes begibt, dann kann Gottes Anrede an den Menschen nicht einfach im Horizont der Frage des Menschen nach Gott und nach sich selbst begriffen werden. Menschliches Vorverständnis von Gott und die Wirklichkeit Gottes, wie sie uns im Wort vom Kreuz (λόγος τοῦ σταυροῦ) begegnet, ›treffen‹ sich nicht (wie wir uns anhand von 1Kor 1,18–25 zu verdeutlichen versuchten). Hans Jonas sagt zu Recht: »Bei Strafe des Immanentismus kann das Verständnis Gottes nicht eine Funktion des Selbstverständnisses des Menschen werden, wenn es sich auch analogisch und bildlich seiner bedienen muß.«[69]

Die Grundfrage scheint mir zu sein, wie sich der Auslegungshorizont der existentialen Interpretation zum Horizont der Aussagen der biblischen Texte verhält – auf unser Leitproblem bezogen: dem Horizont der synoptischen und paulinischen christologischen Aussagen. Im Horizont der biblischen Texte kommt das Christusereignis primär als ein Geschehen zwischen Gott und dem Menschen zur Sprache. Ist das im Horizont der existentialen Interpretation nicht nur noch mit wesentlichen Abstrichen auszusagen?

IV. Gerhard Ebeling

1.

Gerhard Ebeling hat in seinem programmatischen Beitrag »Die Frage nach dem historischen Jesus und das Problem der Christologie« formuliert: »Für die Christologie ist der Bezug auf Jesus konstitutiv. . . Was keinen Bezug zu Jesus hat, hat darum keinen Raum in der Christologie« (300 und 300f Anm. 2).[1] Etwas expliziter heißt es: »Es darf auch in christologischer Hinsicht nichts über Jesus ausgesagt werden, was nicht im hi-

68. R. Bultmann, Jesus Christus und die Mythologie, S. 168.
69. H. Jonas, a.a.O., S. 641.
1. *G. Ebeling*, Die Frage nach dem historischen Jesus und das Problem der Christologie (1959), im folgenden zitiert nach dem Wiederabdruck in: *ders.*, Wort und Glaube [Bd. I], Tübingen 1960, S. 300–318.

storischen Jesus selbst begründet ist und sich nicht darauf beschränkt, auszusagen, wer der historische Jesus ist« (311). So bezieht Ebeling die Christologie auf den historischen Jesus. Jesus ist »Kriterium der Christologie« (301). Das bedeutet, daß die Frage nach dem historischen Jesus und das Problem der Christologie nicht voneinander getrennt werden können, als ob das eine als eine historische, das andere als eine dogmatische Aufgabe zu verstehen wäre (vgl. 302).

2.

Wir fragen sofort: Wie ist im Sinne Ebelings der historische Jesus zu erreichen? Daß sich das Problem des historischen Jesus erneut verschiebt, dürften schon die wenigen eben genannten Zitate erkennen lassen. Bei Rudolf Bultmann konnte kaum ohne weiteres, wie bei Ebeling, von der *Begründung der Christologie im historischen Jesus* gesprochen werden – nicht ohne weiteres, weil Bultmann grundsätzlich zwischen dem historischen Jesus und dem Kerygma zu unterscheiden sich gezwungen sah: sein Jesusbuch ist nach seiner eigenen Aussage sowenig Kerygma, wie im Kerygma der historische Jesus begegnet.

Ebeling hat die Geschichte der Wandlungen des Begriffs »historischer Jesus« in einem präzisen Überblick zu skizzieren versucht, wie man Ebeling auch sonst einen Meister genauer Formulierungen nennen muß. Walter Kreck hat Ebeling deshalb gerühmt: »Was bei Fuchs in oft originellen, aber mitunter sehr verklausulierten Wendungen immer neu umkreist wird, ist bei Ebeling auf klarere Formeln gebracht.«[2] Ebelings Überblick ist ebenso spannend wie lehrreich, vor allem auch deshalb, weil Ebeling zuletzt die »historische Aporie, in die der Begriff des ›historischen Jesus‹ gerät« (306), beschreibt: Der historische Jesus ist zuletzt nichts weiter mehr als historisch, und weil er der nur noch historische Jesus ist, kann er nicht mehr der wirkliche Jesus sein (ebd.).

Damit kommt eine Verlegenheit an den Tag, die von den Voraussetzungen des Historismus her nicht mehr behoben werden kann.

Wie aber können wir den wirklichen Jesus wahrnehmen? Eins kommt für Ebeling nicht in Frage: die historische Aporie »als Freipaß zur Rückkehr der Christologie in das alte Geleise« anzusehen (ebd.). Helfen kann nur ein Vorstoß nach vorn im Sinne einer Überwindung des Historismus. Und hier setzt Ebelings Antwort ein: »Aus dem historischen Engpaß

2. *W. Kreck*, Die Frage nach dem historischen Jesus als dogmatisches Problem, in: EvTh 22, 1962, S. 460–478, hier: S. 468.

führt allein dasjenige Geschichtsverständnis heraus, das am Wortgeschehen und damit an der Sprachlichkeit der Wirklichkeit orientiert ist. Darum lautet die sachgemäße Frage nach dem Geschehen nicht einfach: Was ist passiert? Welche Fakten haben sich ereignet? Wie sind sie zu erklären? . . ., sondern: Was ist zur Sprache gekommen?« (307).

Damit führt Ebeling seine eigene (übrigens mit Ernst Fuchs verwandte) Ausdrucksweise ein, die wir nun zu verstehen suchen müssen. Zweierlei ist zunächst wichtig. Einmal die Abgrenzung des von Ebeling intendierten Vorstoßes gegenüber einem Geschichtsverständnis, »das am Tatsachenbegriff orientiert ist« (ebd.). Wollte man in einem solchen Geschichtsverständnis verharren, so wäre die historische Aporie nicht mehr zu überwinden. Zum anderen ist bei Ebeling, wenn er sich am Wortgeschehen orientieren möchte, nicht ein Zugang zur Geschichte gemeint, der nur auf Jesus und seine Geschichte anzuwenden wäre. Vielmehr sucht Ebeling einen Schlüssel, der »Geschichte« als solche besser aufzuschließen vermag. (Aber das schien uns auch bei Bultmann nicht anders zu sein.)

3.

Was aber besagt »Wortgeschehen«, was bedeutet »Sprachlichkeit der Wirklichkeit«? (ebd.). Ebeling visiert an, »was in Jesus zur Sprache gekommen ist« (308). Er vollzieht damit eine Konzentrationsbewegung hin zu Jesu Glauben: »In Jesus ist der Glaube zur Sprache gekommen« (ebd.). Der Glaube ist nicht irgendeine Einzelheit. »Es geht dabei um die Grundstruktur dessen, was in Jesus zur Sprache gekommen ist« (309), um das, was »in Verkündigung und Verhalten des historischen Jesus das eine schlechthin Entscheidende und alles Bestimmende ist« (308). Wieder wird hier »alles Interesse an genauem biographischem Detail . . . überflüssig« (309). Jesus ist für uns einzig und allein wichtig als der Zeuge des Glaubens. *Jesus der Zeuge des Glaubens*: das ist die grundlegende christologische Kategorie Ebelings. Die Aufgabe der Christologie ist deshalb »keine andere als die: das zur Sprache zu bringen, was in Jesus selbst zur Sprache gekommen ist« (318). Das ist eine (bei aller Tendenz zur Konzentration) weite und weitergreifende Formulierung.

Als Zeuge des Glaubens heißt Jesus »Grund und Quelle des Glaubens«[3]. So ist Jesus der Inbegriff des Glaubens und der Glaube der Inbe-

3. *G. Ebeling*, Jesus und Glaube (1958), in: *ders.*, Wort und Glaube [Bd. I], S. 203–254, hier: S. 245.

griff des Werkes Jesu. Alles, was von Jesus gesagt werden kann, ist »auf den einen Nenner zu bringen . . ., daß in ihm der Glaube zur Sprache gekommen ist« (310). Deshalb ist aber auch für uns der Glaube entscheidend, und zwar allein *der* Glaube, der Anhalt am Glauben des historischen Jesus findet. Der Glaube umfaßt alles. »Damit, daß Glaube geschieht, ist im Grunde alles geschehen.«[4] Diese Konzentration auf das »Geschehen« des Glaubens geht bei Ebeling Hand in Hand mit einer Abwehr der Aussagen über Glaubensinhalte – ich denke, weil »Inhalte« für Ebeling immer vorstellungshaft, objektivierend und weltbildhaft sind. Mir scheint freilich ein solches ›Abblenden‹ der ›Inhalte‹ (besser: der Inhaltlichkeit) des Glaubens aufgrund der biblischen Texte schwer vollziehbar zu sein. Reden sie nicht vorgängig von einem Geschehen, auf das der Glaube sich bezieht? Das Geschehnishafte wird auch von Ebeling betont. Aber er behauptet, der Glaube sei selbst ein Geschehen oder vielmehr *das* Geschehen schlechthin, weil er »vor allem Tun des Menschen [liegt] als das Sein, aus dem alles Tun und Lassen des Menschen entspringt und bestimmt ist«[5]. Aber wird hier nicht alles Geschehen in den Glauben verlegt?[6]

Daß Jesus der Zeuge des Glaubens ist, begründet, daß Jesus »Grund und Quelle des Glaubens« ist. So ist bei Ebeling der historische Jesus der Jesus des Glaubens (vgl. 311). In der Nähe Ebelings befindet sich offenbar auch Willi Marxsen, wenn er meint, ein »Jesus solus« (gleichbedeutend mit historischem Jesus) sei die notwendige Aktualisierung des »sola scriptura« und »sola gratia« der Reformatoren.[7] Das dürfte eine zumindest kühne Formulierung sein! Sie würde auch das Kreuz und die Auferstehung Jesu umgreifen: Im Sterben Jesu vollendet sich sein Glaubenszeugnis, und zu Ostern kommt der Glaube des historischen Jesus im Glauben der Jünger zum Ziel (314f). Ostern fällt faktisch mit dem Glauben der Jünger zusammen: so möchte Walter Kreck die Intention Ebelings umschreiben.[8] So sind der vorösterliche und der nachösterliche Glaube miteinander verklammert, der Glaube bleibt mithin auf der ganzen Linie an den

4. *G. Ebeling*, Das Wesen des christlichen Glaubens, Tübingen 1959, S. 178.
5. Ebeling, a.a.O., S. 146.
6. Vgl. *G. Eichholz*, Die Grenze der existentialen Interpretation. Fragen zu Gerhard Ebelings Glaubensbegriff, in: EvTh 22, 1962, S. 565–580, wieder abgedruckt in: *ders.*, Tradition und Interpretation, S. 210–226.
7. *W. Marxsen*, Vortrag am 6. Mai 1966 im »Bund« Wuppertal (unveröffentlicht).
8. W. Kreck, a.a.O., S. 468.

Glauben Jesu gebunden. Ostern hebt das ›Kontinuum‹ des Glaubens nicht auf.

4.

Ebelings Entwurf ist in sich geschlossen und überaus konsequent. Ihm gelingt eine überraschende Konzentration – eine Unmittelbarkeit der Verknüpfung von Christologie und historischem Jesus, ebenso eine Unmittelbarkeit der Anknüpfung unseres Glaubens an den Glauben des historischen Jesus. Die Fragen, die an Ebeling zu stellen sind, können hier nur angedeutet werden. Reicht die christologische Kategorie aus, in der Ebeling alle anderen christologischen Aussagen begründet sieht: die Kategorie »Zeuge des Glaubens«? Daß dies nicht eine Kategorie der Evangelien ist, hat – wie wir schon sahen – Rudolf Bultmann betont. Ebeling verteidigt sich gegen diesen Flankenangriff. Er kann zugeben: »Die Evangelisten selbst machen keine Aussagen über den Glauben Jesu.«[9] Aber er macht geltend: »Es dürfte unmöglich sein . . ., ihn selbst vom Glauben auszunehmen.«[10] Darin ist, wie ich meine, Ebeling zuzustimmen.[11] Aber was hat es zu bedeuten, daß die Evangelisten nicht alles Gewicht auf den Glauben Jesu legen? Martin Dibelius hat übrigens ähnlich akzentuiert wie Bultmann: Die alten Gemeinden »wollten nichts hören über einen frommen, geduldigen, tapferen oder wahrhaft menschlichen Jesus; sie wollten . . . etwas erfahren über die Offenbarung Gottes in Jesus Christus. Nicht ein Beispiel für den Glauben, sondern den Gegenstand ihres Glaubens wollten sie beschrieben haben. . .«[12] Und zum »Thema des Gebetes Jesu« sagt Dibelius, »daß die älteste Tradition praktisch nichts über einen betenden Jesus berichtet«. Und er präzisiert: es gehe ihm dabei nicht um die historische Frage, »ob Jesus gebetet hat (natürlich betete der Schöpfer des Vaterunsers), die Frage ist jedoch, ob die alten Erzähler eine Erwähnung des Betens Jesu für die Predigt für notwendig hielten«[12a]. Strittig ist also die Kategorie, mit der in den Evangelien christologisch geredet wird.

Jürgen Moltmann hat Ebeling gegenüber eingewendet: »Die neutestamentlichen Credoformeln beziehen sich doch nicht auf das, was in dem Menschen Jesus zur Sprache kam, sondern auf den, der den Gekreuzigten

9. G. Ebeling, Jesus und Glaube, S. 240. 10. Ebd.
11. Vgl. dazu auch O. *Weber*, Grundlagen der Dogmatik, Bd. II, Neukirchen 1962, S. 176f.
12. M. Dibelius, Evangelienkritik und Christologie, S. 323.
12a. Ebd.

auferweckte und zum Herrn erhöhte (Röm 10,9); also auf die Treue Gottes, der die Toten auferweckt.«[13] Die synoptischen, paulinischen und johanneischen christologischen Aussagen sind nicht auf eine Vorbildlichkeit des Menschen Jesus ausgerichtet – und wäre es die Vorbildlichkeit seines Glaubens. Die Frage »nach der Bedeutung des historischen Jesus für den Glauben« läßt sich nach Ernst Käsemann nicht durch »eine Darstellung Jesu als des Vorbildes für den Glaubenden« beantworten, weil dieser Weg »im Moralismus oder in der Mystik enden wird«[14]. Vielmehr dürfte für den Horizont der Christologie der Synoptiker, des Paulus und des Johannes gelten, daß immer Gott selbst in Jesus von Nazareth und in seiner Geschichte handelt, daß diese Geschichte Gottes Geschichte mit dem Menschen ist. In dieser Geschichte geschieht das Entscheidende. Diese Geschichte (das ist freilich das Zeugnis der biblischen Zeugen!) ist, von allem Anfang an, im Zeichen des (vom Menschen her unbegreiflichen und für ihn unfaßbaren) gnädigen Ja zu begreifen, das Gott zu uns Menschen spricht. Im Menschen Jesus begegnet uns Gott – nicht nur so, daß Jesus an Gott glaubt und dieser Glaube Jesu zum Grund unseres Glaubens wird, sondern so, daß Gott in Jesus für uns handelt und sich dieser Welt annimmt. Jesus bringt nicht nur eine Geschichte des Glaubens in Gang.[15] Der Horizont des Glaubens wird vielmehr bestimmt durch die Geschichte, durch die es zum Glauben kommt. Paulinisch gesprochen ist die Geschichte Jesu von Nazareth nur als von Gott her für uns geschehene Geschichte zu begreifen: als von allem Anfang an uns zugedachte Geschichte, in der wir deshalb ursprünglich und nicht erst nachträglich vorkommen, so paradox das klingt. Existenzwahrheit ist ebenso wie Existenzwirklichkeit von dieser Geschichte Gottes mit uns von vornherein umgriffen. Man kann von Gottes Handeln an uns biblisch nur reden, wenn man von dieser (uns immer schon vorausgehenden) Geschichte redet.

So aber gehört Ostern nicht nur in die Geschichte des Glaubens Jesu und des Glaubens der Jünger, sondern primär in die Geschichte des Handelns Gottes an Jesus und an seinen Jüngern, an uns und an aller Welt.

Walter Kreck sieht in seiner Studie über »Die Christologie Gogartens und ihre Weiterführung in der heutigen Frage nach dem historischen Je-

13. *J. Moltmann*, Anfrage und Kritik. Zu G. Ebelings »Theologie und Verkündigung«, in: EvTh 24, 1964, S. 25–34, hier: S. 30.

14. *E. Käsemann*, Neutestamentliche Fragen von heute (1957), in: *ders.*, Exegetische Versuche und Besinnungen, Bd. II, S. 11–31, hier: S. 21.

15. W. Kreck, a.a.O., S. 470.

sus«[16] entscheidende Linien der Christologie von Gerhard Ebeling und Ernst Fuchs schon bei Friedrich Gogarten vorweggenommen. Kreck fragt sich, ob nicht bei Ebeling und Fuchs »wie bereits bei Gogarten der Versuch gemacht [wird], den bei Bultmann noch immer vorhandenen oder doch vermuteten Rest von Historismus, der sich in seinem Interesse an dem historischen ›Daß‹ des Todes Jesu meldet, zu überwinden und den ›Anhalt‹ aufzudecken, den der Glaube am historischen Jesus hat. Sieht bereits Bultmann das Wesen des Geschichtlichen nicht in Verknüpfung von Fakten, sondern in der Begegnung mit einem mich beanspruchenden vergangenen Geschehen, so liegt Fuchs alles daran, diesen Begegnungscharakter im Blick auf Jesus dadurch radikal zum Zuge zu bringen, daß er diesen historischen Jesus als Sprachereignis versteht. Geht es Gogarten um Überwindung der Subjekt-Objekt-Spaltung und liegt ihm alles an der personalen Begegnung, die im worthaften Geschehen sich ereignet und so erst das Personsein konstituiert, so kann Fuchs entsprechend sagen: ›Wirklich ist erst, was als gegenwärtig (und wäre es erinnernd) zur Sprache gebracht werden kann‹. Die Sprache gibt erst die Wirklichkeit frei, und zwar Sprache im Sinn des Anrufs und Zurufs, der mein Einverständnis erwartet.«[17] Schon bei Gogarten werden Tod und Auferstehung als Vollendung der Verkündigung Jesu verstanden. »Ist bei Gogarten schon vom Glauben Jesu die Rede, den er durchgehalten hat selbst angesichts der unerhörten Anfechtung des Kreuzes, so rückt . . . in der neueren Bemühung um den historischen Jesus der Glaube Jesu ins Zentrum. Nach Ebeling kam in Jesus der Glaube zur Sprache. Jesus ist der Inbegriff des Glaubens, und der Glaube ist der Inbegriff des Werkes Jesu. Jesus heißt der Zeuge des Glaubens, sein Erwecker, seine Quelle und insofern allerdings auch sein Grund. Der Glaube *an* Jesus, wie er sich herausbildet, . . . ist in seiner Wurzel der durch Jesus erweckte Glaube. Wenn es im Unterschied zu den christologischen Formeln, die von einem Glauben an Jesus reden, letztlich auf die Relation Jesus – Glaube ankommt, so rückt in der Tat der historische Jesus in die Mitte, während sein Kreuz dabei als Glaubensprobe und Reinigung des Glaubens der Jünger gewertet wird.«[18] Wir sind diesen Stichworten längst begegnet. Kreck meint, daß sich für diese Intentionen Ebelings bei Gogarten insofern Entsprechungen finden, als bei Go-

16. In: EvTh 23, 1963, S. 169–197. – Vgl. auch *Rudolf Weth*, Gott in Jesus. Der Ansatz der Christologie Friedrich Gogartens (FGLP X/36), München 1968.
17. Kreck, a.a.O., S. 193.
18. Kreck, a.a.O., S. 193f.

garten davon die Rede ist, daß der Tod Jesu von seiner Verkündigung her zu verstehen sei. Entsprechend ist Ostern als Zeichen der zum Glauben erweckenden Macht Gottes zu begreifen.

Ich denke, daß Kreck ähnliche kritische Akzente setzt wie wir. Er möchte in dem, was hier Ebeling und Fuchs mit Friedrich Gogarten verbindet, zugleich die Differenz zu Bultmann erkennen: »Darin also sehen wir das Gemeinsame hüben wie drüben und zugleich eine gewisse Distanzierung gegenüber Bultmann: Während letzterer sich um die existentiale Interpretation des Kerygmas von Tod und Auferstehung Jesu bemüht, schreitet man hier zu einer existentialen Interpretation des historischen Jesus fort. Das geschieht gewiß nicht, wie Bultmann fürchtet, um die christliche Botschaft historisch zu legitimieren, sondern es soll der Zuspruch und Anspruch des in Jesus ergehenden Kerygmas verständlich gemacht werden.«[19]

Ich hoffe, daß mit alledem verständlich geworden ist, weshalb ich die Frage nach dem Horizont aufgeworfen habe, in den die christologischen Aussagen des Neuen Testaments gehören. Das konnte nur ein Hinweis sein. Wird die Geschichte Jesu von Nazareth im Neuen Testament als die von Gott her uns zugute geschehene Geschichte erzählt (verkündigend erzählt und erzählend verkündigt, um mit Jürgen Moltmann zu reden), so ist der Horizont des Handelns Gottes für diese Geschichte entscheidend. Gottes Geschichte mit dem Menschen geht unserem Glauben vorauf und ruft uns allererst zum Glauben. Wird nicht so und nur so der Glaube neutestamentlich definiert? Bleibt nicht sonst nur eine Christologie im Zeichen des Vorbildes übrig? Allein der Glaube, der durch die Geschichte Gottes mit dem Menschen geschaffen wird, hat ›evangelischen‹ Zuschnitt. Das muß in die Christologie wie in die Verkündigung übersetzt werden. Findet die existentiale Interpretation nicht hier ihre Grenze? Oder ist das alles für den Menschen von heute nicht übersetzbar? So stoßen wir auf das Problem der Sprache und meinen, daß theologische Hermeneutik nur an der Begegnung mit den Texten orientiert sein kann, die zu Wort kommen wollen, ohne daß sie beim Vorgang der Übersetzung verkürzt werden.

19. Kreck, a.a.O., S. 194.

V. Ernst Käsemann

Schon während der Auseinandersetzung Rudolf Bultmanns mit Gerhard Ebeling und Ernst Fuchs hat Ernst Käsemann die Weichen für unsere Leitfrage neu gestellt. Käsemann ist Bultmannschüler wie Ebeling und Fuchs, scheint mir aber gegenwärtig von allen Schülern Bultmanns am grundsätzlichsten zum Kritiker Bultmanns geworden zu sein. Am grundsätzlichsten: denn Käsemann greift Bultmanns hermeneutische Prämissen an. Er denkt zwar nicht daran, den Schlußstrich unter der Leben-Jesu-Forschung alten Stils rückgängig zu machen. Wer Käsemann so versteht, versteht ihn nicht – und kann ihn in seinem kritischen Vorstoß nicht verstehen. Ich erinnere an die von Käsemann gezogene Bilanz, nach der eine Biographie Jesu nicht erreichbar ist, und an Käsemanns lapidaren Satz: »Wer an dieser Einsicht rüttelt, bringt uns um Ertrag und Sinn unserer Forschung in den beiden letzten Jahrhunderten . . .«[1] Darin spricht sich nicht nur der Verzicht des Historikers aus, sondern vor allem die Einsicht des Theologen: Käsemann teilt Bultmanns Prämissen nicht mehr; er unterwirft sich nicht der Alternative bzw. Konsequenz, die Bultmanns Ansatz impliziert. Er kann nicht mehr der mit der existentialen Interpretation verbundenen Tendenz folgen, das Historische theologisch bedeutungslos werden zu lassen. Wir haben bei Bultmann wie bei Ebeling gesehen, wie die Frage nach dem Existenzverständnis und die Frage nach dem Wortgeschehen den Historismus überholen soll: wie Existenzwahrheit sich abhebt und abgrenzt gegenüber einem Verständnis von Geschichte, das am Tatsachenbegriff orientiert ist. Sollte der Historismus so überwunden werden können? Und wenn es sich so verhielte: wäre dann das theologische Problem der Historie gelöst (oder nicht vielmehr beiseitegeschoben), wie es uns von den biblischen Texten her begegnet, insofern in den biblischen Texten immer nur »erzählend verkündigt und verkündigend erzählt« wird? Historismus und existentiale Interpretation dürften bei aller Gegensätzlichkeit darin einander benachbart sein, daß sie die Aussageebene der biblischen Texte, wenn auch jeweils anders, verkürzen – und so selbst, wenn auch auf verschiedene Weise, in Sackgassen hineinführen. Die eine Verkürzung provoziert die andere, und keine kann die andere überwinden. Wir müssen in die Schule der biblischen Texte gehen. Die biblischen Texte fügen sich der Alternative »Tatsachenwahrheit oder Exi-

1. E. Käsemann, Das Problem des historischen Jesus, S. 194.

stenzwahrheit« nicht. Sie befinden sich auf einer dieser Alternative gegenüber überlegenen Ebene. Ernst Käsemann hat früh »die Möglichkeit einer allgemein gültigen Hermeneutik« bestritten, die dem Exegeten »den Gegenstand seines Fragens im vorhinein benennt und begrenzt. Eine Hermeneutik kann ihm den Gegenstand gar nicht geben, den allein sein Text ihm gibt, nämlich: deus dixit, so gewiß eine biblische Hermeneutik sich über die sachgemäße Interpretation dieses deus dixit zu äußern hat und dabei z. B. die Notwendigkeit einer auf die Existenz bezogenen Interpretation betonen wird. Hermeneutik kann für den Theologen nur kritische Funktion haben, nicht aber in der Weise thetisch verfahren, daß sie z. B. die Exegese in der existentialen Aussage ihr Ende finden ließe. Sie wird vielmehr ihrerseits durch die Verkündigung ihres konkreten Textes begrenzt.«[2]

Ich denke, daß Käsemanns Kritik an Bultmanns Sicht des historischen Jesus in diesen Zusammenhang zu rücken ist, der nicht weniger als eine andere Hermeneutik impliziert. Käsemann wirft nicht zufällig auch in seinem Aufsatz »Sackgassen im Streit um den historischen Jesus«[3] das hermeneutische Problem auf (z. B. 68). Daß Käsemann heute auch von Bultmannschülern weithin angegriffen bzw. so wenig begriffen wird, hängt mit seiner grundsätzlichen Anfrage an Bultmann zusammen, mit seiner Anfrage, die gerade die hermeneutischen Prämissen Bultmanns trifft. Die Mühe, Käsemann zu verstehen, verrät auch die Schwierigkeit, Prämissen Bultmanns aufzugeben, die so lange die selbstverständlich gehandhabte Regel waren und weithin immer noch sind – auch, wenn schon variiert, bei Ebeling und Fuchs, falls nicht alles täuscht. Auch wenn Bultmann Käsemann mit seinen anderen Kritikern gleichsam in einen Topf wirft, ist fraglich, ob er ihn versteht.

Käsemann kann die Trennung von Kerygma und Historie nicht mitvollziehen und deshalb das Kerygma nicht von der Historie – konkreter: vom historischen Jesus – lösen. So spricht Käsemann von der theologischen Relevanz der Historie, von der Relevanz der Historie für den Glauben. Ich beziehe mich hier vor allem auf Ernst Käsemanns eben genannten Beitrag. Aber schon in seinem Hinweis auf Bultmanns Jesusbuch hat Kä-

2. *E. Käsemann*, Probleme neutestamentlicher Arbeit in Deutschland, in: Die Freiheit des Evangeliums und die Ordnung der Gesellschaft, hg. von E. Wolf (BEvTh 15), München 1952, S. 133–152.

3. E. Käsemann, Sackgassen im Streit um den historischen Jesus, in: *ders.*, Exegetische Versuche und Besinnungen, Bd. II, S. 31–68. Die Zitatangaben im folgenden Text beziehen sich auf diesen Aufsatz.

semann 1952 angedeutet, daß bei Bultmann das Problem nicht zum Abschluß gekommen sei, »welche Relevanz die Historie – und zumal die Historie Jesu! – für Theologie und Glauben besitzt. . .«[4]

Käsemann hat den Eindruck gewonnen, daß Bultmann »die historische Problematik bagatellisiert und ihre hermeneutische Bedeutung verkennt oder leugnet. Das Problem des historischen Jesus wird auf diese Weise zwischen ihm und seinen Schülern zum ausgesprochenen Testfall wie des Geschichtsverständnisses, so der Relevanz der Historie für die Existenz, also zum hermeneutischen Grundproblem« (52). Käsemanns Frage läßt sich so zuspitzen: Weshalb enthält das Neue Testament Evangelien? Ich meine, wir folgen damit genau den Intentionen Käsemanns. Die Evangelien lassen ein Desinteresse am historischen Jesus nicht zu. Sie erinnern vielmehr an ihn und beziehen so seine Geschichte in das Evangelium ein (68). Schon Julius Schniewind hatte Bultmann gegenüber geltend gemacht: »Die Evangelien, rein als solche, sind ein Stück des urchristlichen Kerygma«, und daraus geschlossen, daß »der urchristlichen Gemeinde das Kerygma vom irdischen Jesus entscheidend wichtig war«[5]. Käsemann entnimmt den Evangelien – man muß im Sinne Schniewinds sagen: den Evangelien »rein als solchen« –, daß der irdische Jesus zum »Kriterium« des Kerygmas wird. An eine historische Verifizierung des Kerygmas (wie Bultmann sie befürchtet) ist freilich bei Käsemann nicht im entferntesten gedacht. Er stellt fest: »Im Gegenteil, ich würde das angesichts des Inhaltes des Kerygmas absurd nennen und sogar als blasphemisch empfinden« (53). Käsemanns Leidenschaft in dieser Sache scheint mir vielmehr der Schniewinds verwandt zu sein. Er unterstreicht mehrfach, daß das Faktum der Evangelien bzw. die »Evangelienform« (65) das erklärungsbedürftige Problem ist. Weshalb kommt es zum Rückgriff auf die Geschichte des irdischen Jesus? Weshalb bezieht sich das urchristliche Kerygma auf die Historie Jesu? Das ist die Frage, die für Käsemann nach einer Antwort verlangt, die nicht nur historisch erklärt, sondern theologisch versteht.

Dabei ordnet Käsemann die Evangelien in die Geschichte des Urchristentums so ein, daß er sie als »Reaktion« gegen die frühe Geisttheologie versteht, in der man enthusiastisch »zum mindesten teilweise des irdischen Jesus entbehren zu können meinte« (47). »Der Rückgriff auf die Form des Evangelienberichts, auf die Erzählung vom palästinischen Verkündiger, auf das ›Einmal‹ gegenüber dem ›Ein-für-alle-Mal‹, auf histori-

4. E. Käsemann, Ein neutestamentlicher Überblick, S. 197.
5. J. Schniewind, Antwort an Rudolf Bultmann, S. 105 (1967^5, S. 94).

sierende Darstellung im Rahmen des Kerygmas und nicht zuletzt auf den durch Palästina wandernden Jesus erfolgte als eine theologisch relevante und deshalb von der Kirche aufgenommene und festgehaltene Reaktion, in der es um die Unverfügbarkeit des Christus, des Geistes, des Glaubens ging.« Was Käsemann hier betont, ist so erhellend, daß ich ihn sofort noch ein wenig weiter zitiere: »Die Präsenz Christi und des Geistes in der Gemeinde darf nicht dazu mißbraucht werden, daß beide im eschatologischen Selbstverständnis der Glaubenden untergehen. Die Vorordnung des Herrn vor seiner Gemeinde und seinen Gläubigen kann und muß eben auch zeitlich zum Ausdruck gebracht werden. Präsentische Eschatologie ohne diesen Rückblick auf die Vergangenheit des Heils ist dem Enthusiasmus wehrlos ausgeliefert. . .« (66). Und so kommt es zu der überraschenden Erklärung: »Die Historie bekam eine eschatologische Funktion« (67). Gerade der Rückgriff auf den historischen Jesus, wie er sich in den Evangelien vollzog, bewahrte die urchristliche Verkündigung davor, enthusiastisch das Ende aller Geschichte vorwegzunehmen und vor lauter begeisternder Gegenwart die Zukunft zu verlieren. Eine weithin verwandte Formulierung finde ich bei Eduard Schweizer, der den hellenistischen Enthusiasmus so beschreibt, daß er »Vergangenheit und Zukunft« verlor, indem er »nur noch den in der gegenwärtigen Existenz des Glaubenden wirkenden Geist verkündete«[6]. Schweizer sieht ebenfalls den theologiegeschichtlichen Ort der Evangelien in der Geschichte des Urchristentums ähnlich wie Ernst Käsemann.[7] Dem widerspricht Bultmann, ohne seinen Widerspruch näher zu explizieren.[8]

Käsemann verdeutlicht dies alles am Faktum der Evangelien. Selbstverständlich weiß auch Bultmann um den literarisch einmaligen Charakter der Evangelien.[9] Und er sieht in der »kerygmatische[n] Erzählung der Synoptiker«, wie er formuliert, die Möglichkeit der ›Wiederholung‹ gegeben, wobei die Wiederholung »vor allem die Verkündigung des Willens Gottes, seiner Forderung, ist« (59). Hier kommen Käsemann freilich Zweifel: Sieht Bultmann nicht, wenn er so formuliert, Jesus etwa »›vor allem‹ als Gesetzesprediger«, während er für Käsemann »primär der ›Evangelist‹ schlechthin« ist (60f). Käsemann bemerkt hier kritisch, daß, wenn

6. *E. Schweizer*, Die Frage nach dem historischen Jesus, in: EvTh 24, 1964, S. 403–419, hier: S. 406.

7. Schweizer, a.a.O., S. 414.

8. *R. Bultmann*, Antwort an Ernst Käsemann, in: *ders.*, Glauben und Verstehen, Bd. IV, S. 190–198, hier: S. 195.

9. Vgl. R. Bultmann, Die Geschichte der synoptischen Tradition, S. 399f.

Bultmanns Antwort auf die Frage nach dem Sinn der Evangelien zuträfe, »paränetische Spruchsammlungen . . . völlig genügt« hätten. »Das theologische Problem eines Evangeliums, das über Traditionssammlung hinausgreift, bleibt [bei Bultmann] rätselhaft« (61). Käsemanns Antwort lautet: »Mir scheint, daß man kein Evangelium schreibt, sondern die Evangelienform als inadäquat empfindet, wenn einem am irdischen Jesus gar nichts gelegen ist« (47). Wenn das pure Daß des Gekommenseins Jesu genügt, bleibt die Entstehung der Evangelien unerklärbar. Käsemann kann offenbar auch Bultmanns Hinweis nicht als ausreichend ansehen, daß Jesus als historische Gestalt das Kerygma davor bewahrt, als Mythos verstanden zu werden; weil Bultmann sich dafür nur auf das Daß des Gekommenseins berufen will. Dagegen meint Käsemann, in den Evangelien das theologische Element des Historischen beachten zu müssen, das bei Bultmann, aus anderen theologischen Motiven, abgewertet wird. Und in dieser Erkenntnis der Relevanz des Historischen sehe ich den theologischen Gewinn, den Käsemann erbringt: einen entscheidenden theologischen Geländegewinn. Er ist nur möglich im Bruch mit Bultmanns hermeneutischen Prämissen und gerade darum so bedeutsam. Daß damit nicht das Gleis der alten Leben-Jesu-Forschung wieder befahrbar gemacht werden soll, haben wir schon betont. Es gilt aber festzuhalten: »Das Evangelium bleibt ohne die Evangelien nicht, was es ist. Kerygma wird, sofern es nicht auch erzählt wird, Proklamation einer Idee und, sofern es nicht immer neu erzählend gewonnen wird, historisches Dokument.«[10]

Käsemann argumentiert auch nicht eigentlich als Historiker, wenn er auch – was ich doch hervorheben möchte – »im Rahmen des Möglichen . . . Geschichte erkennen möchte, wie sie gewesen ist« (68). Offenbar hängt es damit auch zusammen, wenn Käsemann nach der »Eigenart der Sendung Jesu«[11] fragt und gerade als »Historiker von einem unvergleichlichen Geheimnis Jesu sprechen« möchte. »Es besteht darin, daß wir ihm mit den sonst üblichen Kategorien nicht recht beizukommen vermögen . . . und alle religionsgeschichtliche Einordnung dauernd in Sackgassen gerät.«[12] Käsemann kann diese Einsicht auch so ausdrücken: ». . . Jesu Vollmachtsanspruch [wird] von keinem christologischen Hoheitsprädikat voll und scharf erfaßt; er läßt jedoch die Anwendung dieser Prädikate verständlich werden. Denn wenn sie wegen ihrer vorausliegenden Ge-

10. *E. Käsemann*, Die Anfänge christlicher Theologie (1960), in: *ders.*, Exegetische Versuche und Besinnungen, Bd. II, S. 82–104, hier: S. 95.
11. E. Käsemann, Das Problem des historischen Jesus, S. 206ff.
12. E. Käsemann, Zum Thema der urchristlichen Apokalyptik, S. 109.

schichte auch schablonenhaft wirken müssen, so tendieren sie doch darauf, die Einzigartigkeit des Heilbringers auszusagen, und genau diese Einzigartigkeit muß nach meiner Überzeugung auch der Historiker feststellen.«[13]

Käsemann fragt als Exeget und Theologe nach dem Sinn der Evangelien, in denen das Kerygma unverkennbar an die historische Gestalt Jesu von Nazareth geknüpft wird, so daß er und kein anderer unser Herr und unser Heil ist. Eine Irrelevanz der Historie kann hier nicht mehr in Frage kommen. Jesus wird so bezeugt als der, »für den es Stellvertreter nicht gibt«, wie Käsemann einmal sagen kann (53). Jesus kann für Käsemann auch nicht wie bei Herbert Braun zur Chiffre eines Selbstverständnisses werden: so daß die Christologie das Variable und das Selbstverständnis des Glaubenden die Konstante wäre.[14] »Faktisch ist nichts so variabel, wie es das Selbstverständnis des Glaubenden ist« (45), während »das ›Konstanteste‹ in der urchristlichen Anthropologie der Glaubenden, nämlich das Moment der Christuszugehörigkeit, [bei Herbert Braun] . . . überhaupt nicht erwähnt« wird (44). Käsemann meint Herbert Braun gegenüber fragen zu müssen, was die christliche Botschaft dann noch von einer Idee unterscheide. Der Hinweis Brauns auf die Predigt als Mitteilungsform, die nicht allgemeine Wahrheit vermittle, sondern konkrete, richtende Wahrheit zuspreche, genügt Käsemann als Antwort nicht. Das Prädikat ›christlich‹ darf nicht »zu einem durch die Tradition vorgegebenen, im Grunde nur historischen Firmenschild [werden], wobei ›historisch‹ eben den Ausgang einer Ideengeschichte bezeichnet, selbst wenn in dieser Geschichte unentwegt gepredigt wird« (51). »Paulus zieht sich, wie ich die Dinge sehen muß, nicht auf das ›Daß des Gekommenseins Jesu‹ zurück, um einen historischen Anhalt für das eschatologische Kerygma zu gewinnen, sondern verbindet dieses unlöslich mit diesem unvertretbaren Jesus« (53).

So eröffnet die Einsicht in die Relevanz des Historischen eine weitreichende Perspektive, zu der auch die Möglichkeit gehört, die »Dimension der Vergangenheit« wahrzunehmen, die die Verkündigung der Synoptiker »beherrscht«, »so gewiß dabei kerygmatische und paränetische Interessen der Gegenwart verfolgt werden« (54). Ich sehe Käsemann sich nicht nur von Herbert Braun, sondern auch von Gerhard Ebeling und Ernst

13. Käsemann, a.a.O., S. 117.

14. Zu *H. Braun* verweise ich auf *Theodor Lorenzmeier*, Exegese und Hermeneutik. Eine vergleichende Darstellung der Theologie Rudolf Bultmanns, Herbert Brauns und Gerhard Ebelings, Hamburg 1968.

Fuchs abheben, wenn er sich auch in dem von mir zuletzt zitierten Beitrag (»Sackgassen im Streit um den historischen Jesus«) wieder mit Ebeling verbündet zeigt. Käsemann schärft mithin ein, daß wir Bultmanns hermeneutischen Prämissen gegenüber umzulernen haben und die theologische Relevanz der Historie wieder ganz neu begreifen müssen. Damit kann ich unseren Überblick beenden, weil sich bei Käsemann ein neuer Anfang, wenn auch erst im Umriß, abzeichnet.

Bibliographie Georg Eichholz

Monographien und Aufsätze

1. Das Problem des theologischen Schülers
   in: Theologische Aufsätze. Karl Barth zum 50. Geburtstag, hg. von Ernst Wolf, München 1936, Chr. Kaiser Verlag, S. 1–24.
2. Die Geschichte als theologisches Problem bei Lessing
   in: ThStKr 107, 1936, S. 377–421.
3. Der Ursprung der Kirche
   in: EvTh 4, 1937, S. 255–275.
4. Glaube und Liebe im 1. Johannesbrief
   in: EvTh 4, 1937, S. 411–437.
5. Erwählung und Eschatologie im 1. Johannesbrief
   in: EvTh 5, 1938, S. 1–28.
6. Der 1. Johannesbrief als Trostbrief und die Einheit der Schrift
   in: EvTh 5, 1938, S. 73–83.
7. Die Antwort der Kirche auf den Ruf Gottes
   ThExh 54, 1938, 32 S.
8. Die Verkündigung der Kirche an die Welt
   ThExh 65, 1939, 44 S.
9. Das Wort Gottes und die Welt des Hörers
   in: EMZ 2, 1941, S. 1–10.
10. Die Heimkehr der Verlorenen
    (Rembrandts Radierung zum Gleichnis vom Verlorenen Sohn)
    Siegen/Leipzig 1940, Wilhelm Schneider Verlag, 46 S.
11. Der königliche Befehl
    (Rembrandts Radierung von 1642 zur Auferweckung des Lazarus)
    Siegen/Leipzig 1942, Wilhelm Schneider Verlag, 45 S.
12. Jesus Christus und der Nächste.
    Eine Auslegung des Gleichnisses vom barmherzigen Samariter
    BSt 9, 1951, 48 S.
13. Aufgabe und Verantwortung von Theologischer Fakultät und Kirchlicher Hochschule
    in: EvTh 12, 1952/53, S. 380–386.
14. Reform des theologischen Studiums oder Reform der Theologie?
    in: EvTh 13, 1953, S. 6–25.
15. Jakobus und Paulus. Ein Beitrag zum Problem des Kanons
    ThExh N.F. 39, 1953, 52 S.
16. Der Ansatz Karl Barths in der Hermeneutik
    in: Antwort. Karl Barth zum 70. Geburtstag, hg. von Ernst Wolf/Charlotte von Kirschbaum/Rudolf Frey, Zollikon-Zürich 1956, Evangelischer Verlag, S. 52–68.
17. Paulus im Umgang mit jungen Kirchen
    in: Basileia. Festschrift für Walter Freytag, hg. von Jan Hermelink/Hans Jochen Margull, Stuttgart 1959, Evangelischer Missionsverlag, S. 49–59.

18. Was heißt charismatische Gemeinde?
1. Korinther 12
ThExh N.F. 77, 1960, 28 S.

19. Glaube und Werk bei Paulus und Jakobus
ThExh N.F. 88, 1961, 45 S.

20. Der ökumenische und missionarische Horizont der Kirche.
Eine exegetische Studie zu Röm 1,8–15
in: Woord en Wereld. Festschrift für Kornelis Heiko Miskotte, hg. von A. J. Rasker Voorz u. a., Amsterdam 1961, N. V. de Arbeiderspers, S. 127–139
und in: EvTh 21, 1961, S. 15–27.

21. Das Gleichnis als Spiel
in: EvTh 21, 1961, S. 309–326.

22. Die Grenze der existentialen Interpretation.
Fragen zu Gerhard Ebelings Glaubensbegriff
in: EvTh 22, 1962, S. 565–579.

23. Bewahren und Bewähren des Evangeliums.
Der Leitfaden von Philipper 1–2
in: Hören und Handeln. Festschrift für Ernst Wolf zum Geburtstag, hg. von Helmut Gollwitzer / Hellmut Traub, München 1962, Chr. Kaiser Verlag, S. 85–105.

24. Landschaften der Bibel
Neukirchen-Vluyn 1963. 1964^{2}. 1972^{3}, Neukirchener Verlag des Erziehungs-Vereins, 152 S.
Übersetzungen ins Englische, Holländische und Schwedische.

25. Einführung in die Gleichnisse
BSt 37, 1963, 112 S.

26. Verkündigung und Tradition
in: EvTh 24, 1964, S. 565–586.

27. Neues Testament
in: Einführung in das Studium der evangelischen Theologie, hg. von Rudolf Bohren, München 1964, Chr. Kaiser Verlag, S. 76–102.

28. Tradition und Interpretation.
Studien zum Neuen Testament und zur Hermeneutik
TB 29, München 1965, Chr. Kaiser Verlag, 233 S.
(enthält – außer der Meditation Nr. 15 und unveröffentlichten Stücken – die Nummern 16. 17. 20. 21. 22. 23. 26 dieser Aufstellung).

29. Auslegung der Bergpredigt
BSt 46, 1965. 1970^{2} (neu durchgesehene Aufl.). 1975^{3}. 1978^{4}. 1982^{5}, 165 S.
Übersetzung ins Japanische.

30. Gleichnisse der Evangelien.
Form, Überlieferung, Auslegung
Neukirchen-Vluyn 1971. 1975^{2}. 1979^{3}, Neukirchener Verlag, 239 S.

31. Die Theologie des Paulus im Umriß
Neukirchen-Vluyn 1972. 1977^{2} (erw. Aufl.). 1981^{3}. 1983^{4}, Neukirchener Verlag, 332 S.
Übersetzungen ins Italienische und Spanische.

32. Vernehmen und Staunen.
    Biblische Besinnungen
    Neukirchen-Vluyn 1973, Neukirchener Verlag, 120 S.

Meditationen

1. Joh 3,1–15
   in: Herr, tue meine Lippen auf, Bd. I, 1941, S. 150–156.
2. Mt 22,1–14
   in: Herr, tue meine Lippen auf, Bd. I, 1941, S. 234–238.
3. 1Petr 5,5b–11
   in: Herr, tue meine Lippen auf, Bd. II, 1942, S. 224–229.
4. Röm 8,18–27
   in: Herr, tue meine Lippen auf, Bd. II, 1942, S. 230–235.
5. 1Kor 1,4–9
   in: Herr, tue meine Lippen auf, Bd. II, 1942, S. 310–316.
6. Mt 28,18–20
   in: Herr, tue meine Lippen auf, Bd. III, 1947, S. 200–204.
7. Lk 15,11–32
   in: Herr, tue meine Lippen auf, Bd. III, 1947, S. 213–218.
8. Lk 7,1–17
   in: Predige das Wort, Bd. IV/1, 1947, S. 164–171.
9. Jak 4,13–17
   in: Herr, tue meine Lippen auf, Bd. IV, 1955, S. 83–91.
10. Jak 2,10–17
    in: Herr, tue meine Lippen auf, Bd. IV, 1955, S. 470–480.
11. Jes 12
    in: Herr, tue meine Lippen auf, Bd. V, 1948, S. 238–244.
12. Joh 3,1–15
    in: Herr, tue meine Lippen auf, Bd. I, 1954^2, S. 194–203
    (überarbeitete Fassung).
13. Lk 16,19–31
    in: Herr, tue meine Lippen auf, Bd. I, 1954^2, S. 203–209.
14. Mt 22,1–14
    in: Herr, tue meine Lippen auf, Bd. I, 1954^2, S. 299–305
    (stark überarbeitete Fassung).
15. 1Kor 13
    in: Herr, tue meine Lippen auf, Bd. II, 1959^2, S. 173–191.
16. Mt 28,18–20
    in: Herr, tue meine Lippen auf, Bd. III, 1957^2, S. 282–295
    (neue Fassung).
17. Lk 15,11–32
    in: Herr, tue meine Lippen auf, Bd. III, 1957^2, S. 306–313
    (leicht veränderte Fassung).

18. Jak 2,14–24
    in: GPM 5, 1960, S. 244–248.
19. Lk 14,25–33
    in: hören und fragen, Bd. V, 1967, S. 385–391.
20. Mt 13,44–46
    in: hören und fragen, Bd. V, 1967, S. 410–416.
21. Röm 1,14–17
    in: hören und fragen, Bd. VI, 1971, S. 124–131.
22. Röm 9,14–24
    in: hören und fragen, Bd. VI, 1971, S. 152–159.
23. Lk 17,7–10
    in: hören und fragen, Bd. III/1, 1974, S. 143–151.

Aus den *Rezensionen* seien drei herausgegriffen, die beispielhaft Georg Eichholz' Verpflichtung gegenüber dem Ganzen der Theologie verdeutlichen:

1. Triangulum lex mentis?
   Zu Hegels Dialektik
   in: VF 2, 1941, S. 211–222 (Zur Systematischen Theologie).
2. Meditatio Scripturae Sanctae
   in: VF 2, 1941, S. 233–248 (Zur Praktischen Theologie).
3. Entmythologisierung des Neuen Testamentes?
   in: ELB 5, 1953, S. 173–176.

Herausgeberschaft

1. Predige das Wort.
   Auslegung des Lukasevangeliums in Predigten
   Bd. IV Lk 1–10, Siegen 1947, Wilhelm Schneider Verlag, 296 S.
   Bd. V Lk 11–24, Siegen 1954, Wilhelm Schneider Verlag, 386 S.
2. Herr, tue meine Lippen auf.
   Eine Predigthilfe
   Band I–V, Wuppertal-Barmen 1941–1969, Emil Müller Verlag
   Bd. I: Die altkirchlichen Evangelien, 1. Aufl. 1941; 2., überarbeitete Aufl. 1954; 8., unveränderte Auflage 1967.
   Bd. II: Die altkirchlichen Episteln, 1. Aufl. 1942; 2., neu geschriebene Aufl. 1959; 6., unveränderte Auflage 1968.
   Bd. III: Die neuen Evangelien, 1. Aufl. 1947; 2., überarbeitete Aufl. 1957; 5., unveränderte Auflage 1964.
   Bd. IV: Die neuen Episteln, 1. Aufl. 1955; 5., unveränderte Auflage 1965.
   Bd. V: Die alttestamentlichen Perikopen, 1. Aufl. 1948; 2., neu geschriebene Aufl. 1961; 4., unveränderte Auflage 1969;

darin:
Zur Einführung: Das Formproblem der Verkündigung, Bd. I, 1941, S. VII–XV.
Die Verkündigung und die Welt des Hörers, Bd. II, 1942, S. VII–XV.

3. hören und fragen.
Eine Predigthilfe
hg. von Georg Eichholz und Arnold Falkenroth
Bd. V: Dritte Evangelienreihe, Wuppertal-Barmen 1967, Emil Müller Verlag; 2. Aufl. Neukirchen-Vluyn 1976, Neukirchener Verlag.
Bd. VI: Dritte Epistelreihe, Neukirchen-Vluyn 1971, Neukirchener Verlag.
4. Theologische Existenz heute (Neue Folge)
hg. von Karl Gerhard Steck und Georg Eichholz
Heft 4 (1947) – 167 (1970), Chr. Kaiser Verlag München.

Register

Ein A hinter der Seitenzahl verweist auf die Anmerkungen; uA bedeutet, daß die Bibelstelle oder der Name im Text und in einer oder mehreren Anmerkungen genannt ist.

Bibelstellen

Namen

(Namen aus Titeln zitierter Schriften und Herausgeber sind nicht aufgenommen)

Theologische Bücherei im Chr. Kaiser Verlag

51. *Walther Zimmerli, Studien zur alttestamentlichen Theologie und Prophetie.* Gesammelte Aufsätze Band II. 336 Seiten.
53. *Werner Georg Kümmel, Römer 7 und das Bild des Menschen im Neuen Testament.* Zwei Studien, XX, 236 Seiten.
55. *Claus Westermann, Forschung am Alten Testament.* Gesammelte Studien Band II. Herausgegeben von Rainer Albertz und Eberhard Ruprecht. 340 Seiten.
56. *Religion.* Ein Jahrhundert theologischer, philosophischer, soziologischer und psychologischer Interpretationsansätze. Herausgegeben und eingeleitet von Christoph Elsas. 368 Seiten.
57. *Rolf Rendtorff, Gesammelte Studien zum Alten Testament.* 312 Seiten.
58. *Martin Dibelius, Geschichte der urchristlichen Literatur.* 192 Seiten.
59. *Theologie im Entstehen.* Beiträge zum ökumenischen Gespräch im Spannungsfeld kirchlicher Situationen. Herausgegeben von Lukas Vischer. Aus dem Englischen von Marianne Reppekus und Günter Memmert. 144 Seiten.
60. *Josef L. Hromadka, Der Geschichte ins Gesicht sehen.* Gesammelte Aufsätze. Herausgegeben von Martin Stöhr. 360 Seiten.
61. *Friedrich Wintzer (Hg.) Seelsorge.* Texte zum gewandelten Verständnis und zur Praxis der Seelsorge in der Neuzeit. Mit einer Einführung von Friedrich Wintzer, L, 250 Seiten.
62. *Wayne A. Meeks (Hg.), Zur Soziologie des Urchristentums.* Ausgewählte Beiträge zum, frühchristlichen Gemeinschaftsleben in seiner gesellschaftlichen Umwelt. Aus dem Amerikanischen von G. Memmert. 312 Seiten.
63. *Kurt Aland, Neutestamentliche Entwürfe.* 416 Seiten.
64. *Hans Joachim Iwand, Glaubensgerechtigkeit.* Gesammelte Aufsätze II. Herausgegeben zu seinem 80. Geburtstag am 11. Juli 1979 von Gerhard Sauter. 311 Seiten.
65. *Philipp Vielhauer, Oikodome.* Aufsätze zum Neuen Testament, Band 2. Herausgegeben von Günter Klein. 245 Seiten.
66. *Hans Wildberger, Jahwe und sein Volk.* Aufsätze zum Alten Testament. 307 Seiten.
67. *Walter Sparn, Leiden – Erfahrung und Denken.* 284 Seiten.
68. *Carsten Colpe, Theologie, Ideologie, Religionswissenschaft.* 324 Seiten.
69. *Karl Ludwig Schmidt, Studien zum Neuen Testament.*
70. *Odil Hannes Steck, Wahrnehmungen Gottes im Alten Testament.* Gesammelte Studien. 322 Seiten.
71. *Christof Bäumler/Henning Luther (Hg.), Konfirmandenunterricht und Konfirmation.* Texte zu einer Praxistheorie im 20. Jahrhundert. 384 Seiten.